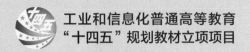

工业和信息化普通高等教育
"十四五"规划教材立项项目

ACCOUNTING

高级
财务会计

微课版 | 第2版

曹慧 / 主编

陈丽芹 常有新 韩伟爱 / 副主编

ADVANCED FINANCIAL ACCOUNTING

人民邮电出版社
北京

图书在版编目（CIP）数据

高级财务会计：微课版 / 曹慧主编. -- 2版. --
北京 ：人民邮电出版社，2023.10
高等院校会计学新形态系列教材
ISBN 978-7-115-61990-7

Ⅰ. ①高… Ⅱ. ①曹… Ⅲ. ①财务会计－高等学校－
教材 Ⅳ. ①F234.4

中国国家版本馆CIP数据核字(2023)第108285号

内 容 提 要

　　本书以新的企业会计准则和相关规范为基准，分别就非货币性资产交换会计、债务重组会计、租赁会计、或有事项、会计政策及会计估计变更和前期差错更正、资产负债表日后事项、外币折算会计、企业合并、合并财务报表等专题，介绍了相关的会计处理基本理论和基本方法，对会计领域中的特殊业务和复杂业务从理论上进行了详细阐述。同时，本书还提供了大量的与高级财务会计有关的案例、例题和练习题，具有很强的实用性和操作性。

　　本书适用于高等院校会计学、财务管理、审计学等相关专业的本科教学，也可作为企业和社会培训会计人员、会计人员职称考试和注册会计师考试以及会计人员后续教育等的参考书。

◆ 主　　编　曹　慧
　　副 主 编　陈丽芹　常有新　韩伟爱
　　责任编辑　刘向荣
　　责任印制　李　东　胡　南

◆ 人民邮电出版社出版发行　　北京市丰台区成寿寺路 11 号
　　邮编　100164　　电子邮件　315@ptpress.com.cn
　　网址　https://www.ptpress.com.cn
　　固安县铭成印刷有限公司印刷

◆ 开本：787×1092　1/16
　　印张：15.25　　　　　　　　2023 年 10 月第 2 版
　　字数：362 千字　　　　　　　2023 年 10 月河北第 1 次印刷

定价：59.80 元

读者服务热线：(010)81055256　印装质量热线：(010)81055316
反盗版热线：(010)81055315
广告经营许可证：京东市监广登字 20170147 号

前 言 Preface

　　教材是落实立德树人根本任务的重要载体，是育人育才的重要依托。党的二十大报告首次明确提出"加强教材建设和管理"这一重要任务，因此本次修订将社会主义核心价值观渗透其中，在会计专业知识中融入诚实守信、遵纪守法、环境保护等元素，旨在引导学生树立正确的人生观、价值观。书中还强调了主动学习和创新的重要性，旨在激发学生的主动学习意识，培养学生的创新精神。

　　自 2018 年以来，我国企业会计准则体系不断完善，继 2017 年《企业会计准则第 14 号——收入》和《企业会计准则第 22 号——金融工具》的修订与实施之后，财政部相继出台并实施了《企业会计准则第 21 号——租赁》《企业会计准则第 7 号——非货币性资产交换》《企业会计准则第 12 号——债务重组》。并于 2021 年 3 月，财政部会计司发布了 2021 年第一期企业会计准则实施问答。针对这些变化，在确保高级财务会计理论体系和知识点框架相对稳定的基础上，我们结合会计规范最新动态以及企业会计实务对会计教学的要求，对本书进行了完善。本书以新企业会计准则和相关规范为基准，分别就非货币性资产交换、债务重组、租赁会计、或有事项、会计政策、会计估计变更和前期差错更正、资产负债表日后事项、外币业务会计、企业合并、合并财务报表等专题，介绍了相关的会计处理基本理论和基本方法，对会计领域中的特殊业务和复杂业务从理论上进行了详细阐述。本书是针对会计本科生的教材，因此，在难度上有所控制：没有涵盖一些前沿领域，如人力资源会计、衍生金融工具会计等难度较深的内容。

　　另外，本书提供了大量的与高级财务会计有关的案例、例题及课后思考题，具有很强的实用性和操作性，可供读者阅读、练习使用，便于加强读者对所学知识的巩固和财务会计操作能力的培养。

　　本书由曹慧担任主编，陈丽芹、常有新、韩伟爱担任副主编。各章编写具体分工如下：第 1 章、第 8 章、第 9 章由曹慧老师编写，第 2 章和第 3 章由陈丽芹老师编写，第 4 章、第 5 章、第 6 章由常有新老师编写，第 7 章由韩伟爱老师编写，全书由曹慧老师统稿。

　　在编写本书的过程中，我们参考了相关企业会计准则、教材和资料，在此向有关作者表示衷心感谢。由于编者水平有限，资料收集可能不够充分，加之会计准则不断更新和完善，课程的改革和建设也在不断发展中，所以书中难免出现失误和缺陷，请读者不吝赐教，以便我们再版时能及时修正。

编者

2023 年 8 月

目 录 Contents

参考文献

非货币性资产交换会计 | 第1章

【学习目标】

- 了解非货币性资产交换的含义；
- 明确非货币性资产交换的界定依据；
- 掌握非货币性资产交换会计确认与计量的原则及其应用；
- 了解非货币性资产交换的信息披露。

【思维导图】

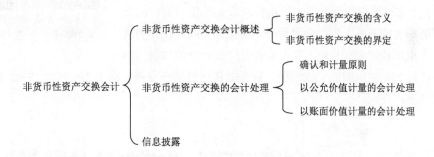

《企业会计准则第 7 号——非货币性资产交换》规范了非货币性资产交换的确认、计量和相关信息的披露；明确了非货币性资产交换的定义以及非货币性资产交换中换入资产的确认时点和换出资产的终止确认时点，并对非货币性资产交换中换入资产和换出资产的会计处理原则作出了规定，还对涉及补价、同时换入或换出多项资产等情形的会计处理作出了规定。

1.1 非货币性资产交换会计概述

1.1.1 非货币性资产交换的含义

1. 非货币性资产交换

非货币性资产交换是指交易双方主要以存货、固定资产、无形资产和长期股权投资等非货币性资产进行的交换。该交换不涉及或只涉及少量的货币性资产即补价。

2. 货币性资产

货币性资产是指企业持有的货币资金和收取固定或可确定金额的货币资金的权利，包括现金、银行存款、应收账款和应收票据等。

3. 非货币性资产

非货币性资产是指货币性资产以外的资产。非货币性资产的基本特征是其在将来为企业带来的经济利益即货币金额是不固定的或不可确定的。如存货、固定资产、无形资产、长期股权投资等。

1.1.2　非货币性资产交换的界定

通常情况下，交易双方对于某项交易是否为非货币性资产交换的判断是一致的。但是，企业应从自身的角度，根据交易的实质判断相关交易是否属于企业会计准则定义的非货币性资产交换。例如，投资方以一项固定资产出资取得对被投资方的权益性投资，对投资方来说，换出资产为固定资产，换入资产为长期股权投资，属于非货币性资产交换；对被投资方来说，则属于接受权益性投资，不属于非货币性资产交换。

非货币性资产交换一般不涉及货币性资产，或只涉及少量货币性资产即补价。《企业会计准则第7号——非货币性资产交换》对非货币性资产交换时涉及的补价占整个资产交换金额的比例进行了界定。支付的货币性资产占换出资产公允价值与支付的货币性资产之和（或占换入资产公允价值）的比例、或者收到的货币性资产占换出资产公允价值（或占换入资产公允价值和收到的货币性资产之和）的比例低于25%的，视为非货币性资产交换；高于25%（含25%）的，不视为非货币性资产交换。

微视频

非货币性资产交换的认定

知识链接

适用其他准则的非货币性资产交换

1.2
非货币性资产交换的会计处理

1.2.1　确认和计量原则

1. 换入资产的初始确认时点、换出资产的终止确认时点

一般来说，对于换入资产，企业应当在换入资产符合资产定义并满足资产确认条件时予以确认；对于换出资产，企业应当在换出资产满足资产终止确认条件时终止确认。

有时会出现换入资产的确认时点与换出资产的终止确认时点不一致的情况，这时，企业在资产负债表日应当按照下列原则进行处理：换入资产满足资产确认条件，换出资产尚未满足终止确认条件的，在确认换入资产的同时将交付换出资产的义务确认为一项负债；换入资产尚未满足资产确认条件，换出资产满足终止确认条件的，在终止换出资产的同时将取得换入资产的权利确认为一项资产。

2. 换入资产的计量基础

（1）公允价值。

根据《企业会计准则第7号——非货币性资产交换》的规定，非货币性资产交换如果同时满足下列两个条件，应当以公允价值作为换入资产初始计量的基础：第一，该项交易具有商业实质；第二，换入资产或换出资产的公允价值能够可靠地计量。

以公允价值为基础计量时，换入资产和换出资产的公允价值均能够可靠计量的，应当以换出资产的公允价值为基础计量，但有确凿证据表明换入资产的公允价值更加可靠时，应当以换

入资产的公允价值为基础计量。同时，企业会计准则明确了非货币性资产交换具有商业实质需要满足的条件。

微视频　知识链接

非货币性资产交换的会计处理原则　商业实质的判断

（2）账面价值。

根据《企业会计准则第7号——非货币性资产交换》的规定，非货币性资产交换如果不能以公允价值为计量基础的，应以账面价值为计量基础确认换入资产的初始计量金额，换出资产终止确认时无论是否支付补价，均不确认损益。

1.2.2　以公允价值为计量基础的非货币性资产交换的会计处理

1．不涉及补价的情形

根据《企业会计准则第7号——非货币性资产交换》的规定，在以公允价值为基础计量的非货币性资产交换中，换入资产和换出资产的计量分别按下列原则进行会计处理。

（1）对于换入资产，应当以换出资产的公允价值和应支付的相关税费作为换入资产的成本进行初始计量。换出资产的公允价值不能够可靠计量，或换入资产和换出资产的公允价值均能够可靠计量但有确凿证据表明换入资产的公允价值更加可靠的，应当以换入资产的公允价值和应支付的相关税费作为换入资产的初始计量金额。

（2）对于换出资产，应当在终止确认时，将换出资产的公允价值与其账面价值之间的差额计入当期损益。换出资产的公允价值不能够可靠计量，或换入资产和换出资产的公允价值均能够可靠计量但有确凿证据表明换入资产的公允价值更加可靠的，应当在终止确认时，将换入资产的公允价值与换出资产账面价值之间的差额计入当期损益。

【例1-1】甲公司和乙公司均为增值税一般纳税人，适用的增值税税率均为13%。经协商，甲公司与乙公司于20×2年1月30日签订资产交换合同，当日生效。合同约定，甲公司以生产经营过程中使用的一台设备与乙公司生产的一批办公家具进行交换，用于交换的设备和办公家具当日的公允价值均为75万元。合同签订日即交换日，甲公司设备的账面价值为74万元（其中账面原价为100万元，累计已计提折旧26万元）；乙公司生产的办公家具的账面价值为70万元。甲公司将换入的办公家具作为固定资产使用和管理；乙公司将换入的设备作为固定资产使用和管理。甲公司和乙公司开具的增值税专用发票注明的计税价格均为75万元，增值税税额为97 500元。交易过程中，甲公司以银行存款支付设备清理费用5 000元。假设甲公司和乙公司此前均未对上述资产计提减值准备。在整个交易过程中未发生除增值税以外的其他税费。

（1）甲公司的账务处理如下。

借：固定资产清理　　　　　　　　　　　　842 500
　　累计折旧　　　　　　　　　　　　　　260 000
　　贷：固定资产——设备　　　　　　　　　　　1 000 000
　　　　银行存款　　　　　　　　　　　　　　　5 000
　　　　应交税费——应交增值税（销项税额）　　97 500
借：固定资产——办公家具　　　　　　　　750 000
　　应交税费——应交增值税（进项税额）　　97 500

例1-1

业务分析

贷：固定资产清理　　　　　　　　　　　842 500
　　　资产处置损益　　　　　　　　　　　　5 000

对乙公司来说，相关收入应当按照《企业会计准则第14号——收入》的相关规定进行会计处理。假定换出存货的交易符合该准则规定的收入确认条件。

（2）乙公司的账务处理如下。

借：固定资产——设备　　　　　　　　　　750 000
　　应交税费——应交增值税（进项税额）　　97 500
　　贷：主营业务收入　　　　　　　　　　　　750 000
　　　　应交税费——应交增值税（销项税额）　97 500

同时，结转换出办公家具的成本。

借：主营业务成本　　　　　　　　　　　　700 000
　　贷：库存商品　　　　　　　　　　　　　　700 000

【例1-2】20×2年6月15日，甲公司为了提高产品质量，需要乙公司的一项专利权。经协商，甲公司与乙公司签订合同，甲公司以其持有的对其联营企业丙公司的25%股权作为对价购买乙公司的专利权。合同开始日，甲公司长期股权投资和乙公司专利权的公允价值均为650万元。专利权的过户手续于20×2年6月28日完成，专利权正式转移至甲公司。乙公司取得对丙公司25%股权后，向丙公司派遣1名董事替代原甲公司派遣的董事，能够对丙公司实施重大影响，丙公司成为乙公司的联营企业。丙公司的股权过户、董事更换、相关董事会决议和章程修订于20×2年6月30日完成并生效。20×2年6月30日，甲公司长期股权投资的账面价值为630万元（其中投资成本670万元，损益调整-40万元）；乙公司专利权的账面价值为680万元（其中账面原价为800万元，累计摊销额为120万元）。假设甲公司和乙公司此前均未对上述资产计提减值准备。丙公司自成立以来未发生其他综合收益变动。不考虑交易中发生的相关税费。

（1）甲公司的账务处理如下。

借：无形资产——专利权　　　　　　　　6 500 000
　　长期股权投资——损益调整　　　　　　400 000
　　贷：长期股权投资——投资成本　　　　　6 700 000
　　　　投资收益　　　　　　　　　　　　　200 000

例 1-2

业务分析

（2）乙公司的账务处理如下。

借：长期股权投资——投资成本　　　　　6 500 000
　　累计摊销　　　　　　　　　　　　　1 200 000
　　资产处置损益　　　　　　　　　　　　300 000
　　贷：无形资产——专利权　　　　　　　　8 000 000

2. 涉及补价的情形

根据《企业会计准则第7号——非货币性资产交换》的规定，对于以公允价值为基础计量的非货币性资产交换，涉及补价的，应当分别下列情况进行处理。

（1）支付补价方：①以换出资产的公允价值为基础计量的，应当以换出资产的公允价值，加上支付补价的公允价值和应支付的相关税费，作为换入资产的成本，换出资产的公允价值与其账面价值之间的差额计入当期损益；②有确凿证据表明换入资产的公允价值更加可靠的，即以换入资产的公允价值为基础计量的，应当以换入资产的公允价值和应支付的相关税费作为换入资产的初始计量金额，换入资产的公允价值减去支付补价的公允价值，与换出资产账面价值之间的差额计入当期损益。

（2）收到补价方：①以换出资产的公允价值为基础计量的，应当以换出资产的公允价值，减去收到补价的公允价值，加上应支付的相关税费，作为换入资产的成本，换出资产的公允价值与其账面价值之间的差额计入当期损益；②有确凿证据表明换入资产的公允价值更加可靠的，即以换入资产的公允价值为基础计量的，应当以换入资产的公允价值和应支付的相关税费作为换入资产的初始计量金额，换入资产的公允价值加上收到补价的公允价值，与换出资产账面价值之间的差额计入当期损益。

【例 1-3】沿用【例 1-1】的资料。假设其他条件不变，合同约定甲公司用于交换的设备的公允价值为 75 万元，乙公司用于交换的办公家具的公允价值为 90 万元，甲公司以银行存款向乙公司支付补价 15 万元。甲公司开具的增值税专用发票注明的计税价格 75 万元，增值税税额为 9.75 万元；乙公司开具的增值税专用发票注明的计税价格 90 万元，增值税税额为 11.7 万元；甲公司以银行存款向乙公司支付增值税差额 1.95 万元。

本例中，涉及收付货币性资产，应当计算货币性资产占整个资产交换的比例。对于甲公司而言，支付的货币性资产 15 万元占换入资产公允价值 90 万元（或换出资产公允价值 75 万元和支付的货币性资产 15 万元之和）的比例为 16.67%＜25%，属于非货币性资产交换。

（1）甲公司的账务处理如下。

借：固定资产清理	842 500	
累计折旧	260 000	
贷：固定资产——设备		1 000 000
银行存款		5 000
应交税费——应交增值税（销项税额）		97 500
借：固定资产——办公家具	900 000	
应交税费——应交增值税（进项税额）	117 000	
贷：固定资产清理		842 500
银行存款		169 500
资产处置损益		5 000

（2）乙公司的账务处理如下。

借：银行存款	169 500	
固定资产——设备	750 000	
应交税费——应交增值税（进项税额）	97 500	
贷：主营业务收入		900 000
应交税费——应交增值税（销项税额）		117 000

同时，结转换出办公家具的成本。

借：主营业务成本	700 000	
贷：库存商品		700 000

【例1-4】沿用【例1-2】的资料。假设其他条件不变，丙公司是上市公司，按照合同开始日的股票价格计算，丙公司的25%股权的公允价值为700万元。乙公司专利权的公允价值为650万元，系第三方报价机构使用乙公司自身数据通过估值技术确定的。由于迫切需要该专利权来提高产品质量，甲公司同意乙公司以银行存款支付补价40万元。20×2年6月30日，丙公司可辨认净资产公允价值为2 600万元。

本例中，涉及收付货币性资产，应计算货币性资产占整个资产交换的比例。补价40万元占整个资产交换金额的比例小于25%，属于非货币性资产交换。

甲公司的账务处理如下。

例1-4

业务分析

借：无形资产——专利权   6 600 000
  长期股权投资——损益调整   400 000
  银行存款   400 000
 贷：长期股权投资——投资成本   6 700 000
   投资收益   700 000

对乙公司来说，有确凿证据表明换入资产丙公司的25%股权的公允价值更加可靠，应当以换入资产丙公司的25%股权的公允价值（700万元）作为其初始计量金额，换入资产的公允价值减去支付的补价，与换出资产专利权账面价值之间的差额计入当期损益（700万元-40万元-680万元=-20万元）。乙公司的账务处理如下。

借：长期股权投资——投资成本   7 000 000
  累计摊销   1 200 000
  资产处置损益   200 000
 贷：无形资产——专利权   8 000 000
   银行存款   400 000

3. 涉及换入多项资产或换出多项资产的情形

在非货币性资产交换中，企业可以以一项非货币性资产同时换入另一企业的多项非货币性资产，或同时以多项非货币性资产换入另一企业的一项非货币性资产，或以多项非货币性资产同时换入另一企业的多项非货币性资产。这些交换也可能涉及补价。对于涉及换入或换出多项资产的非货币性资产交换的计量，企业同样应当首先判断是否符合《企业会计准则第7号——非货币性资产交换》中以公允价值为基础计量的两个条件，再按该准则的规定分情况确定各项换入资产的初始计量金额，以及各项换出资产终止确认的相关损益。

涉及换入多项资产或换出多项资产的非货币性资产交换符合以公允价值为基础计量的，通常可以分为以下情形。

（1）以换出资产的公允价值为基础计量的情形。

① 对于同时换入的多项资产，应当按照各项换入的金融资产以外的各项资产公允价值的相对比例（换入资产的公允价值不能够可靠计量的，可以按照各项换入资产的原账面价值的相对比例或其他合理的比例），将换出资产公允价值总额（涉及补价的，加上支付补价的公允价值或减去收到补价的公允价值）扣除换入金融资产公允价值后的净额分摊至各项换入资产，以分摊额和应支付的相关税费作为各项换入资产的成本进行初始计量。

② 对于同时换出的多项资产，应当将各项换出资产的公允价值与其账面价值之间的差额，在各项换出资产终止确认时计入当期损益。

（2）以换入资产的公允价值为基础计量的情形。

① 对于同时换入的多项资产，应当以各项换入资产的公允价值和应支付的相关税费作为各项换入资产的初始计量金额。

② 对于同时换出的多项资产，应当按照各项换出金融资产以外的各项资产的公允价值的相对比例（换出资产的公允价值不能够可靠计量的，可以按照各项换出资产的账面价值的相对比例），将换入资产的公允价值总额扣除金融资产公允价值后的净额（涉及补价的，减去支付补价的公允价值或加上收到补价的公允价值）分摊至各项换出资产，分摊额与各项换出资产账面价值之间的差额，在各项换出资产终止确认时计入当期损益。

【例1-5】甲公司和乙公司均为增值税一般纳税人。经协商，甲公司和乙公司于20×2年1月25日签订资产交换合同，当日生效。合同约定，甲公司用于交换的资产包括：一间生产用厂房，公允价值为110万元；一套用于生产经营使用的设备，公允价值为390万元。乙公司用于交换的资产包括：一块土地的使用权，公允价值为240万元；经营过程中使用的10辆货车，公允价值为300万元。甲公司以银行存款向乙公司支付补价20万元。双方于20×2年2月1日完成了资产交换手续。交换当日，甲公司厂房的账面价值为120万元（其中账面原价为150万元，已计提折旧30万元），设备的账面价值为360万元（其中账面原价为420万元，已计提折旧60万元），乙公司土地使用权的账面价值为210万元（其中成本220万元，累计摊销额为10万元），10辆货车的账面价值为320万元（其中账面原价为400万元，已计提折旧80万元）。甲公司开具两张增值税专用发票，分别注明厂房的计税价格为110万元、增值税税额为9.9万元；设备的计税价格为390万元、增值税税额为50.7万元。乙公司开具两张增值税专用发票，分别注明土地使用权的计税价格为240万元、增值税税额为21.6万元；10辆货车的计税价格为300万元、增值税税额为39万元。假设甲公司和乙公司此前均未对上述资产计提减值准备，上述资产交换后的用途不发生改变。不考虑其他税费。

本例中，涉及收付货币性资产，应当计算货币性资产占整个资产交换的比例。补价20万元占整个资产交换金额520万元的比例为3.85%<25%，属于非货币性资产交换。

（1）甲公司的会计处理如下。

① 确定各项换入资产的初始计量金额。

无形资产——土地使用权=（110+390+20）×240÷（240+300）=231.11（万元）

固定资产——货车=（110+390+20）×300÷（240+300）=288.89（万元）

② 确定各项换出资产终止确认的相关损益。

固定资产——厂房：110-（150-30）=-10（万元）

固定资产——设备：390-（420-60）=30（万元）

③ 甲公司的账务处理如下。

a. 终止确认换出的厂房、设备，转入固定资产清理。

借：固定资产清理	5 406 000	
累计折旧——厂房	300 000	
累计折旧——设备	600 000	
贷：固定资产——厂房		1 500 000

| 固定资产——设备 | 4 200 000 |
| 应交税费——应交增值税（销项税额） | 606 000 |

b. 确认换入的土地使用权和货车，同时确认换出资产相关损益。

借：无形资产——土地使用权 2 311 100

固定资产——货车 2 888 900

应交税费——应交增值税（进项税额） 606 000

贷：固定资产清理 5 406 000

资产处置损益 200 000

银行存款 200 000

（2）假设乙公司换入资产公允价值更可靠。

① 换入厂房、设备的入账价值。

固定资产——厂房：110万元

固定资产——设备：390万元

② 换出资产终止确认的相关损益。

110+390+20-（400-80）-（220-10）=-10（万元）

③ 乙公司的账务处理如下。

a. 终止确认换出的10辆货车，转入固定资产清理。

借：固定资产清理 3 590 000

累计折旧——货车 800 000

贷：固定资产——货车 4 000 000

应交税费——应交增值税（销项税额） 390 000

b. 确认换入的厂房和设备，同时确认换出资产相关损益。

借：固定资产——厂房 1 100 000

固定资产——设备 3 900 000

应交税费——应交增值税（进项税额） 606 000

银行存款 200 000

累计摊销 100 000

资产处置损益 100 000

贷：无形资产——土地使用权 2 200 000

应交税费——应交增值税（销项税额） 216 000

固定资产清理 3 590 000

【例1-6】沿用【例1-5】的资料。假设其他条件不变，合同约定甲公司用于交换的资产包括：一间生产用厂房，公允价值为110万元；一套用于生产经营使用的设备，公允价值为390万元。还包括一项对P公司的股票投资，甲公司将该投资作为交易性金融资产核算。该股票投资在20×2年1月25日的公允价值为30万元，账面价值为25万元。由于该股票有较好的前景，按合同约定甲公司向乙公司支付补价8万元。

甲公司的会计处理如下。

（1）确定各项换入资产的初始计量金额。

例1-6

业务分析

无形资产——土地使用权＝（110+390+30+8）×240÷（240+300）=239.11（万元）

固定资产——货车＝（110+390+30+8）×300÷（240+300）=298.89（万元）

（2）确定各项换出资产终止确认的相关损益。

固定资产——厂房：110-（150-30）=-10（万元）

固定资产——设备：390-（420-60）=30（万元）

交易性金融资产：30-25=5（万元）

（3）甲公司的账务处理如下。

① 终止确认换出的厂房、设备，转入固定资产清理。

借：固定资产清理　　　　　　　　　　　5 406 000

　　累计折旧——厂房　　　　　　　　　　300 000

　　累计折旧——设备　　　　　　　　　　600 000

　　　贷：固定资产——厂房　　　　　　　　　　1 500 000

　　　　　固定资产——设备　　　　　　　　　　4 200 000

　　　　　应交税费——应交增值税（销项税额）　　606 000

② 确认换入的土地使用权和货车，同时确认换出资产的相关损益。

借：无形资产——土地使用权　　　　　　2 391 100

　　固定资产——货车　　　　　　　　　2 988 900

　　应交税费——应交增值税（进项税额）　606 000

　　　贷：固定资产清理　　　　　　　　　　　5 406 000

　　　　　交易性金融资产——成本　　　　　　　250 000

　　　　　资产处置损益　　　　　　　　　　　　200 000

　　　　　投资收益　　　　　　　　　　　　　　50 000

　　　　　银行存款　　　　　　　　　　　　　　80 000

（4）乙公司的账务处理如下。

　　分析：本例中，甲公司和乙公司均以换出资产的公允价值为基础确定各项换入资产的成本，并确认各项换出资产产生的损益。另外，乙公司换入的非货币性资产中包含交易性金融资产，按照《企业会计准则第22号——金融工具确认和计量》以公允价值确定其初始入账成本。乙公司在确定换入的其他多项资产的初始计量金额时，应当将该金融资产的公允价值（交易性金融资产的公允价值为30万元）从换出资产公允价值总额（涉及补价的，加上支付的补价或减去收到补价）中扣除，换入的厂房、设备的入账价值计算如下。

固定资产——厂房＝（240+300-30-8）×110÷（110+390）=110.44（万元）

固定资产——设备＝（240+300-30-8）×390÷（110+390）=391.56（万元）

换出各项资产终止确认的相关损益。

无形资产——土地使用权：

240-（220-10）=30（万元）

固定资产——货车：

300-（400-80）=-20（万元）

① 终止确认换出的10辆货车，转入固定资产清理。

借：固定资产清理　　　　　　　　　　　　3 590 000

　　累计折旧——货车　　　　　　　　　　　800 000

　　　贷：固定资产——货车　　　　　　　　　　　4 000 000

　　　　　应交税费——应交增值税（销项税额）　　390 000

② 确认换入的厂房和设备，同时确认换出资产相关损益。

借：固定资产——厂房　　　　　　　　　　1 104 400

　　固定资产——设备　　　　　　　　　　3 915 600

　　交易性金融资产　　　　　　　　　　　　300 000

　　应交税费——应交增值税（进项税额）　　606 000

　　银行存款　　　　　　　　　　　　　　　80 000

　　累计摊销　　　　　　　　　　　　　　 100 000

　　　贷：无形资产——土地使用权　　　　　　　　2 200 000

　　　　　应交税费——应交增值税（销项税额）　　216 000

　　　　　固定资产清理　　　　　　　　　　　　　3 590 000

　　　　　资产处置损益　　　　　　　　　　　　　 100 000

【以公允价值为计量基础的会计处理小结】

	以换出资产公允价值为基础		以换入资产公允价值为基础	
	换入资产入账成本	换出资产处置损益	换入资产入账成本	换出资产处置损益
不涉及补价	换出资产的公允价值+相关税费	换出资产公允价值-换出资产账面价值	换入资产的公允价值+相关税费	换入资产公允价值-换出资产账面价值
涉及补价	支付补价方 +支付的补价	同上	同上	（换入资产公允价-支付的补价）-换出资产账面价值
	收到补价方 -收到的补价	同上	同上	（换入资产公允价+收到的补价）-换出资产账面价值

1.2.3　以账面价值为计量基础的非货币性资产交换的会计处理

当非货币性资产交换不满足《企业会计准则第7号——非货币性资产交换》规定的以公允价值为基础计量的条件时，即非货币性资产交换不具有商业实质，或者虽然具有商业实质但换入资产和换出资产的公允价值均不能可靠计量的，企业应当以账面价值为基础计量。

1. 会计处理原则

（1）对于换入资产，应当以换出资产的账面价值和应支付的相关税费作为换入资产的初始计量金额。

（2）对于换出资产，终止确认时不确认损益。

【例1-7】20×2年3月30日，甲公司和乙公司协商后决定，甲公司将其生产经营使用的专利权转让给乙公司。作为交换，乙公司将其刚申请的一项专利技术转让给甲公司。当日，甲公司换出的专利权的账面价值为45万元（其中账面原价为60万元，累计摊销额为15万元）；乙公司刚申请的专利技术已转为无形资产核算，账面价值为50万元，尚未进行摊销。假设两公司的专利权和专利技术的公允价值均不能可靠计量，整个交易过程中没有发生相关税费。双方取得专利权及专利技术后仍分别作为无形资产核算。

本例中，整个资产交换过程没有涉及收付货币性资产，交换的资产为无形资产，属于非货币性资产交换。由于用于交换的两项无形资产的公允价值均不能可靠地计量，因此，甲公司和乙公司均应当以换出资产的账面价值为基础确定换入资产的初始计量金额，换出资产不确认损益。

（1）甲公司的账务处理如下。

借：无形资产——专利技术　　　　　　　　　450 000

　　累计摊销——专利权　　　　　　　　　　150 000

　　　贷：无形资产——专利权　　　　　　　　　　600 000

（2）乙公司的账务处理如下。

借：无形资产——专利权　　　　　　　　　　500 000

　　　贷：无形资产——专利技术　　　　　　　　　500 000

2. 涉及补价的情形

对于以账面价值为基础计量的非货币性资产交换，涉及补价的，应当将补价作为确定换入资产初始计量金额的调整因素，分下列情况进行处理。

（1）支付补价方：应当以换出资产的账面价值，加上支付补价的账面价值和应支付的相关税费，作为换入资产的初始计量金额，换出资产不确认损益。

（2）收到补价方：应当以换出资产的账面价值，减去收到补价的公允价值，加上应支付的相关税费，作为换入资产的初始计量金额，换出资产不确认损益。

【例1-8】沿用【例1-7】的资料。20×2年3月30日，甲公司和乙公司协商后决定，甲公司将其生产经营使用的专利权转让给乙公司。作为交换，乙公司将其刚申请的一项专利技术转让给甲公司。当日，甲公司换出的专利权的账面价值为45万元（其中账面原价为60万元，累计摊销额为15万元）；乙公司刚申请的专利技术已转为无形资产核算，账面价值为50万元，尚未进行摊销。甲公司向乙公司支付补价5万元。假设两公司的专利权和专利技术的公允价值均不能可靠计量。

假设整个交易过程中没有发生相关税费。双方取得专利权及专利技术后仍分别作为无形资产核算。

（1）甲公司的账务处理如下。

借：无形资产——专利技术　　　　　　　　　500 000

　　累计摊销——专利权　　　　　　　　　　150 000

　　　贷：无形资产——专利权　　　　　　　　　　600 000

　　　　　银行存款　　　　　　　　　　　　　　50 000

（2）乙公司的账务处理如下。

借：无形资产——专利权　　　　　　　　　　450 000

　　银行存款　　　　　　　　　　　　　　　50 000

　　　贷：无形资产——专利技术　　　　　　　　　500 000

3. 涉及换入多项资产或换出多项资产的情形

对于以账面价值为基础计量的非货币性资产交换，如涉及换入多项资产或换出多项资产，或者同时换入和换出多项资产的，应当分别对换入的多项资产、换出的多项资产进行会计处理。

（1）对于换入的多项资产，由于通常无法将换出资产与换入的某项特定资产相对应，应当按照各项换入资产的公允价值的相对比例（换入资产的公允价值不能够可靠计量的，也可以按照各项换入资产的原账面价值的相对比例或其他合理的比例），将换出资产的账面价值总额（涉及补价的，加上支付补价的账面价值或减去收到补价的公允价值）分摊至各项换入资产，加上应支付的相关税费，作为各项换入资产的初始计量金额。

（2）对于同时换出的多项资产，各项换出资产终止确认时均不确认损益。

【例 1-9】沿用【例 1-7】的资料。假设其他条件不变，甲公司和乙公司进行专利权和专利技术交换的同时，甲公司还将一套生产专用设备转移给乙公司，乙公司将一套专门用于存储的设备转移给甲公司。20×2 年 3 月 30 日，甲公司换出的专用设备的账面价值为420 万元（其中账面原价为 500 万元，已计提折旧 80 万元），乙公司换出的存储设备账面价值为 400 万元（其中账面原价为 700 万元，已计提折旧 300 万元）。假设两项设备均为自行研究制造的专用设备，其公允价值均不能可靠计量。

例 1-9

业务分析

（1）甲公司的会计处理如下。

① 确定各项换入资产的初始计量金额。

无形资产——专利技术：（45+420）×50÷（50+400）=51.6667（万元）

固定资产——存储设备：（45+420）×400÷（50+400）=413.3333（万元）

② 对于换出的多项资产，终止确认时按照账面价值转销，不确认损益。

③ 甲公司的账务处理如下。

借：固定资产清理   4 200 000

  累计折旧——生产设备   800 000

   贷：固定资产——生产设备   5 000 000

借：无形资产——专利技术   516 667

  固定资产——存储设备   4 133 333

  累计摊销——专利权   150 000

   贷：无形资产——专利权   600 000

    固定资产清理   4 200 000

（2）乙公司的会计处理如下。

① 确定各项换入资产的初始计量金额。

无形资产——专利权：（50+400）×45÷（45+420）=43.5484（万元）

固定资产——生产设备：（50+400）×420÷（45+420）=406.4516（万元）

② 对于换出的多项资产，终止确认时按照账面价值转销，不确认损益。

③ 乙公司的账务处理如下。

借：固定资产清理   4 000 000

  累计折旧——存储设备   3 000 000

   贷：固定资产——存储设备   7 000 000

借：无形资产——专利权   435 484

  固定资产——生产设备   4 064 516

   贷：无形资产——专利技术   500 000

    固定资产清理   4 000 000

【以账面价值为计量基础的会计处理小结】

		换入资产入账成本	换出资产
不涉及补价		换出资产账面价值+相关税费	不确认损益
涉及补价	支付补价方	换出资产账面价值+支付的补价+相关税费	不确认损益
	收到补价方	换出资产账面价值-收到的补价+相关税费	不确认损益

1.3 非货币性资产交换的信息披露

企业应当在附注中披露有关非货币性资产交换的下列信息：

（1）非货币性资产交换是否具有商业实质及其原因；

（2）换入资产、换出资产的类别；

（3）换入资产初始计量金额的确定方式；

（4）换入资产、换出资产的公允价值以及换出资产的账面价值；

（5）非货币性资产交换确认的损益。

需要说明的是，在披露非货币性资产交换是否具有商业实质的原因时，如果能够通过定性分析即可得出结论认定换入资产的未来现金流量在风险、时间或金额方面与换出资产显著不同，交换因而具有商业实质，则应当披露定性分析中所考虑的相关因素和相关结论。在这种情况下，不需要进一步披露使用换入资产和继续使用换出资产所产生的预计未来现金流量现值，以及通过计算进行的定量分析。如果难以通过定性分析直接得出结论认定非货币性资产交换具有商业实质，则应当披露使用换入资产进行相关经营的预计未来现金流量现值和继续使用换出资产进行相关经营的预计未来现金流量现值，以及相关的定量分析和结论。

思考题

1. 什么是非货币性资产？

2. 如何判断一项资产交易属于非货币性资产交换？

3. 非货币性资产交换中以公允价值计量换入资产需要满足什么条件？

4. 非货币性资产交换中如何确认与计量交换损益？

练习题

第 1 章

第2章 | 债务重组会计

【学习目标】

- 了解债务重组的含义及方式；
- 掌握各种债务重组方式下债务方和债权方的会计处理；
- 了解债务重组会计信息的披露要求。

【思维导图】

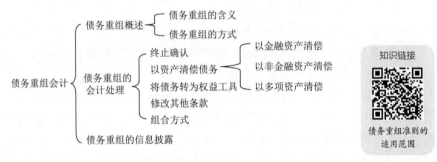

《企业会计准则第 12 号——债务重组》规范了债务重组的确认、计量和相关信息的披露。经法院裁定进行债务重整并按持续经营进行会计核算的，适用于该准则。债务人在破产清算期间进行的债务重组不属于该准则规范的范围，应当按照企业破产清算有关会计处理规定处理。

2.1 | 债务重组概述

2.1.1 债务重组的含义

债务重组是指在不改变交易对手方的情况下，经债权人和债务人协定或法院裁定，就清偿债务的时间、金额或方式等重新达成协议的交易。

债务重组涉及债权人和债务人，对债权人而言为"债权重组"，对债务人而言为"债务重组"，债务重组的主体是债权、债务双方。债务重组的结果是债权、债务双方就清偿债务的时间、金额或方式等重新达成协议。

债务重组中涉及的债权、债务的范围：债权一般包括应收票据、应收账款和债权投资等；债务一般包括应付票据、应付账款、短期借款、长期借款和应付债券等；不包括合同资产、合同负债、预计负债，但包括租赁应收款和租赁应付款。通过债务重组形成企业合并的，适用企业合并准则等；债务重组构成权益性交易的，适用权益性交易的有关会计处理规定。

2.1.2　债务重组的方式

债务重组的方式主要包括：债务人以资产清偿债务、将债务转为权益工具、修改其他条款，以及前述一种以上方式的组合。这些债务重组方式都是通过债权人和债务人重新协定或者法院裁定达成的，与原来约定的偿债方式不同。

1. 债务人以资产清偿债务

债务人以资产清偿债务，是债务人转让其资产给债权人以清偿债务的债务重组方式。债务人用于偿债的资产包括现金资产和非现金资产，例如，现金、应收账款、存货、长期股权投资、投资性房地产、固定资产、在建工程、生物资产、无形资产等。这种重组方式，导致债权人将债权转为其他形式的资产。

2. 债务人将债务转为权益工具

债务人将债务转为权益工具，是债务人将债务转为股本、实收资本等权益工具的债务重组方式。这种重组方式，导致债权人将债权转为股权。但是债务重组构成权益性交易的，应当适用权益性交易的有关会计处理规定，债权人和债务人不确认债务重组相关损益。债务重组构成权益性交易的情形包括：（1）债权人直接或间接对债务人持股，或者债务人直接或间接对债权人持股，且持股方以股东身份进行债务重组；（2）债权人与债务人在债务重组前后均受同一方或相同的多方最终控制，且该债务重组的交易实质是债权人或债务人进行了权益性分配或接受益性投入。债务重组中不属于权益性交易的部分仍然适用债务重组准则。

【情景示例 1】 甲公司是乙公司股东，为了弥补乙公司临时性经营现金流短缺，甲公司向乙公司提供 1 000 万元无息借款，并约定于 6 个月后收回。借款期满时，尽管乙公司具有充足的现金流，甲公司仍然决定免除乙公司部分本金还款义务，仅收回 200 万元借款。在此项交易中，甲公司如果不以股东身份而是以市场交易者身份参与交易，在乙公司具有足够偿债能力的情况下不会免除其部分本金。因此，甲公司和乙公司应当将该交易作为权益性交易，不确认债务重组相关损益。

【情景示例 2】 假设前例中债务人乙公司确实出现财务困难，其他债权人对其债务普遍进行了减半的豁免，那么甲公司作为股东比其他债务人多豁免 300 万元债务的交易应当作为权益性交易，正常豁免 500 万元债务的交易适用该准则。

3. 修改其他条款清偿债务

修改债权和债务的其他条款，是债务人不以资产清偿债务，也不将债务转为权益工具，而是改变债权和债务的其他条款的债务重组方式，如调整债务本金、改变债务利息、变更还款期限等。经修改其他条款的债权和债务分别形成重组债权和重组债务。

4. 组合方式清偿债务

组合方式，是采用债务人以资产清偿债务、债务人将债务转为权益工具、修改其他条款三种方式中一种以上方式的组合清偿债务的债务重组方式。例如，债权人和债务人约定，由债务人以机器设备清偿部分债务，将另一部分债务转为权益工具，调减剩余债务的本金，但利率和还款期限不变；再如，债务人以现金清偿部分债务，同时将剩余债务展期等。

2.2 | 债务重组的会计处理

债务重组中涉及的债权和债务的终止确认，应当遵循《企业会计准则第 22 号——金融工具确认和计量》和《企业会计准则第 23 号——金融资产转移》有关金融资产和金融负债终止确认的规定。债权人在收取债权现金流量的合同权利终止时终止确认债权，债务人在债务的现时义务解除时终止确认债务。债务重组方式不同，债务重组业务中债权人和债务人的账务处理不尽相同。

2.2.1 以资产清偿债务

1. 以金融资产清偿债务

（1）债权人的会计处理。

债权人受让包括现金在内的单项或多项金融资产，应当按照《企业会计准则 22 号——金融工具确认和计量》的规定进行确认和计量。金融资产初始确认时应当以其公允价值计量，金融资产确认金额与债权终止确认日账面价值之间的差额，计入"投资收益"科目。

（2）债务人的会计处理。

微视频

以金融资产清偿
债务的会计处理

债务人以单项或多项金融资产清偿债务的，债务的账面价值与偿债金融资产账面价值的差额，计入"投资收益"科目。偿债金融资产已计提减值准备的，应结转已计提的减值准备。对于以分类为以公允价值计量且其变动计入其他综合收益的债务工具投资清偿债务的，之前计入其他综合收益的累计利得或损失应当从其他综合收益中转出，计入"投资收益"科目。对于以指定为以公允价值计量且其变动计入其他综合收益的非交易性权益工具投资清偿债务的，之前计入其他综合收益的累计利得或损失应当从其他综合收益中转出，计入"盈余公积""利润分配——未分配利润"等科目。

【例 2-1】甲企业 20×2 年 4 月 1 日向乙企业销售一批产品 W，价格为 6 000 000 元，增值税税额为 780 000 元，货款及税款共 6 780 000 元，原定三个月后付清。因乙企业出现严重的财务困难，无法按合同规定如期足额偿还债务，双方于 20×2 年 7 月 20 日签订债务重组协议。假定债务重组协议规定，乙企业将以其持有的一项交易性金融资产（对丙企业的股票投资）来抵偿所欠甲企业的 6 780 000 元应付账款。该交易性金融资产的账面价值为 6 000 000 元，重组前已确认的公允价值变动损失为 100 000 元，重组当日的公允价值为 5 900 000 元；20×2 年 7 月 30 日双方办理了该项股权的转让手续。甲企业支付 5 000 元的相关费用。当日，甲企业该项应收款项的公允价值等于其账面价值，均为 6 780 000 元。其他相关税费略。假定甲企业将受让的金融资产作为以公允价值计量且其变动计入其他综合收益的金融资产。甲、乙企业的会计处理如下。

（1）债权人甲企业。

借：其他权益工具投资——丙　　　　　　　　　5 905 000

　　投资收益　　　　　　　　　　　　　　　　　880 000

贷：应收账款	6 780 000
银行存款	5 000

（2）债务人乙企业。

借：应付账款	6 780 000
交易性金融资产——公允价值变动	100 000
贷：交易性金融资产——成本	6 000 000
投资收益	880 000

【例 2-2】沿用【例 2-1】的资料。假设乙企业用来偿债的金融资产为持有丙企业发行的债券，乙企业将其分类为以公允价值计量且其变动计入其他综合收益的债务工具投资，该金融资产的账面价值为 6 000 000 元，重组前已确认的公允价值变动损失为 100 000 元，重组当日的公允价值为 5 900 000 元，其他资料不变。

债权人甲企业的会计处理不变，债务人乙企业的会计处理如下。

借：应付账款	6 780 000
其他债权投资——公允价值变动	100 000
贷：其他债权投资——成本	6 000 000
投资收益	880 000
借：投资收益	100 000
贷：其他综合收益	100 000

【例 2-3】沿用【例 2-1】的资料，假设乙企业用来偿债的金融资产为持有丙企业的股份，乙企业将其分类为以公允价值计量且其变动计入其他综合收益的非交易性权益工具投资，该金融资产的账面价值为 6 000 000 元，重组前已确认的公允价值变动损失为 100 000 元，重组当日的公允价值为 5 900 000 元，其他资料不变。

债权人甲企业的会计处理不变，债务人乙企业的会计处理如下。

借：应付账款	6 780 000
其他权益工具投资——公允价值变动	100 000
贷：其他权益工具投资——成本	6 000 000
投资收益	880 000
借：盈余公积	10 000
利润分配——未分配利润	90 000
贷：其他综合收益	100 000

【例 2-4】甲企业 20×2 年 4 月 11 日向乙企业销售一批产品价格为 3 000 000 元，增值税税额为 390 000 元，原定 2 个月内乙企业付清货款及税款，因乙企业出现严重的资金周转困难，无法按合同规定如期足额偿还债务，双方于 20×2 年 7 月 10 号签订债务重组协议，甲企业同意乙企业在 5 日内以支付 3 200 000 元现金的方式了结此项债务。乙企业 20×2 年 7 月 14 日用转账支票支付了 3 200 000 元给甲企业，当日，甲企业应收款项的公允价值为 3 200 000 元，乙企业应付款项的账面价值仍为 3 390 000 元。假设不考虑相关税费，根据上述资料，甲、乙两企业 20×2 年 7 月 14 日的相关账务处理如下。

（1）债权人甲企业。

借：银行存款　　　　　　　　　　　　　　　3 200 000

　　投资收益　　　　　　　　　　　　　　　190 000

　　贷：应收账款　　　　　　　　　　　　　　　3 390 000

（2）债务人乙企业。

借：应付账款　　　　　　　　　　　　　　　3 390 000

　　贷：银行存款　　　　　　　　　　　　　　　3 200 000

　　　　其他收益——债务重组收益　　　　　　　　190 000

【例2-5】 沿用【例2-4】的资料。假定甲企业已于20×2年6月30日为该项应收账款计提了100 000元的坏账准备。债务人乙企业的账务处理同上例，而债权人甲企业的账务处理如下。

借：银行存款　　　　　　　　　　　　　　　3 200 000

　　坏账准备　　　　　　　　　　　　　　　100 000

　　投资收益　　　　　　　　　　　　　　　90 000

　　贷：应收账款　　　　　　　　　　　　　　　3 390 000

2. 以非金融资产清偿债务

（1）债权人的会计处理。

债务人以非金融资产清偿债务时，债权人应当在相关资产符合其定义和确认条件时予以确认。债权人对于以非金融资产清偿债务方式进行债务重组的，初始确认受让的金融资产以外的资产时，应当按照下列原则以成本计量。

① 存货的成本，包括放弃债权的公允价值和使该资产达到当前位置和状态所发生的可直接归属于该资产的税金、运输费、装卸费、保险费等其他成本。

② 对联营企业或合营企业投资的成本，包括放弃债权的公允价值和可直接归属于该资产的税金等其他成本。

③ 投资性房地产的成本，包括放弃债权的公允价值和可直接归属于该资产的税金等其他成本。

④ 固定资产的成本，包括放弃债权的公允价值和使该资产达到预定可使用状态前所发生的可直接归属于该资产的税金、运输费、装卸费、安装费、专业人员服务费等其他成本。

⑤ 生物资产的成本，包括放弃债权的公允价值和可直接归属于该资产的税金、运输费、保险费等其他成本。

⑥ 无形资产的成本，包括放弃债权的公允价值和可直接归属于使该资产达到预定用途所发生的税金等其他成本。

以非金融资产清偿债务方式进行债务重组的，债权人应当在确认相关资产的同时对所放弃债权按账面价值进行终止确认。放弃债权的公允价值与账面价值之间的差额，计入"投资收益"科目。

（2）债务人的会计处理。

债务人以非金融资产清偿债务时，应当将债务重组中转让的相关非金融资产和所清偿债务终止确认，债务人以单项或多项非金融资产（如固定资产、日常活动产出的商品或服务等）清偿债务的，不需要区分资产处置损益和债务重组损益，也不需要区分不同资产的处置损益，而应将所清偿债务账面价值与转让资产账面价值之间的差额，计入"其他收益——债务重组收益"科目。偿债资产已计提减值准备的，应结转已计提的减值准备。

【例2-6】甲企业20×2年4月1日向乙企业销售一批产品W，价格为6 000 000元，增值税税额为780 000元，货款及税款共6 780 000元，原定三个月后付清。因乙企业出现严重的财务困难，无法按合同规定如期足额偿还债务，双方于20×2年7月20日签订债务重组协议，乙企业以其所生产的一批A商品偿还此项债务。该批商品的账面价值为4 500 000元，市价为5 000 000元，增值税税率为13%。甲企业20×2年7月30日支付A商品的运杂费2 000元，将其作为原材料核算。当日，甲企业应收款项的公允价值为6 500 000元。其他相关税费略。根据上述资料，甲、乙企业20×2年7月30日的相关账务处理如下。

（1）债权人甲企业。

借：原材料 5 852 000

 应交税费——应交增值税（进项税额） 650 000

 投资收益 280 000

 贷：应收账款 6 780 000

  银行存款 2 000

（2）债务人乙企业。

借：应付账款 6 780 000

 贷：库存商品 4 500 000

  应交税费——应交增值税(销项税额) 650 000

  其他收益——债务重组收益 1 630 000

【例2-7】沿用【例2-6】的资料。假定债务重组协议规定，乙企业以其一项固定资产抵偿该项债务，该项固定资产的账面原始价值为6 800 000元，累计已提折旧800 000元，经评估确认的公允价值和计税价格均为5 900 000元；增值税税率13%；乙企业支付了2 000元的拆卸、运输费用，甲企业支付了3 000元的安装费用之后，将该设备作为固定资产交付使用。当日，甲企业应收款项的公允价值为6 500 000元，乙企业应付款项的账面价值仍为6 780 000元。其他相关税费略。根据上述资料，甲、乙企业20×2年7月30日的相关账务处理如下。

（1）债权人甲企业。

首先，注销被重组的债权并受让固定资产。

借：在建工程 5 733 000

 应交税费——应交增值税（进项税额） 767 000

 投资收益 280 000

 贷：应收账款 6 780 000

其次，支付安装费用。

借：在建工程 3 000

 贷：银行存款 3 000

最后，将固定资产交付使用。

借：固定资产 5 736 000

 贷：在建工程 5 736 000

（2）债务人乙企业。

首先，将固定资产转入清理。

借：固定资产清理	6 000 000
累计折旧	800 000
贷：固定资产	6 800 000

其次，支付清理费用。

| 借：固定资产清理 | 2 000 |
| 　　贷：银行存款 | 2 000 |

最后，用固定资产抵偿债务。

借：应付账款	6 780 000
贷：固定资产清理	6 002 000
应交税费——应交增值税（销项税额）	767 000
其他收益——债务重组利得	11 000

【例 2-8】沿用【例 2-6】的资料。假定债务重组协议规定，乙企业以其一项专利权抵偿该项债务，该项无形资产的账面原始价值为 7 000 000 元，已累计摊销 840 000 元，已计提减值准备 50 000 元，计税价格为 6 000 000 元，增值税税率为 6%。当日，甲企业应收款项的公允价值为 6 500 000 元。其他相关税费略。

根据上述资料，甲、乙企业 20×2 年 7 月 30 日的相关账务处理如下。

（1）债权人甲企业。

借：无形资产	6 140 000
应交税费——应交增值税（进项税额）	360 000
投资收益	280 000
贷：应收账款	6 780 000

（2）债权人乙企业。

借：应付账款	6 780 000
无形资产减值准备	50 000
累计摊销	840 000
贷：无形资产	7 000 000
应交税费——应交增值税（销项税额）	360 000
其他收益——债务重组利得	310 000

2.2.2　债务转为权益工具的债务重组

1. 债权人的会计处理

债务重组采用将债务转为权益工具方式进行的，债权人将债权转为对联营企业或合营企业的权益性投资的，债权人应当比照取得非金融资产重组业务规定（即按照所放弃债权的公允价值）计量其初始投资成本，对所放弃债权按账面价值进行终止确认。债权人将债权转为金融资产的，金融资产初始确认时应当以其公允价值计量，金融资产确认金额与债权终止确认日账面价值之间的差额，计入"投资收益"科目。

2. 债务人的会计处理

债务重组采用将债务转为权益工具方式进行的，债务人初始确认权益工具时，应当按照权益工具的公允价值计量，权益工具的公允价值不能可靠计量的，应当按照所清偿债务的公允价值计量。所清偿债务账面价值与权益工具确认金额之间的差额，计入"投资收益"科目。债务人因发行权益工具而支出的相关税费等，应当依次冲减资本（股本）溢价、盈余公积、未分配利润等。

【例2-9】甲企业20×2年4月30日因向乙企业购入一批原材料（价格为1 000 000元，增值税税额为130 000元）而开出面值为1 130 000元的6个月期的商业汇票，10月30日，甲企业与乙企业签订了债务重组协议。协议规定，甲企业以180 000股本企业普通股抵偿所欠乙企业的债务。甲企业的普通股面值为1元，每股市价为5元。乙企业取得这部分股权后，对甲企业具有重大影响，11月10日双方各支付1 000元相关费用，并办理完股票登记手续。当日，乙企业应收款项的公允价值为1 100 000元，相关税费略。根据上述资料，假定乙企业将受让的甲企业的普通股作为长期股权投资。20×2年11月10日甲、乙企业的相关账务处理如下。

（1）债权人乙企业将债权转为股权。

借：长期股权投资——甲企业　　　　　　　　 1 101 000

　　投资收益　　　　　　　　　　　　　　　　 30 000

　　贷：应收票据　　　　　　　　　　　　　　　　1 130 000

　　　　银行存款　　　　　　　　　　　　　　　　　　1 000

（2）债务人甲企业将债务转为资本。

借：应付票据　　　　　　　　　　　　　　　 1 130 000

　　贷：股本　　　　　　　　　　　　　　　　　　 180 000

　　　　资本公积——股本溢价　　　　　　　　　　 719 000

　　　　银行存款　　　　　　　　　　　　　　　　　　1 000

　　　　投资收益　　　　　　　　　　　　　　　　 230 000

【例2-10】沿用【例2-9】的资料。假定乙企业将受让的甲企业的普通股分类为以公允价值计量且其变动计入其他综合收益的金融资产，则债务人甲企业的账务处理不变，债权人乙企业受让的金融资产应该按照该金融资产的公允价值计量，则债权人乙企业的账务处理如下。

借：其他权益工具投资——甲企业　　　　　　　 901 000

　　投资收益　　　　　　　　　　　　　　　　 230 000

　　贷：应收票据　　　　　　　　　　　　　　　　1 130 000

　　　　银行存款　　　　　　　　　　　　　　　　　　1 000

假定乙企业将受让的甲企业的普通股分类为以公允价值计量且其变动计入当期损益的金融资产，则债权人乙企业的账务处理如下。

借：交易性金融资产　　　　　　　　　　　　　 900 000

　　投资收益　　　　　　　　　　　　　　　　 231 000

　　贷：应收票据　　　　　　　　　　　　　　　　　1 130 000

　　　　银行存款　　　　　　　　　　　　　　　　　　1 000

2.2.3　采用修改其他条款方式进行债务重组

1. 债权人的会计处理

对于债权人而言，债务重组通过调整债务本金、改变债务利息、变更还款期限等修改合同条款方式进行的，合同修改前后的交易对手方没有发生改变，合同涉及的本金、利息等现金流量很难在本息之间及债务重组前后做出明确分割，即很难单独识别合同的特定可辨认现金流量。因此，通常情况下，债权人应当整体考虑是否对全部债权的合同条款做出实质性修改。如果做出实质性修改，或者债权人与债务人之间签订协议，以获取实质上不同的新金融资产方式替换债权，债权人应当终止确认原债权，并按照修改后的条款或新协议确认新金融资产。如果修改其他条款未导致债权终止确认，债权人应当根据其分类，继续以摊余成本、以公允价值计量且其变动计入其他综合收益，或者以公允价值计量且其变动计入当期损益进行后续计量。

采用修改其他条款方式进行债务重组的，债权人应当按照《企业会计准则第 22 号——金融工具确认和计量》的规定，确认和计量重组债权，即按照修改后的条款以公允价值初始计量新的金融资产。新金融资产的确认金额与债权终止确认日账面价值之间的差额，计入"投资收益"科目。

2. 债务人的会计处理

对于债务人而言，如果对债务或部分债务的合同条款做出"实质性修改"形成重组债务，或者债权人与债务人之间签订协议，以承担"实质上不同"的重组债务方式替换债务，债务人应当终止确认原债务，同时按照修改后的条款确认一项新金融负债。债务重组采用修改其他条款方式进行的，如果修改其他条款导致债务终止确认，债务人应当按照公允价值计量重组债务，终止确认的债务账面价值与重组债务确认金额之间的差额，计入"投资收益"科目。

债务人合同条款实质性修改的判断标准是重组债务未来现金流量（包括支付和收取的某些费用）现值与原债务的剩余期间现金流量现值之间的差异是否超过 10%，如果差异超过了 10%则意味着新的合同条款进行了"实质性修改"或者重组债务是"实质上不同"的。有关现值的计算均采用原债务的实际利率。

【情景示例3】20×2 年 2 月 1 日针对甲公司从银行取得的年利率 4%，本金 1 000 万元的借款已逾期的情况，银行同意与甲公司就该项贷款重新达成协议，新协议约定：银行 20×2 年 2 月 1 日同意免除 200 万元甲公司的债务，将重组债权的偿还日延长至 20×3 年 2 月 1 日。甲公司从债务重组日起以 6%的年利率（等于实际利率）支付利息。判断该债务重组合同条款是否做出"实质性修改"。

重组后借款的新现金流量现值=800×（1+6%）÷（1+4%）=815.38（万元）

现金流变化=（1 000-815.38）÷1 000＝18.47%＞10%

因此，针对 1 000 万元本金的合同条款的修改构成实质性修改。

如果修改其他条款未导致债务终止确认，或者仅导致部分债务终止确认，对于未终止确认的部分债务,债务人应当根据其分类,继续以摊余成本、以公允价值计量且其变动计入当期损益或其他适当方法进行后续计量。对于以摊余成本计量的债务,债务人应当根据重新议定合同的现金流量变化情况,重新计算该重组债务的账面价值,并将相关利得或损失计入"投资收益"科目。重新计算的该重组债务的账面价值应当根据将重新议定或修改的合同现金流量按债务的原实际利率折现的现值确定。

2.2.4 以组合方式进行债务重组

1. 债权人的会计处理

债务重组采用以资产清偿债务、将债务转为权益工具、修改其他条款等方式的组合进行的,对于债权人,与上述"修改其他条款"部分的分析类似,通常情况下应当整体考虑是否终止确认全部债权。由于组合方式涉及多种债务重组方式,一般可以认为对全部债权的合同条款作出了实质性修改。债权人应当按照修改后的条款,以公允价值初始计量重组债权和受让的新金融资产,按照受让的金融资产以外的各项资产在债务重组合同生效日的公允价值比例,对放弃债权在合同生效日的公允价值扣除重组债权和受让金融资产当日公允价值后的净额进行分配,并以此为基础分别确定各项资产的成本。放弃债权的公允价值与账面价值之间的差额,计入"投资收益"科目。

2. 债务人的会计处理

以组合方式进行债务重组时,对于债务人而言,组合中以资产清偿债务或者将债务转为权益工具方式进行的债务重组,如果债务人清偿该部分债务的现时义务已经解除,应当终止确认该部分债务。组合中以修改其他条款方式进行的债务重组,需要根据具体情况,判断对应的部分债务是否满足终止确认条件。

对于修改其他条款形成的重组债务,债务人应当按照公允价值计量重组债务,终止确认的债务账面价值与重组债务确认金额之间的差额,计入"投资收益"科目。对于权益工具,债务人应当在初始确认时按照权益工具的公允价值计量,权益工具的公允价值不能可靠计量的,应当按照所清偿债务的公允价值计量。所清偿债务的账面价值与转让资产的账面价值以及权益工具和重组债务的确认金额之和的差额,计入"其他收益——债务重组收益"或"投资收益"(仅涉及金融工具时)科目。

2.3

债务重组的信息披露

《企业会计准则第 12 号——债务重组》要求债务重组双方应在财务报表中对债务重组的相关信息予以披露。

2.3.1 债权人应披露的信息

债权人应当在附注中披露与债务重组有关的下列信息:

(1)根据债务重组方式,分组披露债权账面价值和债务重组相关损益;

（2）债务重组导致的对联营企业或合营企业的权益性投资增加额，以及该投资占联营企业或合营企业股份总额的比例。

2.3.2　债务人应披露的信息

债务人应当在附注中披露与债务重组有关的下列信息。

（1）根据债务重组方式，分组披露债务账面价值和债务重组相关损益；

（2）债务重组导致的股本等所有者权益的增加额。

思考题

1. 什么是债务重组？
2. 债务重组的方式有哪几种？
3. 采用将债务转为权益工具方式进行债务重组时，债务重组中的损益如何确认与计量？
4. 以非金融资产清偿债务方式进行债务重组时，债权人如何确认损益？

练习题

第 2 章

【学习目标】

- 理解与租赁有关的概念、租赁的识别；
- 掌握租赁业务承租人融资租赁的会计处理；
- 掌握租赁业务出租人融资租赁的会计处理；
- 掌握特殊租赁的会计处理；
- 了解租赁会计相关信息的披露。

【思维导图】

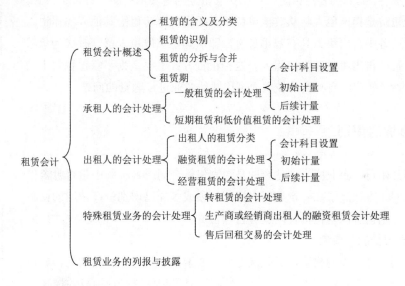

3.1 租赁会计概述

3.1.1 租赁的含义及分类

1. 租赁的含义

按照我国《企业会计准则第 21 号——租赁》的规定，租赁是指在一定期间内，出租人将资产的使用权让与承租人以获取对价的合同。

租赁的主要特征主要体现在：租赁是转移资产的使用权，而不是转移资产的所有权，并且这种转移是有偿的，取得使用权是以付出租金为代价的，从而使租赁有别于资产的购置和不把资产的使用权从合同的一方转移给另一方的服务性合同，如劳务合同、运输合同、保管合同、仓储合同等以及无偿提供使用权的借用合同等。租赁资产通常以所有权与使用权相互分离为前提，一般都表现为可供企业长期使用的机器设备、房屋建筑物等资产。

2. 租赁的分类

按租赁资产的来源不同，租赁可分为直接租赁、杠杆租赁、售后租回和转租赁。

（1）直接租赁是指购置租赁资产所需资金全部由出租人垫付的租赁。出租人直接将生产制造或买入的固定资产租给承租人，直接签订合同收取租金。收取的租金归出租人所有。

（2）杠杆租赁是指出租人只垫付购买租赁资产所需资金的一部分（一般为 20%～40%），其余部分（60%～80%）则以所购资产作担保向贷款人借款支付，再将租赁资产出租给承租人使用，签订合同收取租金。收取的租金首先用于偿还借款，否则租赁资产的所有权就可能发生转移。在这项租赁业务中，出租人利用了财务杠杆原理，以较少投资经营较大金额项目，故称为杠杆租赁。

（3）售后租回是指卖方（兼承租人）将其拥有的固定资产出售给购买方（兼出租人），然后再从该购买方租回该项资产的一种租赁。企业出售资产的目的是为了利用购买者的自有资金，而购买者出租购入资产获取租金则是其选择的一种投资方式。

知识链接

租赁会计准则的
适用范围

（4）转租赁是指出租人将从其他单位租入的资产再转租给其他人的租赁。在这种租赁业务中，出租人具有双重身份，即从其他单位租入资产时成为承租人，将租入资产再出租时成为出租人。这种租赁方式主要是为了获得税收上的优惠或者是为了解决因自身实力较弱而利用其他企业进行融资的问题。

3.1.2 租赁的识别

在合同开始日，企业应当评估合同是否为租赁合同或者合同中是否包含租赁。如果合同一方让渡了在一定期间内控制一项或多项已识别资产使用的权利以换取对价，则该合同为租赁合同或者包含租赁。

微视频

租赁的识别

1. 识别租赁的三要素

一项合同要被分类为租赁，必须满足三个要素：一是存在一定期间；二是存在已识别资产；三是资产供应方向客户转移了对已识别资产使用权的控制。

（1）存在一定期间。

在合同中，"一定期间"可以是一段时间，也可以表述为已识别资产的使用量，例如，某项设备的产出量。如果客户有权在部分合同期内控制已识别资产的使用，则合同包含一项在该部分合同期间的租赁。

（2）存在已识别资产。

① 对资产的明确指定或隐性指定。已识别资产通常由合同明确指定，也可以在资产可供客户使用时隐性指定。

【情景示例1】甲公司（客户）与乙公司（供应方）签订了使用乙公司一节火车车厢的5年期合同。该车厢专为用于运输甲公司生产过程中使用的特殊材料而设计，未经重大改造不适合其他客户使用。合同中没有明确指定轨道车辆（例如，通过序列号），但是乙公司仅拥有一节适合客户甲使用的火车车厢。如果车厢不能正常工作，合同要求乙公司修理或更换车厢。

分析：具体哪节火车车厢虽未在合同中明确指定，但是被隐含指定，因为乙公司仅拥有一节适合客户甲使用的火车车厢，必须使用其来履行合同，乙公司无法自由替换该车厢。因此，火车车厢是一项已识别资产。

② 物理可区分。如果资产的部分产能在物理上可区分（例如，建筑物的一层），则该部分产能属于已识别资产。如果资产的某部分产能与其他部分在物理上不可区分（例如，光缆的部分容量），则该部分不属于已识别资产，除非其实质上代表该资产的全部产能，从而使客户获得因使用该资产所产生的几乎全部经济利益的权利。

【情景示例2】情形1：甲公司（客户）与乙公司（公用设施公司）签订了一份为期15年的合同，以取得连接A、B城市光缆中三条指定的物理上可区分的光纤使用权。若光纤损坏，乙公司应负责修理和维护。乙公司拥有额外的光纤，但仅可因修理、维护或故障等原因替换指定给甲公司使用的光纤。

情形2：甲公司与乙公司签订了一份为期15年的合同，以取得连接A、B城市光缆中约定带宽的光纤使用权。甲公司约定的带宽相当于使用光缆中三条光纤的全部传输容量（乙公司光缆包含15条传输容量相近的光纤）。

分析：在情形1下，合同明确指定了三条光纤，并且这些光纤与光缆中的其他光纤在物理上可区分、乙公司不可因修理、维护或故障以外的原因替换光纤、因此情形1中存在三条已识别光纤。

在情形2下，甲公司仅使用光缆的部分传输容量，提供给甲公司使用的光纤与其余光纤在物理上不可区分，且不代表光缆的几乎全部传输容量。因此情形2中不存在已识别资产。

③ 供应方不拥有资产的实质性替换权。即使合同已对资产进行指定，如果资产供应方在整个使用期间拥有对该资产的实质性替换权，则该资产不属于已识别资产。其原因在于，如果资产供应方在整个使用期间均能自由替换合同资产，那么实际上，合同只规定了满足客户需求的一类资产，而不是被唯一识别出的一项或几项资产。也就是说，在这种情况下，合同资产并未和资产供应方的同类其他资产明确区分开来，并未被识别出来。

同时符合下列条件时，表明资产供应方拥有资产的实质性替换权。

a. 资产供应方拥有在整个使用期间替换资产的实际能力。

例如，客户无法阻止供应方替换资产，且用于替换的资产对于资产供应方而言易于获得或者可以在合理期间内取得。

b. 资产供应方通过行使替换资产的权利将获得经济利益。即替换资产的预期经济利益将超过替换资产所需成本。

需要注意的是，如果合同仅赋予资产供应方在特定日期或者特定事件发生日或之后拥有替换资产的权利或义务，考虑到资产供应方没有在整个使用期间替换资产的实际能力，资产供应方的替换权不具有实质性。

企业在评估资产供应方的替换权是否为实质性权利时，应基于合同开始日的事实和情况，而不应考虑在合同开始日企业认为不可能发生的未来事件。例如，①未来某个客户为使用该资产同意支付高于市价的价格；②引入了在合同开始日尚未实质开发的新技术；③客户对资产的实际使用或资产实际性能与在合同开始日认为可能的使用或性能存在重大差异；④使用期间资产市价与合同开始日认为可能的市价存在重大差异。

与资产位于资产供应方所在地相比，如果资产位于客户所在地或其他位置，替换资产所需要的成本更有可能超过其所能获取的利益。资产供应方在资产运行结果不佳或者进行技术升级的情况下，因修理和维护而替换资产的权利或义务不属于实质性替换权。

企业难以确定资产供应方是否拥有实质性替换权的，应视为资产供应方没有对该资产的实质性替换权。

【情景示例3】甲公司（客户）与乙公司（供应方）签订合同，合同要求乙公司在5年内按照约定的时间表使用指定型号的火车车厢为甲公司运输约定数量的货物。合同中约定的时间表和货物数量相当于甲公司在5年内有权使用10节指定型号火车车厢。合同规定了所运输货物的性质。乙公司有大量类似的车厢可以满足合同要求。车厢不用于运输货物时存放在乙公司处。

分析：（1）乙公司在整个使用期间有替换每节车厢的实际能力。用于替换的车厢是乙公司易于获得的，且无需甲公司批准即可替换。（2）乙公司可通过替换车厢获得经济利益。车厢存放在乙公司处，乙公司拥有大量类似的车厢，替换每节车厢的成本极小，乙公司可以通过替换车厢获益，例如，使用已位于任务所在地的车厢执行任务，或利用某客户未使用而闲置的车厢。

因此，乙公司拥有车厢的实质性替换权，合同中用于运输甲公司货物的车厢不属于已识别资产。

（3）客户能控制已识别资产的使用权。

为确定合同是否让渡了在一定期间内控制已识别资产使用的权利，企业应当评估合同中的客户是否有权获得在使用期间因使用已识别资产所产生的几乎全部经济利益，并有权在该使用期间主导已识别资产的使用。

知识链接

客户是否控制已识别资产使用权的判断标准

【情景示例4】甲公司（客户）与乙公司（供应方）签订了购买某一新太阳能电厂20年生产的全部电力的合同。合同明确指定了太阳能电厂，且乙公司没有替换权。太阳能电厂的产权归乙公司所有，乙公司不能通过其他电厂向甲公司供电。

情形一：太阳能电厂在建造之前由甲公司设计，甲公司聘请了太阳能专家协助其确定太阳能电厂的选址和设备工程。乙公司负责按照甲公司的设计建造太阳能电厂，并负责电厂的运行和维护。关于是否发电、发电时间和发电量无需再进行决策，该项资产在设计时已经预先确定了这些决策。

分析：合同明确指定了太阳能电厂，且乙公司无权替换，因此合同存在已识别资产。由于太阳能电厂使用目的、使用方式等相关决策在太阳能电厂设计时已预先确定，因此，尽管太阳能电厂的运营由乙公司负责，但是该电厂由甲公司设计这一事实赋予了甲公司主导电厂使用的权利，甲公司在整个20年使用期有权主导太阳能电厂的使用。

情形二：电厂由乙公司在合同签订前自行设计，负责建造太阳能电厂，并负责电厂的运行和维护。关于是否发电、发电时间和发电量无需再进行决策，该项资产在设计时已经预先确定了这些决策。

分析：合同明确指定了电厂，且乙公司无权替换，因此合同存在已识别资产。电厂的使用目的和使用方式，即是否发电、发电时间和发电量，在设计时已预先确定。甲公司在使用期间无权改变电厂的使用目的和使用方式，没有关于电厂使用的其他决策权（例如，甲公司不运营电厂），也未参与电厂的设计，因此甲公司在使用期间无权主导电厂的使用。

在评估客户是否有权主导资产的使用时，如果资产（或资产的特定方面）不是由客户设计，企业应当仅考虑在使用期间对资产使用做出决策的权利。例如，如果客户仅能在使用期间之前指定资产的产出而没有与资产使用相关的任何其他决策权，则该客户享有的权利与任何购买该项商品或服务的其他客户享有的权利并无不同。

2. 识别合同的评估流程

合同开始日，企业评估合同是否为租赁或是否包括租赁的流程如图 3-1 所示。

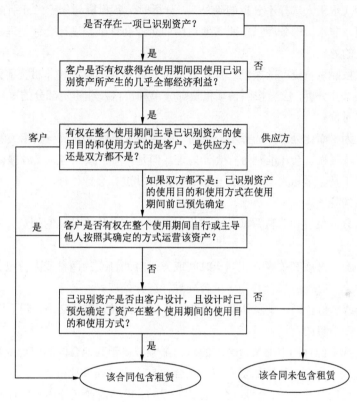

图 3-1　评估合同是否为租赁或是否包括租赁

3.1.3　租赁的分拆与合并

我国企业会计准则规定，同时符合下列两个条件的，使用已识别资产的权利构成一项单独租赁。

（1）承租人可从单独使用该资产或将其与易于获得的其他资源一起使用中获利。易于获得的资源是指出租人或其他供应方单独销售或出租的商品或服务，或者承租人已从出租人或其他交易中获得的资源。

（2）该资产与合同中的其他资产不存在高度依赖或高度关联关系。例如，若承租人租入资产的决定不会对承租人使用合同中的其他资产的权利产生重大影响，则表明该项资产与合同中的其他资产不存在高度依赖或高度关联关系。

出租人可能要求承租人承担某些款项，却并未向承租人转移商品或服务。例如，出租人可能将管理费或与租赁相关的其他成本计入应付金额，而并未向承租人转移商品或服务。此类应付金额不构成合同中单独的组成部分，而应视为总对价的一部分分摊至单独识别的合同组成部分。

1. 租赁的分拆

合同中同时包含多项单独租赁的，承租人和出租人应当将合同予以分拆，并分别各项单独租赁进行会计处理。合同中同时包含租赁和非租赁部分的，承租人和出租人应当将租赁和非租赁部分进行分拆（承租人选择不分拆的除外）。分拆时，各租赁部分应当分别按照租赁会计准则进行会计处理，非租赁部分应当按照其他适用的企业会计准则进行会计处理。

（1）承租人的处理。

承租人可以按照租赁资产的类别选择是否分拆合同包含的租赁和非租赁部分。

承租人如果选择分拆，应当按照各项租赁部分单独价格及非租赁部分的单独价格之和的相对比例分摊合同对价。

承租人如果为了简化处理，选择不分拆的，应当将各租赁部分及与其相关的非租赁部分分别合并为租赁，按照租赁会计准则进行会计处理。但是，对于按照金融工具确认和计量准则应分拆的嵌入衍生工具，承租人不应将其与租赁部分合并进行会计处理。

（2）出租人的处理。

出租人应当分拆租赁和非租赁部分，按收入准则中交易价格分摊的规定分摊合同对价。

2. 租赁的合并

企业与同一交易方或其关联方在同一时间或相近时间订立的两份或多份包含租赁的合同，在满足下列条件之一时，应当合并为一份合同进行会计处理。

（1）该两份或多份合同基于总体商业目的而订立并构成一揽子交易，若不作为整体考虑则无法理解其总体商业目的；

（2）该两份或多份合同中的某份合同的对价金额取决于其他合同的定价或履行情况；

（3）该两份或多份合同让渡的资产使用权合起来构成一项单独租赁；

两份或多份合同合并为一份合同进行会计处理的，仍然需要区分该一份合同中的租赁部分和非租赁部分。

3.1.4 租赁期

租赁期是指承租人有权使用租赁资产且不可撤销的期间。在确定租赁期时，应考虑"选择权"的影响。承租人有续租选择权，即有权选择续租该资产，且合理确定将行使该选择权的，租赁期还应当包含续租选择权涵盖的期间；承租人有终止租赁选择权，即有权选择终止租赁该资产，但合理确定将不会行使该选择权，租赁期应当包含终止租赁选择权涵盖的期间。

1. 租赁期开始日

租赁期自租赁期开始日起计算。租赁期开始日，是指出租人提供租赁资产使其可供承租人使用的起始日期。如果承租人在租赁协议约定的起租日或租金起付日之前，已获得对租赁资产使用权的控制，则表明租赁期已经开始。租赁协议中对起租日或租金支付时间的约定，并不影响租赁期开始日的判断。

【情景示例5】 在某商铺的租赁安排中，出租人于2×18年1月1日将房屋钥匙交付承租人，承租人在收到钥匙后，就可以自主安排对商铺的装修布置，并安排搬迁。合同约定有3个月的免租期，起租日为2×18年4月1日，承租人自起租日开始支付租金。

分析：此交易中，由于承租人自2×18年1月1日起就已拥有对商铺使用权的控制，因此租赁期开始日为2×18年1月1日，即租赁期包含出租人给予承租人的免租期。

2. 不可撤销期间

在确定租赁期和评估不可撤销租赁期间时，企业应根据租赁条款约定，确定可强制执行合同的期间。

如果承租人和出租人双方均有权在未经另一方许可的情况下终止租赁，且罚款金额不重大，则该租赁不再可强制执行。如果只有承租人有权终止租赁，则在确定租赁期时，企业应将该项权利视为承租人可行使的终止租赁选择权予以考虑。如果只有出租人有权终止租赁，则不可撤销的租赁期包括终止租赁选择权所涵盖的期间。

【情景示例6】 承租人与出租人签订了一份租赁合同，约定自租赁期开始日1年内不可撤销，如果撤销，双方将支付重大罚金，1年期满后，经双方同意可再延长1年，如有一方不同意，将不再续期，且没有罚款。假设承租人对于租赁资产并不具有重大依赖。

分析：在此情况下，自租赁期开始日起的第1年有强制的权利和义务，是不可撤销期间。而此后1年的延长期并非不可撤销期间，因为承租人或出租人均可单方面选择不续约而无需支付任何罚款。

3. 续租选择权和终止租赁选择权

在租赁期开始日，企业应当评估承租人是否合理确定将行使续租或购买标的资产的选择权，或者将不行使终止租赁选择权。在评估时，企业应当考虑对承租人行使续租选择权或不行使终止租赁选择权带来经济利益的所有相关事实和情况，包括自租赁期开始日至选择权行使日之间的事实和情况的预期变化。

知识链接

续租选择权和终止租赁选择权需考虑的因素

租赁的不可撤销期间的长短会影响对承租人是否合理确定将行使或不行使选择权的评估，通常，租赁的不可撤销期间越短，承租人行使续租选择权或不行使终止租赁选择权的可能性就越大，原因在于不可撤销期间越短，获取替代资产的相对成本就越高。此外，评估承租人是否合理确定将行使或不行使选择权时，如果承租人以往曾经使用过特定类型的租赁资产或自有资产，则可以参考承租人使用该类资产的通常期限及原因。例如，承租人通常在特定时期内使用某类资产，或承租人时常对某类租赁资产行使选择权，则承租人应考虑以往这些做法的原因，以评估是否合理确定将对此类租赁资产行使选择权。

续租选择权或终止租赁选择权可能与租赁的其他条款相结合。例如，无论承租人是否行使选择权，均保证向出租人支付基本相等的最低或固定现金，在此情形下，应假定承租人合理确定将行使续租选择权或不行使终止租赁选择权。又如，同时存在原租赁和转租赁时，转租赁期限超过原租赁期限，如原租赁包含5年的不可撤销期间和2年的续租选择权，而转租赁的不可撤销期限为7年，此时应考虑转租赁期限及相关租赁条款对续租选择权评估的可能影响。

购买选择权的评估方式应与续租选择权或终止租赁选择权的评估方式相同，购买选择权在经济上与将租赁期延长至租赁资产全部剩余经济寿命的续租选择权类似。

【情景示例7】承租人签订了一份设备租赁合同，包括4年不可撤销期限和2年期固定价格续租选择权，续租选择权期间的合同条款和条件与市价接近，没有终止罚款或其他因素表明承租人合理确定将行使续租选择权。因此，在租赁期开始日，确定租赁期为4年。

【情景示例8】承租人签订了一份建筑租赁合同，包括4年不可撤销期限和2年按照市价行使的续租选择权。在搬入该建筑之前，承租人花费了大量资金对租赁建筑进行了改良，预计在4年结束时租赁资产改良仍将具有重大价值，且该价值仅可通过继续使用租赁资产实现。

分析：在此情况下，承租人合理确定将行使续租选择权，因为如果在4年结束时放弃该租赁资产改良，将蒙受重大经济损失。因此，在租赁开始时，承租人确定租赁期为6年。

4. 对租赁期和购买选择权的重新评估

发生承租人可控范围内的重大事件或变化，且影响承租人是否合理确定将行使相应选择权的，承租人应当对其是否合理确定将行使续租选择权、购买选择权或不行使终止租赁选择权进行重新评估，并根据重新评估结果修改租赁期。承租人可控范围内的重大事件或变化包括但不限于下列情形。

（1）在租赁期开始日未预计到的重大租赁资产改良，在可行使续租选择权、终止租赁选择权或购买选择权时，预期将为承租人带来重大经济利益。

（2）在租赁期开始日未预计到的租赁资产的重大改动或定制化调整。

（3）承租人做出的与行使或不行使选择权直接相关的经营决策。例如，决定续租互补性资产、处置可替代的资产或处置包含相关使用权资产的业务。

如果不可撤销的租赁期间发生变化，企业应当修改租赁期。例如，在下述情况下，不可撤销的租赁期将发生变化：一是承租人实际行使了选择权，但该选择权在之前企业确定租赁期时未涵盖；二是承租人未实际行使选择权，但该选择权在之前企业确定租赁期时已涵盖；三是某些事件的发生，导致根据合同规定承租人有义务行使选择权，但该选择权在之前企业确定租赁期时未涵盖；四是某些事件的发生，导致根据合同规定禁止承租人行使选择权，但该选择权在之前企业确定租赁期时已涵盖。

3.2 | 承租人的会计处理

在租赁期开始日，承租人应当对租赁确认使用权资产和租赁负债，进行简化处理的短期租赁和低价值资产租赁除外。因此，将承租人会计处理分为一般会计处理和短期和低价值租赁会计处理两种。

3.2.1 承租人一般租赁的会计处理

1. 设置会计科目

承租人企业应该设置"使用权资产""使用权资产累计折旧""使用权资产减值准备""租赁负债"等会计科目，分别对使用权资产和租赁负债进行确认与计量。

2. 租赁负债的初始确认与计量

租赁负债应当按照租赁期开始日尚未支付的租赁付款额的现值进行初始计量。识别应纳入租赁负债的相关付款项目是计量租赁负债的关键。

微视频

租赁负债的
初始计量

（1）租赁付款额。

租赁付款额，是指承租人向出租人支付的与在租赁期内使用租赁资产的权利相关的款项。

租赁付款额包括以下五项内容。

① 固定付款额及实质固定付款额，存在租赁激励的，扣除租赁激励相关金额。

实质固定付款额是指在形式上可能包含变量但实质上无法避免的付款额。以下三种情况均为实质固定付款额。

a. 付款额设定为可变租赁付款额，但该可变条款几乎不可能发生，没有真正的经济实质。例如，付款额仅需在租赁资产经证实能够在租赁期间正常运行时支付，或者仅需在不可能不发生的事件发生时支付。又如，付款额初始设定为与租赁资产使用情况相关的可变付款额，但其潜在可变性将于租赁期开始日之后的某个时点消除，在可变性消除时，该类付款额成为实质固定付款额。

b. 承租人有多套付款额方案，但其中仅有一套是可行的。在此情况下，承租人应采用该可行的付款额方案作为租赁付款额。

c. 承租人有多套可行的付款额方案，但必须选择其中一套。在此情况下，承租人应采用总折现金额最低的一套作为租赁付款额。

② 取决于指数或比率的可变租赁付款额。

可变租赁付款额，是指承租人为取得在租赁期内使用租赁资产的权利，而向出租人支付的因租赁期开始日后的事实或情况发生变化（而非时间推移）而变动的款项。可变租赁付款额可能与下列各项指标或情况挂钩。

a. 由于市场比率或指数数值变动导致的价格变动。例如，基准利率或消费者价格指数变动可能导致租赁付款额调整。

b. 承租人源自租赁资产的绩效。例如，零售业不动产租赁可能会要求基于使用该不动产取得的销售收入的一定比例确定租赁付款额。

c. 租赁资产的使用。例如，车辆租赁可能要求承租人在超过特定里程数时支付额外的租赁付款额。

需要注意的是，可变租赁付款额中，仅取决于指数或比率的可变租赁付款额纳入租赁负债的初始计量中，包括与消费者价格指数挂钩的款项、与基准利率挂钩的款项和为反映市场租金费率变化而变动的款项等。此类可变租赁付款额应当根据租赁期开始日的指数或比率确定。除了取决于指数或比率的可变租赁付款额之外，其他可变租赁付款额均不纳入租赁负债的初始计量中。

【情景示例 9】承租人甲公司签订了一项为期 10 年的不动产租赁合同，每年的租赁付款额为 50 000 元，于每年年初支付。合同规定，租赁付款额在租赁期开始日后每两年基于过去 24 个月消费者价格指数的上涨进行上调。租赁期开始日的消费者价格指数为 125。

分析：甲公司在初始计量租赁负债时，应基于租赁期开始日的消费者物价指数确定租赁付款额，无需对后续年度因消费者物价指数而导致的租金变动作出估计。因此，在租赁期开始日，甲公司应以每年50 000元的租赁付款额为基础计量租赁负债。

③ 购买选择权的行权价格，前提是承租人合理确定将行使该选择权。

在租赁期开始日，承租人应评估是否能合理确定将行使购买标的资产的选择权。在评估时，承租人应考虑对其行使或不行使购买选择权产生经济激励的所有相关事实和情况。如果承租人合理确定将行使购买标的资产的选择权，则租赁付款额中应包含购买选择权的行权价格。

④ 行使终止租赁选择权需支付的款项，前提是租赁期反映出承租人将行使终止租赁选择权。

在租赁期开始日，承租人应评估是否合理确定将行使终止租赁的选择权。在评估时，承租人应考虑对其行使或不行使终止租赁选择权产生经济激励的所有相关事实和情况。如果承租人合理确定将行使终止租赁选择权，则租赁付款额中应包含行使终止租赁选择权需支付的款项，并且租赁期不应包含终止租赁选择权涵盖的期间。

⑤ 根据承租人提供的担保余值预计应支付的款项。

担保余值，是指与出租人无关的一方向出租人提供担保，保证在租赁结束时租赁资产的价值至少为某指定的金额。如果承租人提供了对余值的担保，则租赁付款额应包含该担保下预计应支付的款项，它反映了承租人预计将支付的金额，而不是承租人担保余值下的最大敞口。

（2）折现率。

租赁负债应当按照租赁期开始日尚未支付的租赁付款额的现值进行初始计量。在计算租赁付款额的现值时，承租人应当采用租赁内含利率作为折现率；无法确定租赁内含利率的，应当采用承租人增量借款利率作为折现率。

租赁内含利率，是指使出租人的租赁收款额的现值与未担保余值的现值之和等于租赁资产公允价值与出租人的初始直接费用之和的利率。

其中，未担保余值，是指租赁资产余值中，出租人无法保证能够实现或仅由与出租人有关的一方予以担保的部分。

初始直接费用，是指为达成租赁所发生的增量成本。增量成本是指若企业不取得该租赁，则不会发生的成本，如佣金、印花税等。无论是否实际取得租赁都会发生的支出，不属于初始直接费用，例如为评估是否签订租赁而发生的差旅费、法律费用等，此类费用应当在发生时计入当期损益。

【情景示例10】承租人甲公司与出租人乙公司签订了一份车辆租赁合同，租赁期为5年。在租赁开始日，该车辆的公允价值为100 000元，乙公司预计在租赁结束时其公允价值（即未担保余值）将为10 000元。租赁付款额为每年23 000元，于年末支付。乙公司发生的初始直接费用为5 000元。乙公司计算租赁内含利率r的方法如下。

$23\,000 \times (P/A, r, 5) + 10\,000 \times (P/F, r, 5) = 100\,000 + 5\,000$

本例中，计算得出的租赁内含利率r为5.79%。

承租人增量借款利率，是指承租人在类似经济环境下为获得与使用权资产价值接近的资产，在类似期间以类似抵押条件借入资金须支付的利率。

实务中，承租人增量借款利率常见的参考基础包括承租人同期银行贷款利率、相关租赁合同利率、承租人最近一期类似资产抵押贷款利率、与承租人信用状况相似的企业发行的同期债券利率等，但承租人还需根据上述事项在参考基础上相应进行调整。

3. 使用权资产的初始计量

使用权资产，是指承租人可在租赁期内使用租赁资产的权利。在租赁期开始日，承租人应当按照成本对使用权资产进行初始计量。该成本包括下列四项。

（1）租赁负债的初始计量金额。

（2）在租赁期开始日或之前支付的租赁付款额；存在租赁激励的，应扣除已享受的租赁激励相关金额。

（3）承租人发生的初始直接费用。

（4）承租人为拆卸及移除租赁资产、复原租赁资产所在场地或将租赁资产恢复至租赁条款约定状态预计将发生的成本。

【例 3-1】承租人甲公司就某栋建筑物的某一层楼与出租人乙公司签订了为期 10 年的租赁协议，并拥有 5 年的续租选择权。有关资料如下。

（1）初始租赁期内的不含税租金为每年 50 000 元，续租期间为每年 55 000 元，所有款项应于每年年初支付；

（2）为获得该项租赁，甲公司发生的初始直接费用为 20 000 元，其中，15 000 元为向该楼层前任租户支付的款项，5 000 元为向促成此租赁交易的房地产中介支付的佣金；

（3）作为对甲公司的激励，乙公司同意补偿甲公司 5 000 元的佣金；

（4）在租赁期开始日，甲公司评估后认为，不能合理确定将行使续租选择权，因此，将租赁期确定为 10 年；

（5）甲公司无法确定租赁内含利率，其增量借款利率为每年 5%，该利率反映的是甲公司以类似抵押条件借入期限为 10 年、与使用权资产等值的相同币种的借款而必须支付的利率。

为简化处理，假设不考虑相关税费影响。

承租人甲公司的会计处理如下。

第一步，计算租赁期开始日租赁付款额的现值，并确认租赁负债和使用权资产。

在租赁期开始日，甲公司支付第 1 年的租金 50 000 元，并以剩余 9 年租金（每年 50 000 元）按 5% 的年利率折现后的现值计量租赁负债。计算租赁付款额现值的过程如下。

剩余 9 期租赁付款额 = 50 000 × 9 = 450 000（元）

租赁负债 = 剩余 9 期租赁付款额的现值 = 50 000 × （P/A, 5%, 9) = 355 391（元）

未确认融资费用 = 剩余 9 期租赁付款额 − 剩余 9 期租赁付款额的现值

$$= 450\,000 - 355\,391 = 94\,609（元）$$

借：使用权资产	405 391
租赁负债——未确认融资费用	94 609
贷：租赁负债——租赁付款额	450 000
银行存款（第 1 年的租赁付款额）	50 000

第二步，将初始直接费用计入使用权资产的初始成本。

借：使用权资产	20 000
贷：银行存款	20 000

第三步，将已收的租赁激励相关金额从使用权资产入账价值中扣除。

借：银行存款   5 000

  贷：使用权资产   5 000

综上，甲公司使用权资产的初始成本为：405 391 +20 000−5000 = 420 391（元）。

4. 租赁负债的后续计量

（1）计量基础。

在租赁期开始日后，承租人应当按以下原则对租赁负债进行后续计量。

① 确认租赁负债的利息时，增加租赁负债的账面金额；

② 支付租赁付款额时，减少租赁负债的账面金额；

③ 因重估或租赁变更等原因导致租赁付款额发生变动时，重新计量租赁负债的账面价值。

承租人应当按照固定的周期性利率计算租赁负债在租赁期内各期间的利息费用，并计入当期损益，但按照《企业会计准则第 17 号——借款费用》等其他准则规定应当计入相关资产成本的，从其规定。

周期性利率，是指承租人对租赁负债进行初始计量时所采用的折现率，或者因租赁付款额发生变动或因租赁变更而需按照修订后的折现率对租赁负债进行重新计量时，承租人所采用的修订后的折现率。

【例3-2】沿用【例3-1】的资料，承租人甲公司对租赁负债进行初始计量时所采用的折现率为5%，则按周期性利率5%计算租赁负债在租赁期内各期间的利息费用。

在租赁期内按照周期性利率分摊融资费用，分摊过程及结果如表 3-1 所示。

表 3-1   租赁负债的利息分摊表   单位：元

年度	租赁负债年初金额	利息	租赁付款额	租赁负债年末余额
	①	②=期初①×5%	③	④=①+②-③
1	355 391	17 770	50 000	323 161
2	323 161	16 158	50 000	289 319
3	289 319	14 466	50 000	253 785
4	253 785	12 689	50 000	216 474
5	216 474	10 824	50 000	177 298
6	177 298	8 865	50 000	136 163
7	136 163	6 808	50 000	92 971
8	92 971	4 649	50 000	47 620
9	47 620	2 380*	50 000	0
合计		94 609	450 000	

*做尾数调整：2 380= 94 609−（17 770+16 158+14 466+12 689+10 824+8 865+6 808+4 649）

会计分录如下。

① 第 1 年年末确认租赁负债的利息。

借：财务费用   17 770

  贷：租赁负债——未确认融资费用   17 770

第2年年初支付租赁付款额：

借：租赁负债——租赁付款额   50 000

  贷：银行存款   50 000

② 第 2 年年末确认租赁负债的利息。

借：财务费用   16 158

    贷：租赁负债——未确认融资费用   16 158

第 3 年年初支付租赁付款额：

借：租赁负债——租赁付款额   50 000

    贷：银行存款   50 000

③ 第 3 年年末确认租赁负债的利息。

借：财务费用   14 466

    贷：租赁负债——未确认融资费用   14 466

第 4 年年初支付租赁付款额。

借：租赁负债——租赁付款额   50 000

    贷：银行存款   50 000

④ 第 4 年年末确认租赁负债的利息。

借：财务费用   12 689

    贷：租赁负债——未确认融资费用   12 689

第 5 年年初支付租赁付款额。

借：租赁负债——租赁付款额   50 000

    贷：银行存款   50 000

⑤ 第 5 年年末确认租赁负债的利息。

借：财务费用   10 824

    贷：租赁负债——未确认融资费用   10 824

第 6 年年初支付租赁付款额。

借：租赁负债——租赁付款额   50 000

    贷：银行存款   50 000

⑥ 第 6 年年末确认租赁负债的利息。

借：财务费用   8 865

    贷：租赁负债——未确认融资费用   8 865

第 7 年年初支付租赁付款额。

借：租赁负债——租赁付款额   50 000

    贷：银行存款   50 000

⑦ 第 7 年年末确认租赁负债的利息。

借：财务费用   6 808

    贷：租赁负债——未确认融资费用   6 808

第 8 年年初支付租赁付款额。

借：租赁负债——租赁付款额   50 000

    贷：银行存款   50 000

⑧ 第8年年末确认租赁负债的利息。

借：财务费用　　　　　　　　　　　　　　　　4 649
　　贷：租赁负债——未确认融资费用　　　　　　　　　4 649

第9年年初支付租赁付款额。

借：租赁负债——租赁付款额　　　　　　　　　50 000
　　贷：银行存款　　　　　　　　　　　　　　　　50 000

⑨ 第9年年末确认租赁负债的利息。

借：财务费用　　　　　　　　　　　　　　　　2 380
　　贷：租赁负债——未确认融资费用　　　　　　　　　2 380

第10年年初支付租赁付款额。

借：租赁负债——租赁付款额　　　　　　　　　50 000
　　贷：银行存款　　　　　　　　　　　　　　　　50 000

（2）租赁负债的重新计量。

在租赁期开始日后，当发生下列四种情形时，承租人应当按照变动后的租赁付款额的现值重新计量租赁负债，并相应调整使用权资产的账面价值。使用权资产的账面价值已调减至零，但租赁负债仍需进一步调减的，承租人应当将剩余金额计入当期损益。

① 实质固定付款额发生变动。

如果租赁付款额最初是可变的，但在租赁期开始日后的某一时点转为固定，那么，在潜在可变性消除时，该付款额成为实质固定付款额，应纳入租赁负债的计量中。承租人应当按照变动后租赁付款额的现值重新计量租赁负债。在该情形下，承租人采用的折现率不变，即，采用租赁期开始日确定的折现率。

② 担保余值预计的应付金额发生变动。

在租赁期开始日后，承租人应对其在担保余值下预计支付的金额进行估计。该金额发生变动的，承租人应当按照变动后租赁付款额的现值重新计量租赁负债。在该情形下，承租人采用的折现率不变。

③ 用于确定租赁付款额的指数或比率发生变动。

在租赁期开始日后，因浮动利率的变动而导致未来租赁付款额发生变动的，承租人应当按照变动后租赁付款额的现值重新计量租赁负债。在该情形下、承租人应采用反映利率变动的修订后的折现率进行折现。

在租赁期开始日后，因用于确定租赁付款额的指数或比率（浮动利率除外）的变动而导致未来租赁付款额发生变动的，承租人应当按照变动后租赁付款额的现值重新计量租赁负债。在该情形下承租人采用的折现率不变。

需要注意的是，仅当现金流量发生变动时，即租赁付款额的变动生效时，承租人才应重新计量租赁负债，以反映变动后的租赁付款额。承租人应基于变动后的合同付款额，确定剩余租赁期内的租赁付款额。

【例3-3】沿用【情景示例9】的资料，假设在租赁第3年年初的消费者价格指数为135，甲公司在租赁期开始日采用的折现率为5%。在第3年年初，在对因消费者价格指数变化而导致未来租赁付款额的变动进行会计处理以及支付第3年的租赁付款额之前，租赁负债为 339 320 元［即，50 000 + 50 000 ×（P/A, 5%, 7）］。经消费者价格指数调整后的第 3 年租赁付款额为 54 000 元（即，50 000 × 135 ÷ 125）。

分析：本例中，因用于确定租赁付款额的消费者价格指数的变动，而导致未来租赁付款额发生变动，甲公司应当于第 3 年年初重新计量租赁负债，以反映变动后的租赁付款额，即租赁负债应当以每年 54 000 元的租赁付款额（剩余 8 笔）为基础进行重新计量。在第 3 年年初，甲公司按以下金额重新计量租赁负债：每年 54 000 元的租赁付款额按不变的折现率（即 5%）进行折现，为 366 466 元［即，54 000+54 000 ×（P/A, 5%, 7）］。因此，甲公司的租赁负债将增加 27 146 元，即重新计量后的租赁负债（366 466 元）与重新计量前的租赁负债（339 320 元）之间的差额。不考虑其他因素，甲公司相关账务处理如下。

借：使用权资产　　　　　　　　　　　　　27 146

租赁负债——未确认融资费用　　　　　4 854（32 000−27 146）

贷：租赁负债——租赁付款额　　　　　　32 000　（4 000 × 8）

④ 购买选择权、续租选择权或终止租赁选择权的评估结果或实际行使情况发生变化。

租赁期开始日后，发生下列情形的，承租人应采用修订后的折现率对变动后的租赁付款额进行折现，以重新计量租赁负债。

a．发生承租人可控范围内的重大事件或变化，且影响承租人是否合理确定将行使续租选择权或终止租赁选择权的，承租人应当对其是否合理确定将行使相应选择权进行重新评估。上述选择权的评估结果发生变化的，承租人应当根据新的评估结果重新确定租赁期和租赁付款额。前述选择权的实际行使情况与原评估结果不一致等导致租赁期变化的，也应当根据新的租赁期重新确定租赁付款额。

b．发生承租人可控范围旳重大事件或变化，且影响承租人是否合理确定将行使购买选择权的，承租人应当对其是否合理确定将行使购买选择权进行重新评估。评估结果发生变化的，承租人应根据新的评估结果重新确定租赁付款额。

在上述两种情形下，承租人在计算变动后租赁付款额的现值时，应当采用剩余租赁期间的租赁内含利率作为折现率；无法确定剩余租赁期间的租赁内含利率的，应当采用重估日的承租人增量借款利率作为折现率。

5．使用权资产的后续计量

（1）计量基础。

在租赁期开始日后，承租人应当采用成本模式对使用权资产进行后续计量，即，以成本减累计折旧及累计减值损失计量使用权资产。承租人重新计量租赁负债的，应当相应调整使用权资产的账面价值。

（2）使用权资产的折旧。

承租人应当参照《企业会计准则第 4 号——固定资产》有关折旧规定，自租赁期开始日起对使用权资产计提折旧。使用权资产通常应自租赁期开始的当月计提折旧，当月计提确有困难的，为便于实务操作，企业也可以选择自租赁期开始的下月计提折旧，但应对同类使用权资产采取相同的折旧政策。计提的折旧金额应根据使用权资产的用途，计入相关资产的成本或者当期损益。

承租人在确定使用权资产的折旧方法时，应当根据与使用权资产有关的经济利益的预期实现方式做出决定。通常，承租人按直线法对使用权资产计提折旧，其他折旧方法更能反映使用权资产有关经济利益预期实现方式的，应采用其他折旧方法。

承租人在确定使用权资产的折旧年限时，应遵循以下原则：承租人能够合理确定租赁期届满时取得租赁资产所有权的，应当在租赁资产剩余使用寿命内计提折旧；承租人无法合理确定租赁期届满时是否能够取得租赁资产所有权的，应当在租赁期与租赁资产剩余使用寿命两者孰短的期间内计提折旧。如果使用权资产的剩余使用寿命短于租赁期，则应在使用权资产的剩余使用寿命内计提折旧。

（3）使用权资产的减值。

在租赁期开始日后，承租人应当按照《企业会计准则第8号——资产减值》的规定，确定使用权资产是否发生减值，并对已识别的减值损失进行会计处理。使用权资产发生减值的，按应减记的金额，借记"资产减值损失"科目，贷记"使用权资产减值准备"科目。使用权资产减值准备一旦计提，不得转回。承租人应当按照扣除减值损失之后的使用权资产的账面价值，进行后续折旧。

【例3-4】沿用【例3-1】的资料，对承租人使用权资产进行后续计量，每年计提折旧，假定未发生减值。

折旧年限应当为10年，年折旧额42 0391÷10=42 039.1（元）

每年计提折旧的会计分录：（共10年）

借：管理费用等　　　　　　　　　　　　　　　42 039.1

　　贷：使用权资产累计折旧　　　　　　　　　　　　42 039.1

知识链接

租赁变更的会计
处理

3.2.2　承租人短期租赁和低价值租赁的会计处理

对于短期租赁和低价值资产租赁，承租人可以选择不确认使用权资产和租赁负债。作出该选择的，承租人应当将短期租赁和低价值资产租赁的租赁付款额，在租赁期内各个期间按照直线法或其他系统合理的方法计入相关资产成本或当期损益。其他系统合理的方法能够更好地反映承租人的受益模式的，承租人应当采用该方法。

1．短期租赁

短期租赁，是指在租赁期开始日，租赁期不超过12个月的租赁。包含购买选择权的租赁不属于短期租赁。

对于短期租赁，承租人可以按照租赁资产的类别作出采用简化会计处理的选择。如果承租人对某类租赁资产作出了简化会计处理的选择，未来该类资产下所有的短期租赁都应采用简化会计处理。某类租赁资产是指企业运营中具有类似性质和用途的一组租赁资产。

按照简化会计处理的短期租赁发生租赁变更或者其他原因导致租赁期发生变化的，承租人应当将其视为一项新租赁，重新按照上述原则判断该项新租赁是否可以选择简化会计处理。

【例3-5】甲公司由于场地搬迁原因，向乙公司租入一套写字间，租赁期限为4个月，租金总计50 000元。乙公司提供的激励措施是：允许甲公司使用该写字间5个月，并从第2个月起每月支付租金。其他因素略。

分析：租赁期为5个月，含1个月免租期。租金50 000元应平均分摊到每个月。

甲公司相关账务处理如下。

第1个月：

借：管理费用   10 000

    贷：其他应付款   10 000

第2个月至第5个月：

借：管理费用   10 000

    其他应付款   2 500

    贷：银行存款   12 500

2. 低价值资产租赁

低价值资产租赁，是指单项租赁资产为全新资产时价值较低的租赁。承租人在判断是否是低价值资产租赁时，应基于租赁资产的全新状态下的价值进行评估，不应考虑资产已被使用的年限。

对于低价值资产租赁，承租人可根据每项租赁的具体情况作出简化会计处理选择。

低价值资产同时还应满足以下条件：只有承租人能够从单独使用该低价值资产或将其与承租人易于获得的其他资源一起使用中获利，且该项资产与其他租赁资产没有高度依赖或高度关联关系时，才能对该资产租赁选择进行简化会计处理。

低价值资产租赁的标准应该是一个绝对金额，即仅与资产全新状态下的绝对价值有关，不受承租人规模、性质等影响，也不考虑该资产对于承租人或相关租赁交易的重要性。常见的低价值资产的例子包括平板电脑、普通办公家具、电话等小型资产。

但是，如果承租人已经或者预期要把相关资产进行转租赁，则不能将原租赁按照低价值资产租赁进行简化会计处理。

值得注意的是，符合低价值资产租赁的，也并不代表承租人若采取购入方式取得该资产时该资产不符合固定资产确认条件。

【例3-6】承租人与出租人签订了一份租赁合同，约定的租赁资产包括：（1）IT设备，包括供员工个人使用的笔记本电脑、台式计算机、平板电脑、桌面打印机和手机等；（2）服务器，其中包括增加服务器容量的单独组件，这些组件根据承租人需要陆续添加到大型服务器以增加服务器存储容量；（3）办公家具，如桌椅和办公隔断等；（4）饮水机。

通常，办公笔记本电脑全新时的单独价格不超过人民币10 000元，台式计算机、平板电脑、桌面打印机和手机全新时的单独价格不超过人民币5 000元，普通办公家具的单独价格不超过人民币10 000元，饮水机的单独价格不超过人民币1 000元，服务器单个组件单独价格不超过人民币10 000元。

分析：上述租赁资产中，各种IT设备、办公家具、饮水机都够单独使承租人获益，且与其他租赁资产没有高度依赖或高度关联关系。通常情况下，符合低价值资产租赁的资产全新状态下的绝对价值应低于人民币40 000元。本例中，承租人将IT设备、办公家具、饮水机作为低价值租赁资产，选择按照简化方法进行会计处理。对于服务器中的组件，尽管单个组件的单独价格较低，但由于每个组件都与服务器中的其他部分高度相关，承租人若不租赁服务器就不会租赁这些组件，不构成单独的租赁部分，因此不能作为低价租赁资产进行会计处理。

3.3 | 出租人的会计处理

3.3.1　出租人的租赁分类

1. 融资租赁和经营租赁

出租人应当在租赁开始日将租赁分为融资租赁和经营租赁。

租赁开始日，是指租赁合同签署日与租赁各方就主要租赁条款作出承诺日中的较早者。租赁开始日可能早于租赁期开始日，也可能与租赁期开始日重合。

一项租赁属于融资租赁还是经营租赁取决于交易的实质，而不是合同的形式。如果一项租赁实质上转移了与租赁资产所有权有关的几乎全部风险和报酬，出租人应当将该项租赁分类为融资租赁。出租人应当将除融资租赁以外的其他租赁分类为经营租赁。

出租人的租赁分类是以租赁转移与租赁资产所有权相关的风险和报酬的程度为依据的。风险包括由于生产能力的闲置或技术陈旧可能造成的损失，以及由于经济状况的改变可能造成的回报变动。报酬可以表现为在租赁资产的预期经济寿命期间经营的盈利以及因增值或残值变现可能产生的利得。

租赁开始日后，除非发生租赁变更，出租人无需对租赁的分类进行重新评估。租赁资产预计使用寿命、预计余值等会计估计变更或发生承租人违约等情况变化的，出租人不对租赁进行重分类。

租赁合同可能包括因租赁开始日与租赁期开始日之间发生的特定变化而需对租赁收款额进行调整的条款与条件（例如，出租人标的资产的成本发生变动，或出租人对该租赁的融资成本发生变动）。在此情况下，出于租赁分类目的，此类变动的影响均视为在租赁开始日已发生。

2. 融资租赁的分类标准

一项租赁存在下列一种或多种情形的，通常分类为融资租赁。

（1）在租赁期届满时，租赁资产的所有权转移给承租人。即，如果在租赁协议中已经约定、或者根据其他条件，在租赁开始日就可以合理地判断，租赁期届满时出租人会将资产的所有权转移给承租人，那么该项租赁通常分类为融资租赁。

（2）承租人有购买租赁资产的选择权，所订立的购买价款预计将远低于行使选择权时租赁资产的公允价值，因而在租赁开始日就可以合理确定承租人将行使该选择权。

（3）资产的所有权虽然不转移、但租赁期占租赁资产使用寿命的大部分：实务中，这里的"大部分"一般指租赁期占租赁开始日租赁资产使用寿命的75%以上（含75%）。需要说明的是，这里的量化标准只是指导性标准，企业在具体运用时，必须以准则规定的相关条件进行综合判断，这条标准强调的是租赁期占租赁资产使用寿命的比例，而非租赁期占该项资产全部可使用年限的比例。如果租赁资产是旧资产，在租赁前已使用年限超过资产自全新时起算可使用年限的75%以上时，则这条判断标准不适用，不能使用这条标准确定租赁的分类。

（4）在租赁开始日，租赁收款额的现值几乎相当于租赁资产的公允价值。实务中，这里的"几乎相当于"，通常掌握在90%以上。需要说明的是，这里的量化标准只是指导性标准，企业在具体运用时，必须以准则规定的相关条件进行综合判断。

（5）租赁资产性质特殊，如果不作较大改造，只有承租人才能使用。租赁资产由出租人根据承租人对资产型号、规格等方面的特殊要求专门购买或建造的，具有专购、专用性质。这些租赁资产如果不作较大的重新改制，其他企业通常难以使用。这种情况下，通常也分类为融资租赁。

一项租赁存在下列一项或多项迹象的，也可能分类为融资租赁。

（1）若承租人撤销租赁，撤销租赁对出租人造成的损失由承租人承担。

（2）资产余值的公允价值波动所产生的利得或损失归属于承租人。

例如，租赁结束时，出租人以相当于资产销售收益的绝大部分金额作为对租金的退还，说明承租人承担了租赁资产余值的几乎所有风险和报酬。

（3）承租人有能力以远低于市场水平的租金继续租赁至下一期间。

此经济激励政策与购买选择权类似，如果续租选择权行权价远低于市场水平，可以合理确定承租人将继续租赁至下一期间。

值得注意的是，出租人判断租赁类型时，上述情形和迹象并非总是决定性的，而是应综合考虑经济激励的有利方面和不利方面。若有其他特征充分表明，租赁实质上没有转移与租赁资产所有权相关的几乎全部风险和报酬，则该租赁应分类为经营租赁。例如，若租赁资产的所有权在租赁期结束时是以相当于届时其公允价值的可变付款额转让至承租人，或者因存在可变租赁付款额导致出租人实质上没有转移几乎全部风险和报酬，就可能出现这种情况。

3. 经营租赁

经营租赁是指除融资租赁以外的其他租赁，通常情况下，在经营租赁中，与租赁资产有关的风险和报酬在实质上并未从出租方转移到承租方。租赁期届满后，承租人只有退租或续租的选择权，而不存在优惠购买选择权。

经营租赁具有以下特点。

（1）经营租赁是承租人单纯为了满足生产经营上短期的、临时性的需要而租入的资产。承租人只需要某种资产的使用权而不是所有权。

（2）租赁的期限较短。经营租赁只是为满足企业季节性、临时性的需要而租入的资产，因而资产的使用期将远远短于其有效使用年限。

（3）出租人承担与资产所有权有关的风险和报酬。经营租赁因资产的所有权不转移给承租人，出租人不仅要承担与资产所有权有关的风险和报酬，还应承担租出资产的风险和后续的维修等费用。

（4）租赁期届满后，承租人通常有退租或续租的选择权，而不存在优惠购买选择权。

3.3.2　出租人对融资租赁的会计处理

1. 设置会计科目

（1）"融资租赁资产"。

"融资租赁资产"科目核算租赁企业作为出租人为开展融资租赁业务取得资产的成本。租赁业务不多的企业，也可通过"固定资产"等科目核算。"融资租赁资产"科目可按租赁资产类别和项目进行明细核算。

（2）"应收融资租赁款"。

"应收融资租赁款"科目核算出租人融资租赁产生的租赁投资净额。可分别设置"租赁收款额""未实现融资收益""未担保余值"等进行明细核算。租赁业务较多的，出租人还可以在"租赁收款额"明细科目下进一步设置明细科目核算。

本科目余额在"长期应收款"项目中填列。其中，自资产负债表日起一年内（含一年）到期的在"一年内到期的非流动资产"中填列。出租业务较多的出租人，也可在"长期应收款"项目下单独列示为"其中：应收融资租赁款"。

（3）"应收融资租赁款减值准备"。

"应收融资租赁款减值准备"科目核算应收融资租赁款的减值准备。贷方登记计提的减值准备，借方登记减值准备的转销，期末贷方余额，反映应收融资租赁款的累计减值准备金额。

（4）"租赁收入"。

"租赁收入"科目核算租赁企业作为出租人确认的融资租赁和经营租赁的租赁收入。一般企业根据自身业务特点确定租赁收入的核算科目，如"其他业务收入"等。本科目可按租赁资产类别和项目进行明细核算。

2. 出租人对融资租赁的初始计量

在租赁期开始日，出租人应当对融资租赁确认应收融资租赁款，并终止确认融资租赁资产。出租人对应收融资租赁款进行初始计量时，应当以租赁投资净额作为应收融资租赁款的入账价值。

租赁投资净额为未担保余值和租赁期开始日尚未收到的租赁收款额按照租赁内含利率折现的现值之和。租赁内含利率，是指使出租人的租赁收款额的现值与未担保余值的现值之和（即租赁投资净额）等于租赁资产公允价值与出租人的初始直接费用之和的利率。因此，出租人发生的初始直接费用包括在租赁投资净额中，也即包括在应收融资租赁款的初始入账价值中。

租赁收款额，是指出租人因让渡在租赁期内使用租赁资产的权利而应向承租人收取的款项，包括以下几个部分。

（1）承租人需支付的固定付款额及实质固定付款额。存在租赁激励的，应当扣除租赁激励相关金额。

（2）取决于指数或比率的可变租赁付款额。该款项在初始计量时根据租赁期开始日的指数或比率确定。

（3）购买选择权的行权价格，前提是合理确定承租人将行使该选择权。

（4）承租人行使终止租赁选择权需支付的款项，前提是租赁期反映出承租人将行使终止租赁选择权。

（5）由承租人、与承租人有关的一方以及有经济能力履行担保义务的独立第三方向出租人提供的担保余值。

【例3-7】20×1年12月31日，甲公司与乙公司签订了一份租赁合同，从乙公司租入塑钢机一台。租赁合同主要条款如下。

（1）租赁资产：全新塑钢机。

（2）租赁期开始日：20×2年1月1日。

（3）租赁期：20×2年1月1日至20×7年12月31日，共72个月。

（4）固定租金支付：自 20×2 年 1 月 1 日，每年年末支付租金 160 000 元。如果甲公司能够在每年年末的最后一天及时付款，则给予减少租金 10 000 元的奖励。

（5）取决于指数或比率的可变租赁付款额：租赁期限内，如遇中国人民银行贷款基准利率调整时，出租人将对租赁利率作出同方向、同幅度的调整。基准利率调整日之前各期和调整日当期租金不变，从下一期租金开始按调整后的租金金额收取。

（6）租赁开始日租赁资产的公允价值：该机器在 20×1 年 12 月 31 日的公允价值为700 000 元，账面价值为 600 000 元。

（7）初始直接费用：签订租赁合同过程中乙公司发生可归属于租赁项目的手续费、佣金 10 000 元。

（8）承租人的购买选择权：租赁期届满时，甲公司享有优惠购买该机器的选择权，购买价为 20 000 元，估计该日租赁资产的公允价值为 80 000 元。

（9）取决于租赁资产绩效的可变租赁付款额：20×3 年和 20×4 年两年，甲公司每年按该机器所生产的产品——塑钢窗户的年销售收入的 5%向乙公司支付。

（10）承租人的终止租赁选择权：甲公司享有终止租赁选择权。在租赁期间，如果甲公司终止租赁，需支付的款项为剩余租赁期间的固定租金支付金额。

（11）担保余值和未担保余值均为 0。

（12）全新塑钢机的使用寿命为 7 年。

出租人乙公司的会计处理如下。

第一步，判断租赁类型。

本例存在优惠购买选择权，优惠购买价 20 000 元远低于行使选择权日租赁资产的公允价值80 000 元，因此此在 20×1 年 12 月 31 日就可合理确定甲公司将会行使这种选择权。另外，租赁期 6 年，占租赁开始日租赁资产使用寿命的 86%（占租赁资产使用寿命的大部分）。同时，乙公司综合考虑其他各种情形和迹象，认为该租赁实质上转移了与该项设备所有权有关的几乎全部风险和报酬，因此将这项租赁认定为融资租赁。

第二步，确定租赁收款额。

（1）承租人的固定付款额为考虑扣除租赁激励后的金额。

（160 000−10 000）×6=900 000（元）

（2）取决于指数或比率的可变租赁付款额。

该款项在初始计量时根据租赁期开始日的指数或比率确定，因此在租赁期开始日不做考虑。

（3）承租人购买选择权的行权价格。

租赁期届满时，甲公司享有优惠购买该机器的选择权，购买价格为 20 000 元，估计该日租赁资产的公允价值为 80 000 元。优惠价 20000 元远低于行使选择权日租赁资产的公允价值，因此在 20×1 年 12 月 31 日就可合理确定甲公司将会行使这种选择权。

结论：租赁付款额中应包括承租人购买选择权的行权 20 000 元。

（4）终止租赁的罚款。

虽然甲公司享有终止租赁选择权，但若终止租赁，甲公司付的款项为剩余租赁期间的固定租金支付金额。

结论：根据上述条款，可以合理确定甲公司不会行使终止选择权。

（5）由承租人向出租人提供的担保余值：甲公司向乙公司提供的担保余值为0元。

综上所述租赁收款额为：900 000+20 000=920 000（元）

第三步，确认租赁投资总额。

租赁投资总额=在融资租赁下出租人应收的租赁收款额+未担保余值

租赁投资总额=920 000+0=920 000（元）

第四步，确认租赁投资净额的金额和未实现融资收益。

租赁投资净额在金额上等于租赁资产在租赁期开始日公允价值700 000+出租人发生的租赁初始直接费用10 000=710 000（元）

未实现融资收益=租赁投资总额-租赁投资净额=920 000-710 000=210 000（元）

第五步，计算租赁内含利率。

租赁内含利率是使租赁投资总额的现值（即租赁投资净额）等于租赁资产在租赁开始日的公允价值与出租人的初始直接费用之和的利率。

$150\ 000 \times (P/A, r, 6) + 20000 \times (P/F, r, 6) = 710\ 000$（元），计算得到租赁的内含利率为7.82%。

第六步，账务处理。

20×2年1月1日

借：应收融资租赁款——租赁收款额　　　　　920 000

　　贷：银行存款　　　　　　　　　　　　　　　　10 000

　　　　融资租赁资产　　　　　　　　　　　　　　600 000

　　　　资产处置损益　　　　　　　　　　　　　　100 000

　　　　应收融资租赁款——未实现融资收益　　　　210 000

若融资租赁合同必须以收到租赁保证金为生效条件，出租人收到承租人交来的租赁保证金，借记"银行存款"科目，贷记"其他应收款——租赁保证金"科目。承租人到期不交租金，以保证金抵作租金时，借记"其他应收款——租赁保证金"科目，贷记"应收融资租赁款"科目。承租人违约，按租赁合同或协议规定没收保证金时，借记"其他应收款——租赁保证金"科目，贷记"营业外收入"等科目。

3. 融资租赁的后续计量

出租人应当按照固定的周期性利率计算并确认租赁期内各个期间的利息收入。该周期性利率，一般指租赁内含利率或融资租赁发生变更后重新确定的折现利率。

【例3-8】沿用【例3-7】的资料，出租人确认计量租赁期内各期间的利息收入。

第一步，计算租赁期内各期的利息收入，如表3-2所示。

表3-2　　　　　　　　　　　　　　　利息收入计算表　　　　　　　　　　　　　　　单位：元

日期	租金	确认的利息收入	租赁投资净额余额
①	②	③=期初④×7.82%	④=期初④-②+③
20×2年1月1日			710 000
20×2年12月31日	150 000	55 522	615 522
20×3年12月31日	150 000	48 134	513 656

续表

日期	租金	确认的利息收入	租赁投资净额余额
①	②	③=期初④×7.82%	④=期初④-②+③
20×4 年 12 月 31 日	150 000	40 168	403 824
20×5 年 12 月 31 日	150 000	31 579	285 403
20×6 年 12 月 31 日	150 000	22 319	157 722
20×7 年 12 月 31 日	150 000	12 278*	20 000
20×7 年 12 月 31 日	20 000		
合计	920 000	210 000	

*作尾数调整，12 278 = 150 000+20 000-157 722。

第二步，会计分录。

20×2 年 12 月 31 日收到第一期租金时：

借：银行存款   150 000

  贷：应收融资租赁款——租赁收款额   150 000

借：应收融资租赁款——未实现融资收益 55 522

  贷：租赁收入   55 522

20×3 年 12 月 31 日收到第二期租金：

借：银行存款   150 000

  贷：应收融资租赁款——租赁收款额   150 000

借：应收融资租赁款——未实现融资收益 48 134

  贷：租赁收入   48 134

20×4 年 12 月 31 日收到第三期租金：

借：银行存款   150 000

  贷：应收融资租赁款——租赁收款额   150 000

借：应收融资租赁款——未实现融资收益 40 168

  贷：租赁收入   40 168

20×5 年 12 月 31 日收到第四期租金：

借：银行存款   150 000

  贷：应收融资租赁款——租赁收款额   150 000

借：应收融资租赁款——未实现融资收益 31 579

  贷：租赁收入   31 579

20×6 年 12 月 31 日收到第五期租金：

借：银行存款   150 000

  贷：应收融资租赁款——租赁收款额   150 000

借：应收融资租赁款——未实现融资收益 22 319

  贷：租赁收入   22 319

20×7 年 12 月 31 日收到第六期租金：

借：银行存款   150 000

  贷：应收融资租赁款——租赁收款额   150 000

借：应收融资租赁款——未实现融资收益　　　　　　　12 278

　　贷：租赁收入　　　　　　　　　　　　　　　　　　　　12 278

纳入出租人租赁投资净额的可变租赁付款额只包含取决于指数或比率的可变租赁付款额。在初始计量时，应当采用租赁期开始日的指数或比率进行初始计量。出租人应定期复核计算租赁投资总额时所使用的未担保余值。若预计未担保余值降低，出租人应修改租赁期内的收益分配，并立即确认预计的减少额。

出租人取得的未纳入租赁投资净额计量的可变租赁付款额，如与资产的未来绩效或使用情况挂钩的可变租赁付款额，应当在实际发生时计入当期损益。

【例3-9】沿用【例3-7】的资料，假设20×3年和20×4年，甲公司分别实现塑钢窗户年销售收入1 000 000和1 500 000元。根据租赁合同，乙公司20×3年和20×4年应向甲公司收取的与销售收入挂钩的租金分别为50 000元和75 000元。

会计分录如下。

20×3年

借：银行存款（或应收账款）　　　　　　　　　　　　50 000

　　贷：租赁收入　　　　　　　　　　　　　　　　　　　　50 000

20×4年

借：银行存款（或应收账款）　　　　　　　　　　　　75 000

　　贷：租赁收入　　　　　　　　　　　　　　　　　　　　75 000

【例3-10】沿用【例3-7】，租赁期届满时的处理——承租人行使购买权。

会计分录如下。

借：银行存款　　　　　　　　　　　　　　　　　　　20 000

　　贷：应收融资租赁款——租赁收款额　　　　　　　　　　20 000

> 知识链接
>
> 融资租赁变更的
> 会计处理

3.3.3　出租人对经营租赁的会计处理

1. 租金的处理

在租赁期内各个期间，出租人应采用直线法或者其他系统合理的方法将经营租赁的租赁收款额确认为租金收入。如果其他系统合理的方法能够更好地反映因使用租赁资产所产生经济利益的消耗模式的，则出租人应采用该方法。

【例3-11】20×2年1月1日，甲公司向乙公司租入办公设备一台，租期为3年。设备价值为1 000 000元，预计使用年限为10年。租赁合同规定，租赁开始日（20×2年1月1日）甲公司向乙公司一次性预付租金150 000元，第一年年末支付租金150 000元，第二年年末支付租金200 000元，第三年年末支付租金250 000元。租赁期届满后乙公司收回设备，3年的租金总额为750 000元（假设甲公司和乙公司均在年末确认租金费用和租金收入，并且不存在租金逾期支付的情况）。

分析：此项租赁没有满足融资租赁的任何一条标准，乙公司应作为经营租赁处理。确认租金费用时，不能按各期实际支付的租金的金额确定，而应采用直线法分摊确认各期的租金费用。账务处理如下。

20×2年1月1日，收到预付的租金时，会计分录如下。

借：银行存款　　　　　　　　　　　　　　150 000
　　贷：应收账款　　　　　　　　　　　　　　150 000

20×2 年 12 月 31 日，收取租金并确认租金收入时，会计分录如下。

借：银行存款　　　　　　　　　　　　　　150 000
　　应收账款　　　　　　　　　　　　　　100 000
　　贷：租赁收入　　　　　　　　　　　　　　250 000

20×3 年 12 月 31 日，收取租金并确认租金收入时，会计分录如下。

借：银行存款　　　　　　　　　　　　　　200 000
　　应收账款　　　　　　　　　　　　　　 50 000
　　贷：租赁收入　　　　　　　　　　　　　　250 000

20×4 年 12 月 31 日，收取租金并确认租金收入时，会计分录如下。

借：银行存款　　　　　　　　　　　　　　250 000
　　贷：租赁收入　　　　　　　　　　　　　　250 000

2. 出租人对经营租赁提供激励措施

出租人提供免租期的，在整个租赁期内，按直线法或其他合理的方法进行分配，免租期内应当确认租金收入。出租人承担了承租人某些费用的，出租人应将该费用自租金收入总额中扣除，按扣除后的租金收入余额在租赁期内进行分配。

3. 初始直接费用

出租人发生的与经营租赁有关的初始直接费用，应当资本化至租赁标的资产的成本，在租赁期内按照与租金收入相同的确认基础分期计入当期损益。

4. 折旧和减值

对于经营租赁资产中的固定资产，出租人应当采用类似资产的折旧政策计提折旧；对于其他经营租赁资产，应当根据该资产适用的企业会计准则，采用系统合理的方法进行摊销。出租人应当按照《企业会计准则第 8 号——资产减值》的规定，确定经营租赁资产是否发生减值，并对已识别的减值损失进行会计处理。

5. 可变租赁付款额

出租人取得的与经营租赁有关的可变租赁付款额，如果是与指数或比率挂钩的，应在租赁期开始日计入租赁收款额；除此之外的，应当在实际发生时计入当期损益。

6. 经营租赁的变更

经营租赁发生变更的，出租人应自变更生效日开始，将其作为一项新的租赁进行会计处理，与变更前租赁有关的预收或应收租赁收款额视为新租赁的收款额。

3.4

特殊租赁业务的会计处理

3.4.1　转租赁的会计处理

在转租情况下，原租赁合同和转租赁合同通常都是单独协商的，交易对手也是不同的企业，转租出租人对原租赁合同和转租赁合同分别根据承租人和出租人会计处理要求，进行会计处理。

原租赁合同中承租人（即转租出租人）应对转租赁进行分类，判断是属于融资租赁还是经营租赁，从而采用不同的会计处理方法。在分类时，转租出租人应基于原租赁中产生的使用权资产进行分类，而不是基于租赁资产（如作为租赁对象的不动产或设备）进行分类。

转租赁属于融资租赁的，要终止确认与原租赁相关且转给转租承租人的使用权资产，并确认转租赁投资净额；将使用权资产与转租赁投资净额之间的差额确认为损益；在资产负债表中保留原租赁的租赁负债，该负债代表应付原租赁出租人的租赁付款额。在转租期间，转租出租人既要确认转租赁的租赁收益，也要确认原租赁的利息费用。

原租赁为短期租赁，且转租出租人作为承租人已采用简化会计处理方法的，应将转租赁分类为经营租赁。转租出租人应在租赁期内确认使用权资产的折旧费用和租赁负债的利息，并确认转租赁的租赁收入。

3.4.2　生产商或经销商出租人的融资租赁会计处理

生产商或经销商通常为客户提供购买或租赁其产品或商品的选择。如果生产商或经销商出租其产品或商品构成融资租赁，则该交易产生的损益应相当于按照考虑适用的交易量或商业折扣后的正常售价直接销售标的资产所产生的损益。构成融资租赁的，生产商或经销商出租人在租赁期开始日应当按照租赁资产公允价值与租赁收款额按市场利率折现的现值两者孰低确认收入，并按照租赁资产账面价值扣除未担保余值的现值后的余额结转销售成本，收入和销售成本的差额作为销售损益。

由于取得融资租赁所发生的成本主要与生产商或经销商赚取的销售利得相关，生产商或经销商出租人应当在租赁期开始日将其计入损益。即，与其他融资租赁出租人不同，生产商或经销商出租人取得融资租赁所发生的成本不属于初始直接费用，不计入租赁投资净额。

【例3-12】甲公司是一家设备生产商，与乙公司（生产型企业）签订了一份租赁合同，向乙公司出租所生产的设备，合同主要条款如下。

（1）租赁资产：设备A；

（2）租赁期：20×2年1月1日至20×4年12月31日，共3年；

（3）租金支付：自20×2年起每年年末支付年租金1 000 000元；

（4）租赁合同规定的利率：5%（年利率），与市场利率相同；

（5）该设备于20×2年1月1日的公允价值为2 700 000元，账面价值为2 000 000元；

（6）甲公司取得该租赁发生的相关成本为5 000元；

（7）该设备于20×2年1月1日交付乙公司，预计使用寿命为8年，无残值；租赁期届满时，乙公司可以100元购买该设备，预计租赁到期日该设备的公允价值不低于1 500 000元，乙公司对此金额提供担保；

（8）租赁期内该设备的保险、维修等费用均由乙公司自行承担。

假设不考虑其他因素和各项税费影响。

分析：

第一步，判断租赁类型。

租赁期满乙公司可以远低于租赁到期日租赁资产公允价值的金额购买租赁资产，甲公司认为其可以合理确定乙公司将行使购买选择权，综合考虑其他因素，与该项资产所有权有关的几乎所有风险和报酬已实质转移给乙公司，因此甲公司将该租赁认定为融资租赁。

第二步，计算租赁期开始日租赁收款额按市场利率折现的现值，确定收入金额。

租赁收款额＝租金×期数＋购买价格＝1 000 000×3＋100＝3 000 100（元）

租赁收款额按市场利率折现的现值＝1 000 000×（P/A,5%,3）＋100×（P/F,5%,3）＝2 723 286（元）

按照租赁资产公允价值与租赁收款额按市场利率折现的现值两者孰低的原则，确认收入为2 700 000元。

第三步，计算租赁资产账面价值扣除未担保余值的现值后的余额，确定销售成本金额。

销售成本＝账面价值－未担保余值的现值＝2 000 000－0＝2 000 000（元）

第四步，会计分录。

20×2年1月1日（租赁期开始日）

借：应收融资租赁款——租赁收款额　　　　　3 000 100

　　贷：主营业务收入　　　　　　　　　　　　　2 700 000

　　　　应收融资租赁款——未实现融资收益　　　300 100

借：主营业务成本　　　　　　　　　　　　2 000 000

　　贷：库存商品　　　　　　　　　　　　　　　2 000 000

借：销售费用　　　　　　　　　　　　　　　　5 000

　　贷：银行存款　　　　　　　　　　　　　　　　5 000

由于甲公司在确定营业收入和租赁投资净额（即应收融资租赁款）时，是基于租赁资产的公允价值，因此，甲公司需要根据租赁收款额、未担保余值和租赁资产公允价值重新计算租赁内含利率。

即，1 000 000×（P/A,r,3）＋100×（P/F,r,3）＝2 700 000（元），r＝5.4606%≈5.46%，

按照租赁内含利率计算租赁期内各期分摊的融资收益，如表3-3所示。

表3-3　　　　　　　　　　　　　　融资收益分摊表　　　　　　　　　　　　　　单位：元

日期	收取租赁款项	确认的融资收益	应收租赁款减少额	应收租赁款净额
	①	②＝期初④×5.4606%	③＝①－②	期末④＝期初④－③
20×2年1月1日				2 700 000
20×2年12月31日	1 000 000	147 436	852 564	1 847 436
20×3年12月31日	1 000 000	100 881	899 119	948 317
20×4年12月31日	1 000 000	51 783*	948 217*	100
20×4年12月31日	100		100	
合计	3 000 100	300 100	450 000	

*作尾数调整：51 783＝1 000 000－948 217；948 217＝948 317－100

20×2年12月31日会计分录。

借：应收融资租赁款——未实现融资收益　　　147 436

　　贷：租赁收入　　　　　　　　　　　　　　　147 436

借：银行存款　　　　　　　　　　　　　　1 000 000

　　贷：应收融资租赁款——租赁收款额　　　　　1 000 000

20×3 年 12 月 31 日会计分录。

借：应收融资租赁款——未实现融资收益   100 881

  贷：租赁收入   100 881

借：银行存款   1 000 000

  贷：应收融资租赁款——租赁收款额   1 000 000

20×4 年 12 月 31 日会计分录。

借：应收融资租赁款——未实现融资收益   51 783

  贷：租赁收入   51 783

借：银行存款   1 000 100

  贷：应收融资租赁款——租赁收款额   1 000 100

3.4.3　售后租回交易的会计处理

若企业（卖方兼承租人）将资产转让给其他企业（买方兼出租人），并从买方兼出租人租回该项资产，则卖方兼承租人和买方兼出租人均应按照售后租回交易的规定进行会计处理：卖方兼承租人应当按照收入准则的规定，评估确定售后租回交易中的资产转让是否属于销售，并区别进行会计处理。

在标的资产的法定所有权转移给出租人并将资产租赁给承租人之前，承租人可能会先获得标的资产的法定所有权。但是，是否具有标的资产的法定所有权本身并非会计处理的决定性因素。如果承租人在资产转移给出租人之前已经取得对标的资产的控制，则该交易属于售后租回交易。然而，如果承租人未能在资产转移给出租人之前取得对标的资产的控制，那么即便承租人在资产转移给出租人之前先获得标的资产的法定所有权，该交易也不属于售后租回交易。

1. 售后租回交易中的资产转让属于销售

卖方兼承租人应当按原资产账面价值中与租回获得的使用权有关的部分，计量售后租回所形成的使用权资产，并仅就转让至买方兼出租人的权利确认相关利得或损失。

买方兼出租人根据其他适用的准则对资产购买进行会计处理，并根据租赁准则对资产出租进行会计处理。

如果销售对价的公允价值与资产的公允价值不同，或者出租人未按市场价格收取租金，企业应当进行以下调整。

（1）销售对价低于市场价格的款项，作为预付租金进行会计处理；

（2）销售对价高于市场价格的款项，作为买方兼出租人向卖方兼承租人提供的额外融资进行会计处理。

同时，承租人按照公允价值调整相关销售利得或损失，出租人按市场价格调整租金收入。

在进行上述调整时，企业应当按以下二者中较易确定者进行。

（1）销售对价的公允价值与资产的公允价值的差异；

（2）合同付款额的现值与按市场租金计算的付款额的现值的差异。

【例 3-13】甲公司（卖方兼承租人）以银行存款 40 000 000 元的价格向乙公司（买方兼出租人）出售一栋建筑物，交易前该建筑物的账面原值是 24 000 000 元，累计折旧是 4 000 000

元。与此同时，甲公司与乙公司签订了合同，取得了该建筑物 18 年的使用权（全部剩余使用年限为 40 年），年租金为 2 400 000 元，于每年年末支付。根据交易的条款和条件，甲公司转让建筑物符合收入准则中关于销售成立的条件。假设不考虑初始直接费用和各项税费的影响。该建筑物在销售当日的公允价值为 36 000 000 元。

分析：由于该建筑物的销售对价并非公允价值，甲公司和乙公司分别进行了调整，以按照公允价值计量销售收益和租赁应收款。超额售价 4 000 000（40 000 000-36 000 000）元作为乙公司向甲公司提供的额外融资进行确认。

甲、乙公司均确定租赁内含年利率为 4.5%。

年付款额现值为 29 183 980 元（年付款额 2 400 000，共 18 期，按每年 4.5% 进行折现），其中 4 000 000 元与额外融资相关，25 183 980 元与租赁相关（分别对应年付款额 328 948 元和 2 071 052 元）。

具体计算过程如下。

年付款额现值 = 2 400 000 × （P/A,4.5%,18）= 29 183 980（元）

额外融资年付款额 = 4 000 000 ÷ 29 183 980 × 2 400 000 = 328 948（元）

租赁相关年付款额 = 2 400 000-328 948 = 2 071 052（元）

1. 在租赁期开始日，甲公司对该交易的会计处理如下。

第一步，按与租回获得的使用权部分占该建筑物的原账面金额的比例计算售后租回所形成的使用权资产。

使用权资产 =（24 000 000-4 000 000）（注 1）×（25 183 980（注 2）÷ 36 000 000（注 3））= 13 991 100（元）

注 1：该建筑的账面价值；

注 2：18 年使用权资产的租赁付款额现值；

注 3：该建筑物的公允价值。

第二步，计算与转让至乙公司的权利相关的利得。

出售该建筑物的全部利得 = 36 000 000-20 000 000 = 16 000 000（元），其中：

（a）与该建筑物使用权相关利得 = 16 000 000 ×（25 183 980 ÷ 36 000 000）= 11 192 880（元）

（b）与转让至乙公司的权利相关的利得 = 16 000 000-（a）

$$= 16 000 000-11 192 880$$

$$= 4 807 120（元）$$

第三步，会计分录。

（1）与额外融资相关。

借：银行存款　　　　　　　　　　　　4 000 000

　　贷：长期应付款　　　　　　　　　　4 000 000

（2）与租赁相关。

借：银行存款　　　　　　　　　　　　36 000 000

　　使用权资产　　　　　　　　　　　13 991 100

　　累计折旧　　　　　　　　　　　　4 000 000

　　租赁负债——未确认融资费用　　　　12 094 956

贷：固定资产——建筑物——原值   24 000 000

   租赁负债——租赁付款额（注）   37 278 936

   资产处置损益   4 807 120

注意 该金额为甲公司年付款2 400 000元中的2 071 052元×18；后续甲公司支付的年付款额2 400 000元中2 071 052元作为租赁付款额处理；328 948元作为以下两项进行会计处理：（1）结算金融负债4 000 000元而支付的款项；（2）利息费用。

以第1年年末为例。

借：租赁负债——租赁付款额   2 071 052

  长期应付款（注1）   148 948

  利息费用（注2）   1 313 279

  贷：租赁负债——未确认融资费用* 1 133 279

   银行存款   2 400 000

*① 长期应付款减少额=328 948-180 000=148 948（元）

 ② 利息费用=25 183 980×4.5%+4 000 000×4.5%=1 133 279+180 000=1 313 279（元）

2. 在租赁期开始日，乙公司对该交易的会计处理如下。

综合考虑租期占该建筑物剩余使用年限的比例等因素，乙公司将该建筑物的租赁分类为经营租赁。

借：固定资产——建筑物   36 000 000

  长期应收款   4 000 000

  贷：银行存款   40 000 000

租赁期开始日之后，乙公司将从甲公司处年收款额2 400 000元中的2 071 052元作为租赁收款额进行会计处理。从甲公司处年收款额中的其余328 948元作为以下两项进行会计处理：（1）结算金融资产4 000 000元而收到的款项；（2）利息收入。

以第1年年末为例。

借：银行存款   2 400 000

  贷：租赁收入   2 071 052

   利息收入   180 000

   长期应收款   148 948

2. 售后租回交易中的资产转让不属于销售

卖方兼承租人不终止确认所转让的资产，而应当将收到的现金作为金融负债，并按照金融工具准则进行会计处理。买方兼出租人不确认被转让资产，而应当将支付的现金作为金融资产，按金融工具准则进行会计处理。

【例3-14】甲公司（卖方兼承租人）以银行存款24 000 000元的价格向乙公司（买方兼出租人）出售一栋建筑物，交易前该建筑物的账面原值是24 000 000元，累计折旧是4 000 000元。与此同时，甲公司与乙公司签订了合同，取得了该建筑物18年的使用权（全部剩余使用年限为40年），年租金为2 000 000元，于每年年末支付，租赁期满时，甲公司将以100元购买该建筑物。根据交易的条款和条件，甲公司转让建筑物不满足收入准则中关于销售成立的条件。假设不考虑初始直接费用和各项税费的影响。该建筑物在销售当日的公允价值为 36 000 000 元。

分析：在租赁期开始日，甲公司对该交易的会计处理如下。

借：银行存款　　　　　　　　　　　24 000 000

　　贷：长期应付款　　　　　　　　　　24 000 000

在租赁期开始日，乙公司对该交易的会计处理如下：

借：长期应收款　　　　　　　　　　24 000 000

　　贷：银行存款　　　　　　　　　　　24 000 000

3.5 租赁业务的列报与披露

3.5.1 承租人的列报与披露

1. 资产负债表

承租人应当在资产负债表中单独列示使用权资产和租赁负债。其中，租赁负债通常分别非流动负债和一年内到期的非流动负债（即，资产负债表日后 12 个月内租赁负债预期减少的金额）列示。

2. 利润表

承租人应当在利润表中分别列示租赁负债的利息费用与使用权资产的折旧费用。其中，租赁负债的利息费用在财务费用项目列示。对于金融企业，财务报表格式中没有财务费用项目，因此使用权资产的折旧费用和利息费用可以在"业务及管理费用"列示,并在附注中进一步披露。

3. 现金流量表

承租人应当在现金流量表中按照如下方式列示。

（1）偿还租赁负债本金和利息所支付的现金，应当计入筹资活动现金流出；

（2）按照本准则有关规定对短期租赁和低价值资产租赁进行简化处理的，支付的相关付款额，应当计入经营活动现金流出；

（3）支付的未纳入租赁负债计量的可变租赁付款额，应当计入经营活动现金流出。

4. 承租人的披露

承租人应当在财务报表附注中披露有关租赁活动的定性和定量信息，以便财务报表使用者评估租赁活动对承租人的财务状况、经营成果和现金流量的影响。

承租人应当在财务报表的单独附注或单独章节中披露其作为承租人的信息，但无需重复已在财务报表其他部分列报或披露的信息,只需要在租赁的相关附注中通过交叉索引的方式体现该信息。

承租人应当在财务报表附注中披露与租赁有关的下列信息。

（1）各类使用权资产的期初余额、本期增加额、期末余额以及累计折旧额和减值金额；

（2）租赁负债的利息费用；

（3）有关简化处理方法的披露；

（4）计入当期损益的未纳入租赁负债计量的可变租赁付款额；

（5）转租使用权资产取得的收入；

（6）与租赁相关的总现金流出；

（7）售后租回交易产生的相关损益；

（8）其他应当披露的有关租赁负债的信息，包括单独披露租赁负债的到期期限分析、对相关流动性风险的管理等。

此外，承租人应当根据理解财务报表的需要，披露有关租赁活动的其他定性和定量信息，此类信息包括以下几个方面。

（1）租赁活动的性质。例如，租入资产的类别及数量、租赁期、是否存在续租选择权等租赁基本情况信息。

（2）未纳入租赁负债计量的未来潜在现金流出。

（3）租赁导致的限制或承诺。

（4）售后租回交易。

（5）其他相关信息。

3.5.2　出租人的列报与披露

出租人应当根据资产的性质，在资产负债表中列示经营租赁资产。

出租人应当在财务报表附注中披露有关租赁活动的定性和定量信息，以便财务报表使用者评估租赁活动对出租人的财务状况、经营成果和现金流量的影响。

1. 与融资租赁有关的信息

出租人应当在附注中披露与融资租赁有关的下列信息。

（1）销售损益（生产商或经销商出租人）、租赁投资净额的融资收益以及与未纳入租赁投资净额的可变租赁付款额相关的收入；

（2）资产负债表日后连续五个会计年度每年将收到的未折现租赁收款额，以及剩余年度将收到的未折现租赁收款额总额；不足五个会计年度的，披露资产负债表日后连续每年将收到的未折现租赁收款额；

（3）未折现租赁收款额与租赁投资净额的调节表。

2. 与经营租赁有关的信息

出租人应当在附注中披露与经营租赁有关的下列信息。

（1）租赁收入，并单独披露与未纳入租赁收款额计量的可变租赁付款额相关的收入。

（2）将经营租赁固定资产与出租人持有自用的固定资产分开，并按经营租赁固定资产的类别提供固定资产准则要求披需的信息。

（3）资产负债表日后连续五个会计年度每年将收到的未折现租赁收款额，以及剩余年度将收到的未折现租赁收款总额。不足五个会计年度的，披露资产负债表日后连续每年将收到的未折现租赁收款额。

3. 其他信息

出租人应当根据理解财务报表的需要，披露有关租赁活动的其他定性和定量信息。

思考题

1. 简述经营租赁和融资租赁的区别?

2. 如何对租赁进行识别?

3. 什么是使用权资产?什么是租赁负债?

4. 什么是租赁付款额?如何计量租赁负债?

5. 哪些情况下需要重新计量租赁负债?

6. 承租人如何对短期租赁和低价值资产租赁进行会计处理?

练习题

第 3 章

第4章 或有事项

【学习目标】

- 掌握或有事项、预计负债、或有负债及或有资产的基本概念；
- 理解确定最佳合理估计数的原则和方法；
- 掌握预计负债的确认和计量；
- 掌握常见或有事项的会计处理。

【思维导图】

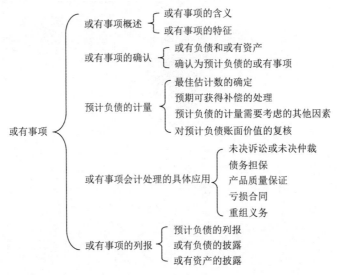

或有事项作为不确定事项之一已经成为财务信息披露的重要组成部分，并对企业的财务状况和经营成果产生较大的影响，同时，或有事项也是会计人员职业判断的重要内容之一。通过本章的学习，理解或有事项相关概念，掌握常见或有事项的会计处理，对理解企业会计信息、提升会计执业水平有着重要作用。

4.1 或有事项概述

4.1.1 或有事项的含义

企业在经营活动中有时会面临一些具有较大不确定性的经济事项，这些不确定事项对企业的财务状况和经营成果可能会产生较大的影响，其最终结果须由某些未来事项的发生或不发生加以决定。

【情景示例 1】企业售出一批商品并对商品提供售后质量保证，承诺在商品发生质量问题时由企业无偿提供修理服务。销售商品并提供售后质量保证是企业过去发生的交易，由此形成的未来修理服务构成一项不确定事项，修理服务的费用是否会发生以及发生金额是多少将取决于未来是否发生修理请求以及修理工作量、费用等的大小。按照权责发生制原则，企业不能等到客户提出修理请求时，才确认因提供质量保证而发生的义务，而应当在资产负债表日对这一不确定事项作出判断，以决定是否在当期确认承担的修理义务。这种不确定事项在会计上被称为或有事项。

我国《企业会计准则第 13 号——或有事项》对或有事项的定义为：或有事项是指过去的交易或者事项形成的，其结果须由某些未来事项的发生或不发生才能决定的不确定事项。常见的或有事项包括：未决诉讼或未决仲裁、债务担保、产品质量保证（含产品安全保证）、亏损合同、重组义务、承诺、环境污染整治等。

作为过去的交易或事项形成的一种状况，或有事项的结果有两种情况：一种是导致经济利益流入企业；另一种是导致经济利益流出企业。会计实务中，需要会计人员根据经验加以判断。如果或有事项的结果很可能导致经济利益流入企业，就形成企业的或有资产；如果或有事项的结果很可能导致经济利益流出企业，同时满足负债确认条件，企业需要将其确认为负债，会计实务中作为预计负债核算；如果不满足确认条件，企业不需要加以确认，但是需要在财务报表附注中披露。

4.1.2 或有事项的特征

根据或有事项的定义，或有事项具有以下三个基本特征。

（1）由过去的交易或事项形成，是指或有事项的现存状况是过去的交易或事项引起的客观存在。

【情景示例 2】未决诉讼虽然是正在进行中的诉讼，但该诉讼是企业因过去的经济行为导致起诉其他单位或被其他单位起诉。这是现存的一种状况而不是未来将要发生的事项。

（2）或有事项的结果具有不确定性，是指或有事项的结果是否发生具有不确定性；或者或有事项的结果预计将会发生，但发生的具体时间或金额具有不确定性。

【情景示例 3】企业为其他单位提供债务担保，如果被担保方到期无力还款，担保方将负连带责任，担保所引起的可能发生的连带责任构成或有事项。但是，担保方在债务到期时是否一定承担和履行连带责任，需要根据被担保方能否按时还款来决定，其结果在担保协议达成时具有不确定性。

【情景示例 4】某企业因生产排污治理不力并对周围环境造成污染而被起诉，如无特殊情况，该企业很可能败诉。但是，在诉讼成立时，该企业因败诉将支出多少金额，或者何时将发生这些支出，现在是不确定的。

（3）或有事项的结果须由未来事项决定，即或有事项的结果只能由未来不确定事项的发生或不发生才能决定。

【情景示例 5】未决诉讼只有等到法院判决才能决定其结果；债务担保事项只有在被担

保方到期无力还款时企业（担保方）才履行连带责任。

常见的或有事项主要包括：未决诉讼或仲裁、债务担保、产品质量保证（含产品安全保证）、承诺、亏损合同、重组义务、环境污染整治等。

在会计处理过程中存在不确定性的事项并不都是或有事项，企业应当按照或有事项的定义和特征进行判断。例如，对固定资产计提折旧虽然也涉及对固定资产预计净残值和使用寿命进行分析和判断，带有一定的不确定性，但是，固定资产折旧是已经发生的损耗，固定资产的原值是确定的，其价值最终会转移到成本或费用中也是确定的，该事项的结果是确定的，因此，对固定资产计提折旧不属于或有事项。

4.2 或有事项的确认

或有事项可能产生经济利益流入，也有可能导致经济利益流出。或有事项可能产生的经济利益流入，会计上称之为或有资产。或有事项导致的经济利益流出，会计上称之为或有负债或预计负债。或有负债和或有资产不符合负债或资产的定义和确认条件，企业不应当将其确认为负债和资产，但应当进行相应的披露。

4.2.1 或有资产和或有负债

1. 或有资产

或有资产，是指过去的交易或事项形成的潜在资产，其存在须通过未来不确定事项的发生或不发生予以证实。或有资产作为一种潜在资产，其结果具有较大的不确定性，只有随着经济情况的变化，通过某些未来不确定事项的发生或不发生才能证实其是否会形成企业真正的资产。

【情景示例6】甲企业向法院起诉乙企业侵犯了其专利权。法院尚未对该案件进行公开审理，甲企业是否胜诉尚难判断。对于甲企业而言，将来可能胜诉而获得的赔偿，属于一项或有资产，但这项或有资产是否会转化为真正的资产，要由法院的判决结果确定。如果终审判决结果是甲企业胜诉，那么这项或有资产就转化为甲企业的一项资产。如果终审判决结果是甲企业败诉，那么或有资产就消失了，更不可能形成甲企业的资产。

2. 或有负债

或有负债，是指过去的交易或事项形成的潜在义务，其存在须通过未来不确定事项的发生或不发生予以证实；或者指过去的交易或事项形成的现时义务，履行该义务不是很可能导致经济利益流出企业或者该义务的金额不能可靠计量。

或有负债涉及两类义务：一类是潜在义务；另一类是现时义务。其中，潜在义务是指结果取决于不确定未来事项的可能义务。也就是说，潜在义务最终是否转变为现时义务，由某些未来不确定事项的发生或不发生才能决定。现时义务是指企业在现行条件下已承担的义务，该现时义务的履行不是很可能导致经济利益流出企业，或者该现时义务的金额不能可靠地计量。

【情景示例 7】甲公司涉及一桩诉讼案，根据以往的审判案例推断，甲公司很可能要败诉。但法院尚未判决，甲公司无法根据经验判断未来将要承担多少赔偿金额，因此该现时义务的金额不能可靠地计量，该诉讼案件即形成一项甲公司的或有负债。

4.2.2 预计负债

《企业会计准则第 13 号——或有事项》规定，与或有事项有关的义务应当在同时符合以下三个条件时确认为负债，作为预计负债进行确认和计量。

1. 该义务是企业承担的现时义务

该义务是企业承担的现时义务是指与或有事项相关的义务是在企业当前条件下已承担的义务，企业没有其他现实的选择，企业只能履行该现时义务。

【情景示例 8】A 公司于 20×3 年 12 月 28 日向法院提起诉讼，状告 B 公司侵犯其商标权，至 20×3 年 12 月 31 日，法院尚未判决，但法庭调查表明，B 公司的行为违反了国家的有关法规。这种情况表明，对 B 公司而言，一项现时义务已经产生。B 企业应将其确认为一项负债。

2. 该义务的履行很可能导致经济利益流出企业

履行该义务很可能导致经济利益流出企业，是指履行与或有事项相关的现时义务时，导致经济利益流出企业的可能性超过 50%但尚未达到基本确定的程度。履行或有事项相关义务导致经济利益流出的可能性，通常按照一定的概率区间加以判断。一般情况下，发生的概率分为以下几个层次，如表 4-1 所示。

表 4-1   履行或有事项相关义务导致经济利益流出的可能性

结果的可能性	对应的概率区间
基本确定	大于 95%但小于 100%
很可能	大于 50%但小于或等于 95%
可能	大于 5%但小于或等于 50%
极小可能	大于 0 但小于或等于 5%

企业因或有事项承担现时义务，只有在其很可能导致经济利益流出企业，并同时满足其他两个条件时，才能加以确认。

3. 该义务的金额能够可靠地计量

或有事项的不确定性决定了或有事项产生的现时义务的金额也具有不确定性，需要予以估计。只有在其金额能够合理地估计，并同时满足其他两个条件时，企业才能加以确认。

【情景示例 9】A 公司涉及一起诉讼案，根据以往的审判结果判断，公司很可能败诉，相关的赔偿金额也可以估算出一个区间。此时，就可以认为该公司因未决诉讼承担的现时义务的金额能够可靠地估计，如果同时满足其他两个条件，就可以对所形成的义务确认为一项预计负债。但是，如果没有以往的案例可与 A 公司涉及的诉讼案作比照，而相关的法律条文又没有明确的解释，那么，即使 A 公司很可能败诉，在判决以前也不能推断现时义务的金额，A 公司则不应对此未决诉讼确认为一项预计负债。

4.3 | 预计负债的计量

当与或有事项有关的义务符合确认为负债的条件时应当将其确认为预计负债。预计负债应当按照履行相关现时义务所需支出的最佳估计数进行初始计量。此外，企业清偿预计负债所需支出还可能从第三方或其他方获得补偿。因此，预计负债的计量主要涉及两个问题：一是最佳估计数的确定；二是预期可获得补偿的处理。

4.3.1　最佳估计数的确定

预计负债应当按照履行相关现时义务所需支出的最佳估计数进行初始计量。最佳估计数的确定应当分别以下两种情况处理。

第一，所需支出存在一个连续范围（或区间，下同），且该范围内各种结果发生的可能性相同，则最佳估计数应当按照该范围内的中间值，即上下限金额的平均数确定。

微视频

多种结果情况下，
最佳估计数的确定

【例4-1】20×4年12月1日，甲股份有限公司因合同违约而被乙公司起诉。20×4年12月31日，公司尚未接到法院的判决。甲公司认为最终的法律判决很可能对公司不利。假定甲公司预计将要支付的赔偿金额在800 000元至900 000元之间，而且这个区间内每个金额的可能性都大致相同。此时，甲股份有限公司在资产负债表中确认的负债金额应为上下限金额的平均数，即（800 000+900 000）÷2=850 000（元）。

第二，所需支出不存在一个连续范围，或者虽然存在一个连续范围，但该范围内各种结果发生的可能性不同，那么，如果或有事项涉及单个项目，最佳估计数按照最可能发生金额确定；如果或有事项涉及多个项目，最佳估计数按照各种可能结果及相关概率计算确定。"涉及单个项目"指或有事项涉及的项目只有一个，如一项未决诉讼、一项未决仲裁或一项债务担保等。"涉及多个项目"指或有事项涉及的项目不止一个，如产品质量保证。在产品质量保证中，提出产品保修要求的可能有许多客户，相应地，企业对这些客户负有保修义务。

【例4-2】20×4年10月2日，乙股份有限公司涉及一起诉讼案。20×4年12月31日，乙股份有限公司尚未接到法院的判决。在咨询了公司的法律顾问后，公司认为：胜诉的可能性为40%，败诉的可能性为60%。如果败诉，需要赔偿2 000 000元。此时，乙股份有限公司在资产负债表中确认的负债金额应为最可能发生的金额，即2 000 000元。

【例4-3】甲股份有限公司是生产并销售A产品的企业，20×4年第一季度，共销售A产品60 000件，销售收入为360 000 000元。根据公司的产品质量保证条款，该产品售出后一年内，如发生正常质量问题，公司将负责免费维修。根据以前年度的维修记录，如果发生较小的质量问题，发生的维修费用为销售收入的1%；如果发生较大的质量问题，发生的维修费用为销售收入的2%。根据公司技术部门的预测，本季度销售的产品中，80%不会发生质量问题；15%可能发生较小的质量问题；5%可能发生较大的质量问题。据此，20×4年第一季度末，甲股份有限公司应在资产负债表中确认的负债金额为：360 000 000×（0×80%+1%×15%+2%×5%）=900 000（元）。

4.3.2 预期可获得补偿的处理

企业如果清偿因或有事项而确认的负债所需支出全部或部分预期由第三方或其他方补偿，则此补偿金额只有在基本确定能收到时，才能作为资产单独确认，确认的补偿金额不能超过所确认负债的账面价值。预期可能获得补偿的情况通常有：发生交通事故等情况时，企业通常可从保险公司获得合理的赔偿；在某些索赔诉讼中，企业可对索赔人或第三方另行提出赔偿要求；在债务担保业务中，企业在履行担保义务的同时，通常可向被担保企业提出追偿要求。

企业预期从第三方获得的补偿，是一种潜在资产，其最终是否真的会转化为企业真正的资产（即，企业是否能够收到这项补偿）具有较大的不确定性，企业只能在基本确定能够收到补偿时才能对其进行确认。根据资产和负债不能随意抵消的原则，预期可获得的补偿在基本确定能够收到时应当确认为一项资产，而不能作为预计负债金额的扣减。

【例 4-4】20×4 年 12 月 31 日，乙股份有限公司因或有事项而确认了一笔金额为 1 000 000 元的负债；同时，乙公司因该或有事项，基本确定可从甲股份有限公司获得 400 000 元的赔偿。

本例中，乙股份有限公司应分别确认一项金额为 1 000 000 元的负债和一项金额为 400 000 元的资产，而不能只确认一项金额为 600 000（1 000 000-400 000）元的负债。同时，公司所确认的补偿金额 400 000 元不能超过所确认的负债的账面价值 1 000 000 元。

4.3.3 预计负债的计量需要考虑的其他因素

企业在确定最佳估计数时，应当综合考虑与或有事项有关的风险、不确定性、货币时间价值和未来事项等因素。

1. 风险和不确定性

风险是对交易或事项结果的变化可能性的一种描述。企业在不确定的情况下进行判断需要谨慎，使得收益或资产不会被高估，费用或负债不会被低估。企业应当充分考虑与或有事项有关的风险和不确定性，既不能忽略风险和不确定性对或有事项计量的影响，也需要避免对风险和不确定性进行重复调整，从而在低估和高估预计负债金额之间寻找平衡点。

2. 货币时间价值

预计负债的金额通常应当等于未来应支付的金额。但是，因货币时间价值的影响，资产负债表日后不久发生的现金流出，要比一段时间之后发生的同样金额的现金流出负有更大的义务。所以，如果预计负债的确认时点距离实际清偿有较长的时间跨度，货币时间价值的影响重大，那么在确定预计负债的确认金额时，应考虑采用现值计量，即通过对相关未来现金流出进行折现后确定最佳估计数。

将未来现金流出折算为现值时，需要注意以下三点。

（1）用来计算现值的折现率，应当是反映货币时间价值的当前市场估计和相关负债特有风险的税前利率。

（2）风险和不确定性既可以在计量未来现金流出时作为调整因素，也可以在确定折现率时予以考虑，但不能重复反映。

（3）随着时间的推移，即使在未来现金流出和折现率均不改变的情况下，预计负债的现值将逐渐增长。企业应当在资产负债表日，对预计负债的现值进行重新计量。

3. 未来事项

企业应当考虑可能影响履行现时义务所需金额的相关未来事项。也就是说，对于这些未来事项，如果有足够的客观证据表明它们将发生，如未来技术进步、相关法规出台等，则应当在预计负债计量中考虑相关未来事项的影响，但不应考虑预期处置相关资产形成的利得。

预期的未来事项可能对预计负债的计量较为重要。例如，某核电企业预计，在生产结束时清理核废料的费用将因未来技术的变化而显著降低。那么，该企业因此确认的预计负债金额应当反映有关专家对技术发展以及清理费用减少作出的合理预测。但是，这种预计需要取得相当客观的证据予以支持。

4.3.4 对预计负债账面价值的复核

企业应当在资产负债表日对预计负债的账面价值进行复核。有确凿证据表明该账面价值不能真实反映当前最佳估计数的，应当按照当前最佳估计数对该账面价值进行调整。

【情景示例10】某化工企业对环境造成了污染，按照当时的法律规定，只需要对污染进行清理。随着国家对环境保护越来越重视，按照现在的法律规定，该企业不但需要对污染进行清理，还很可能要对居民进行赔偿。这种法律要求的变化，会对企业预计负债的计量产生影响。企业应当在资产负债表日对为此确认的预计负债金额进行复核，相关因素发生变化表明预计负债金额不再能反映真实情况时，需要按照当前情况下企业清理和赔偿支出的最佳估计数对预计负债的账面价值进行相应的调整。

4.4 | 或有事项会计处理的具体应用

4.4.1 未决诉讼或未决仲裁

诉讼是指当事人不能通过协商解决争议，因而在人民法院起诉、应诉，请求人民法院通过审判程序解决纠纷的活动。诉讼尚未裁决之前，对于被告来说，可能形成一项或有负债或者预计负债；对于原告来说，则可能形成一项或有资产。

仲裁是指经济法的各方当事人依照事先约定或事后达成的书面仲裁协议，共同选定仲裁机构并由其对争议依法作出具有约束力裁决的一种活动。作为当事人一方，仲裁的结果在仲裁决定公布以前是不确定的，会构成一项潜在义务或现时义务，或者潜在资产。

【例4-5】20×4年11月1日，甲公司因合同违约而被乙公司起诉。20×4年12月31日，公司尚未接到法院的判决。乙公司预计，如无特殊情况很可能在诉讼中获胜，假定乙公司估计将来很可能获得赔偿金额200 000元。在咨询了公司的法律顾问后，甲公司认为最终的法律判决很可能对公司不利。假定甲公司预计将要支付的赔偿金额、诉讼费等费用为 160 000 元至 180 000 元之间的某一金额，而且这个区间内每个金额的可能性都大致相同，其中诉讼费为 10 000 元。

此例中，乙公司不应当确认或有资产，而应当在 20×4 年 12 月 31 日的报表附注中披露或有资产 200 000 元。

甲公司应在资产负债表中确认一项预计负债，金额为：

（160 000 + 180 000）÷ 2 = 170 000（元）

同时在 20×4 年 12 月 31 日的附注中进行披露。

甲公司的有关账务处理如下。

借：管理费用——诉讼费　　　　　　　　　　10 000

　　营业外支出　　　　　　　　　　　　　160 000

　　贷：预计负债——未决诉讼　　　　　　　　　170 000

应当注意的是，对于未决诉讼，企业当期实际发生的诉讼损失金额与已计提的相关预计负债之间的差额，应分别情况处理。

第一，企业在前期资产负债表日，依据当时实际情况和所掌握的证据合理预计了预计负债，应当将当期实际发生的诉讼损失金额与已计提的相关预计负债之间的差额，直接计入或冲减当期营业外支出。

第二，企业在前期资产负债表日，依据当时实际情况和所掌握的证据，原本应当能够合理估计诉讼损失，但企业所作的估计却与当时的事实严重不符（如未合理预计损失或不恰当地多计或少计损失），应当按照重大会计差错更正的方法进行处理。

第三，企业在前期资产负债表日，依据当时实际情况和所掌握的证据，确实无法合理预计诉讼损失，因而未确认预计负债，则在该项损失实际发生的当期，直接计入当期营业外支出。

微视频

未决诉讼的会计处理

第四，资产负债表日后至财务报告批准报出日之间发生的需要调整或说明的未决诉讼，按照资产负债表日后事项的有关规定进行会计处理。

4.4.2　债务担保

债务担保在企业中是较为普遍的现象。作为提供担保的一方，在被担保方无法履行合同的情况下，常常承担连带责任。从保护投资者、债权人的利益出发，客观、充分地反映企业因担保义务而承担的潜在风险是十分必要的。

【例 4-6】20×2 年 10 月，B 公司从银行贷款人民币 20 000 000 元，期限 2 年，由 A 公司全额担保；20×4 年 4 月，C 公司从银行贷款 1 000 000 美元，期限 1 年，由 A 公司担保50%；20×4 年 6 月，D 公司通过银行从 G 公司贷款人民币 10 000 000 元，期限 2 年，由A 公司全额担保。

截至 20×4 年 12 月 31 日，各贷款单位的情况如下：B 公司贷款逾期未还，银行已起诉 B公司和 A 公司，A 公司因连带责任需赔偿多少金额尚无法确定；C 公司由于受政策影响和内部管理不善等原因，经营效益不如以往，可能不能偿还到期美元债务；D 公司经营情况良好，预期不存在还款困难的问题。

本例中，对 B 公司而言，A 公司很可能需履行连带责任，但损失金额是多少，目前还难以预计；就 C 公司而言，A 公司可能需履行连带责任；就 D 公司而言，A 公司履行连带责任的可能性极小。这三项债务担保形成 A 公司的或有负债，不符合预计负债的确认条件，A 公司在 20×4 年 12 月 31 日编制财务报表时，应当在附注中作相应披露。

4.4.3　产品质量保证

产品质量保证，通常指销售商或制造商在销售产品或提供劳务后，对客户提供服务的一种承诺。在约定期内（或终身保修），若产品或劳务在正常使用过程中出现质量或与之相关的其他属于正常范围的问题，企业负有更换产品、免费或只收成本价进行修理等责任。为此，企业应当在符合确认条件的情况下，于销售成立时确认预计负债。

【例 4-7】沿用【例 4-3】的资料，甲公司 20×4 年度第一季度实际发生的维修费为 850 000 元，"预计负债——产品质量保证"科目 20×3 年年末余额为 30 000 元。

本例中，20×4 年度第一季度，甲公司的账务处理如下。

（1）确认因销售形成的与产品质量保证有关的预计负债，会计分录如下。

　借：销售费用——产品质量保证　　　　　　900 000

　　　贷：预计负债——产品质量保证　　　　　　　900 000

（2）发生产品质量保证费用（维修费），会计分录如下。

　借：预计负债——产品质量保证　　　　　　850 000

　　　贷：银行存款或原材料等　　　　　　　　　850 000

"预计负债——产品质量保证"科目 20×4 年第一季度末的余额为：

900 000−850 000＋30 000＝80 000（元）

在对产品质量保证确认预计负债时，需要注意以下几点。

第一，如果发现产品质量保证费用的实际发生额与预计数相差较大，应及时对预计比例进行调整；第二，如果企业针对特定批次产品确认预计负债，则在保修期结束时，应将"预计负债——产品质量保证"余额冲销，不留余额；第三，已对其确认预计负债的产品，如企业不再生产了，那么应在相应的产品质量保证期满后，将"预计负债——产品质量保证"余额冲销，不留余额。

4.4.4　亏损合同

待执行合同变为亏损合同，同时该亏损合同产生的义务满足预计负债的确认条件的，应当确认为预计负债。其中，待执行合同是指合同各方未履行任何合同义务，或部分履行了同等义务的合同。企业与其他企业签订的商品销售合同、劳务提供合同、租赁合同等，均属于待执行合同，待执行合同不属于或有事项。但是，待执行合同变为亏损合同的，应当作为或有事项。亏损合同，是指履行合同义务不可避免发生的成本超过预期经济利益的合同。预计负债的计量应当反映退出该合同的最低净成本，即履行该合同的成本与未能履行该合同而发生的补偿或处罚两者之中的较低者。企业与其他单位签订的商品销售合同、劳务合同、租赁合同等，均可能变为亏损合同。

企业对亏损合同进行会计处理时，需要遵循以下两点原则。

（1）如果与亏损合同相关的义务不需支付任何补偿即可撤销，企业通常就不存在现时义务，不应确认预计负债；如果与亏损合同相关的义务不可撤销，企业就存在了现时义务，同时满足该义务很可能导致经济利益流出企业且金额能够可靠地计量的，应当确认预计负债。

（2）待执行合同变为亏损合同时，合同存在标的资产的，应当对标的资产进行减值测试并按规定确认减值损失。在这种情况下，企业通常不需确认预计负债，如果预计亏损超过该减值损失，应将超过部分确认为预计负债；合同不存在标的资产的，亏损合同相关义务满足预计负债确认条件时，应当确认预计负债。

【例 4-8】20×3 年 1 月 1 日，甲公司采用经营租赁方式租入一条生产线生产 A 产品，租赁期 4 年。甲公司利用该生产线生产的 A 产品每年可获利 50 万元。20×4 年 12 月 31 日，甲公司决定停产 A 产品，原经营租赁合同不可撤销，还要持续 2 年，且生产线无法转租给其他单位。

本例中，甲公司与其他公司签订了不可撤销的经营租赁合同，负有法定义务，必须继续履行租赁合同（交纳租金）。同时，甲公司决定停产 A 产品。因此，甲公司执行原经营租赁合同不可避免要发生的费用很可能超过预期获得的经济利益，属于亏损合同，应当在 20×4 年 12 月 31 日，根据未来应支付的租金的最佳估计数确认预计负债。

4.4.5　重组义务

1. 重组义务的确认

重组是指企业制定和控制的，将显著改变企业组织形式、经营范围或经营方式的计划实施行为。属于重组的事项主要包括以下几项。

（1）出售或终止企业的部分业务；

（2）对企业的组织结构进行较大调整；

（3）关闭企业的部分营业场所，或者将营业活动由一个国家或地区迁移到其他国家或地区。

企业应当将重组与企业合并、债务重组区别开。因为重组通常是企业内部资源的调整和组合，谋求现有资产效能的最大化；企业合并是在不同企业之间的资本重组和规模扩张；而债务重组是债权人对债务人作出让步，债务人减轻债务负担，债权人尽可能减少损失。

企业因重组而承担了重组义务，并且同时满足预计负债的三项确认条件时，才能确认预计负债。

首先，同时存在下列情况的，表明企业承担了重组义务：（1）有详细、正式的重组计划，包括重组涉及的业务、主要地点、需要补偿的职工人数、预计重组支出、计划实施时间等；（2）该重组计划已对外公告。

其次，需要判断重组义务是否同时满足预计负债的三个确认条件，即判断其承担的重组义务是否是现时义务，履行重组义务是否很可能导致经济利益流出企业，重组义务的金额是否能够可靠计量。只有同时满足这三个确认条件，才能将重组义务确认为预计负债。

例如，某公司董事会决定关闭一个事业部。如果有关决定尚未传达到受影响的各方，也未采取任何措施实施该项决定，该公司就没有开始承担重组义务，不应确认预计负债；如果有关决定已经传达到受影响的各方，并使各方对企业将关闭事业部形成合理预期，通常表明企业开始承担重组义务，同时满足该义务很可能导致经济利益流出企业和金额能够可靠地计量的，应当确认预计负债。

2. 重组义务的计量

企业应当按照与重组有关的直接支出确定预计负债金额，计入当期损益。其中，直接支出是企业重组必须承担的直接支出，不包括留用职工岗前培训、市场推广、新系统和营销网络投入等支出。

由于企业在计量预计负债时不应当考虑预期处置相关资产的利得或损失，在计量与重组义务相关的预计负债时，也不考虑处置相关资产（厂房、店面，有时是一个事业部整体）可能形成的利得或损失，即使资产的出售构成重组的一部分也是如此，这些利得或损失应当单独确认。

企业可以参照表 4-2 判断某项支出是否属于与重组有关的直接支出。

表 4-2　　　　　　　　　　　　　　　　与重组有关支出的判断表

支出项目	包括	不包括	不包括的原因
自愿遣散	√		
强制遣散（如果自愿遣散目标未满足）	√		
将不再使用的厂房的租赁撤销	√		
将职工和设备从拟关闭的工厂转移到继续使用的工厂		√	支出与继续进行的活动相关
剩余职工的再培训		√	支出与继续进行的活动相关
新经理的招募成本		√	支出与继续进行的活动相关
推广公司新形象的营销成本		√	支出与继续进行的活动相关
对新分销网络的投资		√	支出与继续进行的活动相关
重组的未来可辨认经营损失（最新预计值）		√	支出与继续进行的活动相关
特定不动产、厂场和设备的减值损失		√	资产减值准备应当按照《企业会计准则第 8 号——资产减值》进行评估，并作为资产的抵减项

4.5 | 或有事项的列报

4.5.1　预计负债的列报

在资产负债表中，因或有事项而确认的负债（预计负债）应与其他负债项目区别开来，单独反映。如果企业因多项或有事项确认了预计负债，在资产负债表上一般只需通过"预计负债"项目进行总括反映。在将或有事项确认为负债的同时，企业应确认一项支出或费用。这项费用或支出在利润表中不应单列项目反映，而应与其他费用或支出项目（如"销售费用""管理费用""营业外支出"等）合并反映。比如，企业因产品质量保证确认负债时所确认的费用，在利润表中应作为"销售费用"的组成部分予以反映；又如，企业因对其他单位提供债务担保确认负债时所确认的费用，在利润表中应作为"营业外支出"的组成部分予以反映。

同时，为了使会计报表使用者获得充分、详细的有关或有事项的信息，企业应在会计报表附注中披露以下内容。

第一，预计负债的种类、形成原因以及经济利益流出不确定性的说明；

第二，各类预计负债的期初、期末余额和本期变动情况；

第三，与预计负债有关的预期补偿金额和本期已确认的预期补偿金额。

4.5.2　或有负债的披露

或有负债无论作为潜在义务还是现时义务，均不符合负债的确认条件，因而不予确认。但是，除非或有负债极小可能导致经济利益流出企业，否则企业应当在附注中披露有关信息，具体包括以下内容。

第一，或有负债的种类及其形成原因，包括已贴现商业承兑汇票、未决诉讼、未决仲裁、对外提供担保等形成的或有负债；

第二，经济利益流出不确定性的说明；

第三，或有负债预计产生的财务影响，以及获得补偿的可能性；无法预计的，应当说明原因。

 在涉及未决诉讼、未决仲裁的情况下，如果披露全部或部分信息预期对企业会造成重大不利影响，则企业无须披露这些信息，但应当披露该未决诉讼、未决仲裁的性质，以及没有披露这些信息的事实和原因。

4.5.3　或有资产的披露

或有资产作为一种潜在资产，不符合资产确认的条件，因而不予确认。企业通常不应当披露或有资产，但或有资产很可能会给企业带来经济利益的，应当披露其形成的原因、预计产生的财务影响等。

思考题

1. 什么是或有事项？
2. 什么是或有负债？什么是或有资产？
3. 预计负债的确认需具备哪些条件？
4. 在计量预计负债时，如何确定最佳合理估计数？

练习题

第 4 章

第5章　会计政策、会计估计变更和前期差错更正

【学习目标】

- 熟悉会计政策、会计估计变更和差错更正的基本概念；
- 了解会计政策变更、前期差错更正的基本核算原理；
- 掌握会计政策、会计估计变更和前期差错更正的具体会计处理方法；
- 重点掌握追溯调整法的会计处理。

 【思维导图】

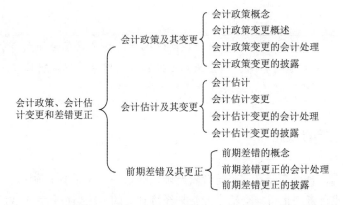

　　会计政策、会计估计变更和差错更正均会对财务报表所提供信息的可靠性和相关性，以及同一企业不同期间和同一期间不同企业的财务报表可比性产生较大影响。因此，如何正确判断会计政策、会计估计变更和差错更正，并以此提高会计信息的质量，对于会计人员而言是至关重要的。

5.1　会计政策及其变更

5.1.1　会计政策的概念

　　会计政策是企业在进行业务核算的基础，按照我国《企业会计准则第 28 号——会计政策、会计估计变更和差错更正》，会计政策是企业在会计确认、计量和报告中所采用的原则、基础和会计处理方法。也就是说企业在进行会计核算时，应当以会计信息质量特征为指导，根据原则、基础和会计处理方法进行确认、计量、记录和报告。

1. 会计政策的特点

（1）会计政策的选择性。

会计政策是在允许的会计原则、计量基础和会计处理方法中做出指定或具体选择。企业所

微视频

会计政策变更
的概念

处的环境千差万别，企业的经营规模、经营状况各不相同，为了使企业会计信息的披露能够从其所处的特定经营环境和经营状况出发，最恰当地反映企业的财务状况、经营成果和现金流量的情况，准则、制度就有必要留有一定的弹性空间，从而也留给会计人员一定的进行职业判断的余地。因此，在符合会计原则和计量基础的要求下，企业某些经济业务可以有多种会计处理方法，即存在不止一种可供选择的会计政策。例如，确定发出存货的实际成本时可以在先进先出法、加权平均法或者个别计价法中进行选择。

（2）会计政策的强制性。

在我国，会计准则和会计制度属于行政法规，会计政策所包括的具体会计原则、计量基础和具体会计处理方法由会计准则或会计制度规定，具有一定的强制性。企业必须在法规允许的范围内选择适合本企业实际情况的会计政策，即企业在发生某项经济业务时，必须从允许的会计原则、计量基础和会计处理方法中选择出适合本企业特点的会计政策。

（3）会计政策的层次性。

会计政策的定义体现了会计政策的不同层次，其中包括会计原则、会计基础和会计处理方法三个层次。会计原则指导会计基础，会计基础指导具体的会计处理。

① 会计原则分为一般原则和特定原则，会计政策所指的会计原则是指某一类会计业务的核算所应遵循的特定原则，而不是笼统地指所有的会计原则。

【情景示例1】《企业会计准则第 13 号——或有事项》规定的，以该义务是企业承担的现实义务、履行该义务很可能导致经济利益流出企业、该义务的金额能够可靠地计量作为预计负债的确认条件就是预计负债确认的具体会计原则。客观性、及时性、实质重于形式等属于会计信息质量要求，是为了满足会计信息质量要求而制定的一般原则，是统一的、不可选择的，不属于特定原则。

② 会计基础，主要是指会计确认基础和会计计量基础。从会计实务的角度看，可供选择的会计确认基础有权责发生制和收付实现制。在我国，企业应当采用权责发生制作为会计确认基础，不具有选择性。会计计量基础主要包括历史成本、重置成本、可变现净值、现值和公允价值等。企业在进行会计核算时，一般应当选用历史成本，采用重置成本、可变现净值、现值和公允价值时，应当保证所确定的会计要素金额能够取得并可靠计量，会计计量基础具有可选择性。

【情景示例2】《企业会计准则第8号——资产减值》中涉及的公允价值就是计量基础。

③ 会计处理方法，是指企业根据国家统一的会计制度、会计准则的规定，对某一类会计业务的具体处理方法做出的具体选择。

【情景示例3】《企业会计准则第 4 号——固定资产》允许企业在年限平均法、工作量法、双倍余额递减法和年数总和法之间进行固定资产折旧方法的选择，这些方法就是具体的会计处理方法。

2. 会计政策的披露

在我国，企业在会计核算中所采用的会计政策，通常应在报表附注中加以披露，不具有重要性的会计政策可以不予披露。判断会计政策是否重要，应当考虑与会计政策相关项目的性质和金额。通常情况下，需要披露的会计政策项目主要有表 5-1 所列示的各项，但不限于这些项目。

表 5-1　　　　　　　　　　　　　报表附注中需披露的会计政策

项目	举例
发出存货成本的计量	企业发出存货成本的计量是采用先进先出法，还是采用其他计量方法
长期股权投资的后续计量	企业对被投资单位的长期股权投资是采用成本法，还是采用权益法核算
投资性房地产的后续计量	企业对投资性房地产的后续计量是采用成本模式，还是采用公允价值模式
固定资产的初始计量	企业取得的固定资产初始成本是以购买价款，还是以购买价款的现值为基础进行计量
生物资产的初始计量	对取得的生物资产初始成本的计量、企业为取得生物资产而产生的借款费用，应当予以资本化，还是计入当期损益
无形资产的确认	企业内部研究开发项目开发阶段的支出是确认为无形资产，还是在发生时计入当期损益
非货币性资产交换的计量	非货币性资产交换是以换出资产的公允价值或者换入资产的公允价值作为确定换入资产成本的基础，还是以换出资产的账面价值或者换入出资产的账面价值作为确定换入资产成本的基础
收入的确认	企业是按某一时点履行的履约义务来确认收入还是按某一时段履行的履约义务来确认收入
借款费用的处理	企业借款费用采用资本化，还是费用化
合并政策	母公司与子公司的会计年度不一致的处理原则、合并范围的确定原则等

5.1.2　会计政策变更概述

1. 会计政策变更的概念

会计政策变更，是指企业对相同的交易或事项由原来采用的会计政策改用另一会计政策的行为。另外，为保证会计信息的可比性，使财务报告使用者在比较企业一个以上期间的财务报表时，能够正确判断企业的财务状况、经营成果和现金流量的趋势，企业一般情况下不得随意变更会计政策。特殊情况下，企业确实发生了会计政策变更，但这并不意味着前期的会计政策是错误的。

需要说明的是，如果是以前期间会计政策的运用错误，则属于前期差错，应按前期差错更正的会计处理方法进行会计处理。

2. 会计政策变更的条件或原因

企业会计准则规定，企业应当对相同或相似的交易或事项采用相同的会计政策进行处理，但其他会计准则另有规定的除外。企业采用的会计政策，在每一会计期间和前后各期应当保持一致，不得随意变更，但满足下列条件之一的，可以变更会计政策。

（1）法律、行政法规或会计准则等要求变更。

这种情况是指，按照法律、行政法规以及国家统一的会计制度的规定，要求企业采用新的会计政策，在这种情况下，企业应按规定改变原会计政策，采用新的会计政策。例如，2017年发布并实施了持有待售的非流动资产、处置组和终止经营准则；再如，2017年修订了长期股权投资、职工薪酬、财务报表列报、合并财务报表、收入等会计准则，2019年修订了非货币性资产交换、债务重组、租赁等会计准则。

（2）会计政策变更能够提供更可靠、更相关的会计信息。

这一情况是指，由于经济环境、客观情况的改变，使企业原来采用的会计政策所提供的会计信息，已不能恰当地反映企业的财务状况、经营成果和现金流量等情况，进而影响了企业经营目标的实现。在这种情况下，企业应改变原有的会计政策，按新的会计政策进行核算，以对外提供更可靠、更相关的会计信息。

【情景示例4】对销售商品收入金额的计量，企业一般是按照从购货方应收的合同或协议价款确定。但如果合同或协议价款的收取采用递延方式，且实质是具有融资性质时，企业仍旧按照从购货方应收的合同或协议价款确定，就不能反映经济利益流入的实质。在这种情况下，企业按照从购货方应收合同或协议价款的公允价值确定销售商品收入金额，提供的会计信息可能更可靠、更相关。

注意　企业因满足上述条件要求变更会计政策时，必须有充分、合理的证据表明其变更的合理性，并说明变更会计政策后，能够提供关于企业财务状况、经营成果和现金流量等更可靠、更相关的会计信息的理由。企业在变更会计政策时，还必须经股东大会或董事会等类似机构批准。如无充分、合理的证据表明会计政策变更的合理性，或者未经股东大会等类似机构批准擅自变更会计政策的，或者连续、反复地自行变更会计政策的，应视为滥用会计政策，按照前期差错更正的方法进行处理。

3．会计政策变更的特别认定

对会计政策变更的认定，直接影响到会计处理方法的选择。实务中，企业应当分清哪些属于会计政策变更，哪些不属于会计政策变更。具体说来，下列情况不属于会计政策变更。

（1）本期发生的交易或事项与以前相比具有本质区别而采用新的会计政策。

这是因为，会计政策总是针对特定类型的交易或事项，如果发生的交易或事项与其他交易或事项有本质区别，那么，企业实际上是为新的交易或事项选择新的会计政策，并没有改变原有的会计政策。

【情景示例5】甲企业将自用的办公楼改为对外出租，会计上对该办公楼的计量由原来的固定资产成本模式变为投资性房地产的公允价值模式，由于业务本质属性已经发生变化，因此根据准则规定改变计量基础这属于采用新的会计政策，不属于会计政策变更。

（2）对初次发生的或不重要的交易或者事项采用新的会计政策。

与上述第一种情况相类似，初次发生某类交易或事项，采用的是新的会计政策，而不是改变原有的会计政策。

【情景示例6】甲公司以前在生产经营过程中使用少量的低值易耗品，并且价值较低，故该公司在领用低值易耗品时一次性计入费用；由于近期生产新的产品，所需低值易耗品比较多，且价值较大，甲公司将领用低值易耗品的处理方法改为五五摊销法。由于甲公司改变会计处理方法对损益的影响不大，并且低值易耗品通常在企业生产经营中所占的比例不大，属于不重要的事项，因此改变会计政策不属于会计政策变更。

5.1.3　会计政策变更的会计处理

会计政策变更的本质是对同一交易或事项所涉及的会计政策的重新选择。会计政策的改变势必会对当期的会计信息产生影响。如何正确反映会计政策变更对信息的影响，是其会计处理的主要目标。按我国相关准则的要求，其会计处理方法有两种，即追溯调整法和未来适用法。企业在发生会计政策变更时，应当区分不同情况，选择具体的会计处理方法。

1．追溯调整法

追溯调整，是指对某项交易或事项变更会计政策，视同该项交易或事项初次发生时就采用变更后的会计政策，并以此对财务报表相关项目进行调整的方法。也就是说，企业应当计算会计政策变更累积影响数，并相应调整变更当期期初留存收益以及财务报表相关项目。但对于比较财务报表期间的会计政策变更，应调整各期间净损益各项目和财务报表其他相关项目，视同该政策在比较财务报表期间上一直采用。对于比较财务报表可比期间以前的会计政策变更的累积影响数，应调整比较财务报表最早期间的期初留存收益，财务报表其他相关项目的数字也应一并调整。

（1）会计政策变更的累积影响数。

会计政策变更的累积影响数，是假设与会计政策变更相关的交易或事项在初次发生时即采用新的会计政策，而得出的列报前期最早期初留存收益应有金额与现有金额之间的差额，是对变更会计政策所导致的对净损益的累积影响，以及由此导致的对利润分配及未分配利润的累积影响金额，但不包括分配的利润或股利。

会计政策变更累积影响数，可以看作以下两个金额之差。

① 在会计政策变更本期，按变更后的会计政策对前期各期追溯计算，所得到的列报前期最早期初留存收益金额（应有数）。

② 变更会计政策前期最早期初原有的留存收益金额（变更前实有数）。

这里的留存收益包括法定盈余公积、任意盈余公积以及未分配利润等各项目，不考虑由于损益的变化而应当补分配的利润或股利。

【情景示例7】由于会计政策变化，增加了以前期间可供分配的利润，该企业通常按净利润的30%分派现金股利。但在计算调整会计政策变更当期期初的留存收益时，不应当考虑由于以前期间净利润的变化而需要分派的现金股利。

在财务报表只提供上一期可比会计期间比较数据的情况下，上述第②项，在变更会计政策当期，列报前期最早期初留存收益金额，即为上期资产负债表所反映的期初留存收益，可以从上年资产负债表项目中获得；需要计算确定的是第①项，即按变更后的会计政策对以前各期追溯计算，所得到的上期期初留存收益金额。

（2）追溯调整法处理的步骤。

通常情况下，追溯调整法可以按以下步骤进行。

第1步，分析会计政策变更内容，计算确定变更的累积影响数。

会计政策变更累积影响数，是指按照变更后的会计政策对以前各期追溯计算的列报前期最早期初留存收益应有金额与现有金额之间的差额。

会计政策变更的累积影响数，可以通过以下程序计算获得：

① 根据新的会计政策重新计算受影响的前期交易或事项；

② 计算两种会计政策下的差异；

③ 计算差异的所得税费用影响金额；

④ 确定前期利润中的每一期的税后差异；

⑤ 计算确定会计政策变更的累积影响数。

第2步，进行相关的财务处理。

会计政策变更涉及损益调整的事项通过"利润分配——未分配利润"科目核算，本期发现前期重要差错和资产负债表日后调整事项涉及损益调整的事项通过"以前年度损益调整"科目核算。

第 3 步，调整财务报表相关项目。

应调整会计政策变更涉及的资产负债表有关项目的年初余额、利润表有关项目的上年金额及所有者权益变动表有关项目的上年金额和本年金额。

第 4 步，报表附注说明。

对于会计政策变更，企业应当在报表附注中披露会计政策变更的性质、内容和原因以及当期和各个列报前期财务报表中受影响的项目名称和调整金额，或累积影响数无法合理确定的理由。

采用追溯调整法时，会计政策变更的累计影响数应包括在变更当期期初留存收益中。如果提供比较财务报表，对于比较财务报表期间的会计政策变更，应当调整比较期间各期的净损益和有关项目，就像该变更后的会计政策在比较财务报表期间一直采用一样；对于比较财务报表期间以前的会计政策变更累积影响数，应当调整比较财务报表最早期间的期初留存收益，财务报表其他相关项目的数字也做相应调整。确定会计政策变更对列报前期影响数不切实可行的，应当从可追溯调整的最早期间期初开始应用变更后的会计政策。

【例 5-1】甲公司 20×5 年、20×6 年分别以 5 500 000 元和 1 300 000 元的价格从股票市场购入 A、B 两只以交易为目的的股票（假设不考虑购入股票发生的交易费用），市价一直高于购入成本。公司采用成本与市价孰低法对购入股票进行计量。公司从 20×7 年起对其以交易为目的购入的股票由成本与市价孰低法改为公允价值计量。公司保存的会计资料比较齐备，可以通过会计资料追溯计算。假设所得税税率为 25%，公司按净利润的 10% 提取法定盈余公积，按净利润的 5% 提取任意盈余公积。公司发行普通股 5 500 万股，未发行任何稀释性潜在普通股。两种方法计量的交易性金融资产账面价值如表 5-2 所示。

表 5-2　　　　　　　　两种方法计量的交易性金融资产账面价值　　　　　　　　单位：元

会计政策 股票	成本与市价孰低	20×5 年年末公允价值	20×6 年年末公允价值
A 股票	5 500 000	6 100 000	6 100 000
B 股票	1 300 000	—	1 500 000

根据上述资料，甲公司的会计处理如下。

（1）计算改变交易性金融资产计量方法后的累积影响数如表 5-3 所示。

表 5-3　　　　　　　　改变交易性金融资产计量方法后的积累影响数　　　　　　　　单位：元

时间	公允价值	成本与市价孰低	税前差异	所得税影响	税后差异
20×5 年末	6 100 000	5 500 000	600 000	150 000	450 000
20×6 年末	1 500 000	1 300 000	200 000	50 000	150 000
合计	7 600 000	6 800 000	800 000	200 000	600 000

甲公司 20×7 年 12 月 31 日的比较财务报表列报前期最早期初为 20×6 年 1 月 1 日。

甲公司在 20×5 年年末按公允价值计量的账面价值为 6 100 000 元，按成本与市价孰低计量的账面价值为 5 500 000 元，两者的所得税影响合计为 150 000 元，两者差异的税后净影响额为 450 000 元，即为该公司 20×6 年期初由成本与市价孰低改为公允价值的累积影响数。

甲公司在 20×6 年年末按公允价值计量的账面价值为 7 600 000 元，按成本与市价孰低计量的账面价值为 6 800 000 元，两者的所得税影响合计为 200 000 元，两者差异的税后净影响额为 600 000 元，其中，450 000 元是调整 20×6 年年初累积影响数，150 000 元是调整 20×6 年当期金额。

甲公司按照公允价值重新计量 20×6 年年末 B 股票账面价值，其结果为公允价值变动收益少计了 200 000 元，所得税费用少计了 50 000 元，净利润少计了 150 000 元。

（2）编制有关项目的调整分录。

① 对 20×5 年有关事项（列报前期最早期初留存收益）的调整分录如下。

a. 调整交易性金融资产的分录如下。

借：交易性金融资产——公允价值变动　　　　　　600 000
　　贷：利润分配——未分配利润　　　　　　　　　　　450 000
　　　　递延所得税负债　　　　　　　　　　　　　　　150 000

b. 调整利润分配如下。

按照净利润的 10% 提取法定盈余公积，按照净利润的 5% 提取任意盈余公积，共计提取盈余公积 450 000×15%=67 500（元）。

借：利润分配——未分配利润　　　　　　　　　　67 500
　　贷：盈余公积　　　　　　　　　　　　　　　　　67 500

② 对 20×6 年有关事项的调整分录如下。

a. 调整交易性金融资产的分录如下。

借：交易性金融资产——公允价值变动　　　　　　200 000
　　贷：利润分配——未分配利润　　　　　　　　　　　150 000
　　　　递延所得税负债　　　　　　　　　　　　　　　50 000

b. 调整利润分配如下。

按照净利润的 10% 提取法定盈余公积，按照净利润的 5% 提取任意盈余公积，共计提取盈余公积 150 000×15%=22 500（元）。

借：利润分配——未分配利润　　　　　　　　　　22 500
　　贷：盈余公积　　　　　　　　　　　　　　　　　22 500

（3）财务报表调整和重述（财务报表略）。

甲公司在列报 20×7 年财务报表时，应调整 20×7 年资产负债表有关项目的年初余额、利润表有关项目的上年金额及所有者权益变动表有关项目的上年金额和本年金额。

① 资产负债表项目的调整如下。

调增交易性金融资产年初余额 800 000 元；调增递延所得税负债年初余额 200 000 元；调增盈余公积年初余额 90 000 元；调增未分配利润年初余额 510 000 元。

② 利润表项目的调整如下。

调增 B 股票公允价值变动收益上年金额 200 000 元；调增所得税费用上年金额 50 000 元；调增净利润上年金额 150 000 元；调增基本每股收益上年金额 0.002 7 元/股。

③ 所有者权益变动表项目的调整如下。

调增会计政策变更项目中盈余公积上年年初金额 67 500 元，未分配利润上年年初金额 382 500 元，所有者权益合计上年年初金额 450 000 元。

调增会计政策变更一行中的项目，盈余公积上年金额 22 500 元，未分配利润上年金额 127 500

元，所有者权益合计上年金额 150 000 元。调增盈余公积本年年初金额 900 000 元，未分配利润本年年初金额 5 100 000 元，所有者权益合计本年年初金额 6 000 000 元。

（4）报表附注说明。

20×7 年甲公司按照会计准则规定，对交易性金融资产计量由成本与市价孰低改为以公允价值计量。此项会计政策变更采用追溯调整法，20×6 年的比较财务报表已重新表述。20×6 年期初运用新会计政策追溯计算的会计政策变更累积影响数为 450 000 元。调增 20×6 年的期初留存收益 450 000 元，其中，调增未分配利润 382 500 元。会计政策变更对 20×6 年度报告的损益的影响为增加净利润 150 000 元。

2. 未来适用法

未来适用法，是指将变更后的会计政策应用于变更日及以后发生的交易或事项，或者在会计估计变更当期和未来期间确认会计估计变更影响数的方法。

在未来适用法下，不需要计算会计政策变更产生的累积影响数，也不必调整变更当期期初留存收益和重编以前年度的财务报表。企业会计账簿记录及财务报表上反映的金额，变更之日仍保留原有的金额，不因会计政策变更而改变以前年度的既定结果，并在现有金额的基础上再按新的会计政策进行核算。

【例 5-2】甲公司按照会计准则规定，自 20×7 年 1 月 1 日起变更存货的计价方法，由后进先出法改为先进先出法。20×7 年 1 月 1 日的存货价值为 2 500 000 元，20×7 年 12 月 31 日的存货价值为 4 500 000 元，当年销售额为 25 000 000 元，公司购入存货实际成本合计为 18 000 000 元。假设在 20×7 年会计政策没有改变，即一直采用后进先出法，20×7 年 12 月 31 日的存货价值则为 2 200 000 元，假设该年度的其他费用为 1 200 000 元，所得税税率为 25%，税法允许按先进先出法计算的成本在税前扣除。

由于采用先进先出法对 20×7 年期初存货不能合理进行调整，因此，甲公司对上述会计政策变更为采用未来适用法进行处理。

（1）计算会计政策变更对当期净利润的影响数。

甲公司采用未来适用法时，不调整采用后进先出法下的 20×7 年期初存货余额，只对变更日后存货的计价改按先进先出法计算。

根据本例中给出的数据，20×7 年改变会计政策后甲公司的销售成本计算为：期初存货+购入存货实际成本-期末存货=2 500 000+18 000 000-4 500 000=16 000 000（元）。

假设 20×7 年甲公司没有变更会计政策，则其销售成本计算为：期初存货+购入存货实际成本-期末存货=2 500 000+18 000 000-2 200 000=18 300 000（元）。

两者销售成本的差额为 2 300 000 元（18 300 000-16 000 000），甲公司由于会计政策变更使当期利润总额增加了 2 300 000 元。扣除所得税的影响，使当期净利润增加了 1 725 000 元（2 300 000-2 300 000×25%）。

存货计价方法由后进先出法改为先进先出法对当期净利润的影响如表 5-4 所示。

表 5-4　　　　　　　　　　　当期净利润的影响数计算表　　　　　　　　　　　单位：元

	后进先出法	先进先出法
营业收入	25 000 000	25 000 000
减：营业成本	18 300 000	16 000 000

续表

	后进先出法	先进先出法
减：其他费用	1 200 000	1 200 000
利润总额	5 500 000	7 800 000
减：所得税费用	1 375 000	1 950 000
净利润	4 125 000	5 850 000
差额	1 725 000	

（2）附注说明。

甲公司本年度按照会计准则规定，对存货的计价由后进先出法改为先进先出法。此项会计政策变更无法确定其累积影响数，因而采用未来使用法，会计政策变更使当期净利润增加了1 725 000元。

3. 会计政策变更会计处理方法的选择

对于会计政策变更，企业应当根据具体情况，分别采用不同的会计处理方法。

（1）法律、行政法规或国家统一的会计制度等要求变更会计政策的，企业应当分以下两种情形分别处理。

第一，法律、行政法规或国家统一的会计制度要求改变会计政策，同时也规定了会计政策变更具体会计处理方法的，企业应当按照国家相关会计规定进行会计处理。

企业会计准则在修订时，一般都会同时规定新旧会计准则的衔接办法，企业应按规定的衔接办法进行有关的会计处理。

第二，法律、行政法规或国家统一的会计制度要求改变会计政策，但没有同时规定会计政策变更处理方法的，企业应当采用追溯调整法进行会计处理。

（2）会计政策变更能够提供更可靠、更相关的会计信息的，应当采用追溯调整法进行会计处理，但确定该项会计政策变更累积影响数不切实可行的除外。不切实可行，是指企业采取所有合理的方法后，仍然不能获得累积影响数。

（3）确定会计政策变更对列报前期影响数不切实可行的，应当从可追溯调整的最早期间期初开始应用变更后的会计政策。在当期期初确定会计政策变更对以前各期累积影响数不切实可行的，应当采用未来适用法处理。

不切实可行，是指企业在采取所有合理的方法后，仍然不能获得采用某项规定所必需的相关信息，而导致无法采用该项规定，则该项规定在此时是不切实可行的。

对于以下特定前期的某项会计政策变更应用追溯调整法或进行追溯重述以更正一项前期差错是不切实可行的：①应用追溯调整法或追溯重述法的累积影响数不能确定；②应用追溯调整法或追溯重述法要求对管理层在该期当时的意图做出假定；③应用追溯调整法或追溯重述法要求对有关金额进行重大估计，并且不可能将有关交易发生时存在状况的证据（例如，有关金额确认、计量或披露日期存在事实的证据，以及在受变更影响的当期和未来期间确认会计估计变更的影响的证据）和该期间财务报表批准报出时能够取得的信息这两类信息与其他信息客观地加以区分。

在某些情况下，调整一个或多个前期比较信息以获得与当期会计信息的可比性是不切实可行的。例如，企业因账簿、凭证超过法定保存期限而销毁，或因不可抗力而毁坏、遗失，如火灾、水灾等，或因人为因素，如盗窃、故意毁坏等，可能使当期期初确定会计政策变更对以前各期累积影响数无法计算，即不切实可行，此时，会计政策变更应当采用未来适用法进行处理。

5.1.4 会计政策变更的披露

对于会计政策变更，企业除按前文所述进行会计处理，还应当在报表附注中披露以下事项。

1. 会计政策变更的性质、内容和原因

会计政策变更的性质、内容和原因，主要包括对会计政策变更的阐述、会计政策变更的日期、变更前采用的会计政策、变更后采用的新会计政策以及会计政策变更的原因。

2. 当期和各个列报前期财务报表中受影响的项目名称和调整金额

当期和各个列报前期财务报表中受影响的项目名称和调整金额，主要包括采用追溯调整法时会计政策变更的累积影响数、会计政策变更对当期和各个列报前期财务报表中需要调整的净损益及其影响数、其他需要调整的项目名称和调整金额。

3. 累积影响数无法合理确定的理由

无法进行追溯调整的，说明该事实和原因以及开始应用变更后的会计政策的时点、具体应用情况，包括无法进行追溯调整的事实、确定会计政策变更对列报前期影响数不切实可行的原因、在当期期初确定会计政策变更对以前各期累积影响数不切实可行的原因、开始应用新会计政策的时点和具体应用情况。

在以后期间的财务报表中，不需要重复披露在以前期间的附注中已披露的会计政策变更的信息。

会计政策变更的披露举例见【例 5-1】和【例 5-2】。

5.2 会计估计及其变更

5.2.1 会计估计

企业为了定期、及时地提供有用的会计信息，将延续不断的经营活动划分为一定的会计期间，如年度、季度、月度，并在权责发生制的基础上对企业的财务状况和经营成果进行定期确认、计量和报告。为此，企业需要对其结果不确定的交易或事项，以最近可利用的信息为基础作出判断，这种行为称为会计估计，也就是说，会计估计是指企业对结果不确定的交易或事项以最近可利用的信息为基础所作的判断。

【情景示例 8】企业原按年末应收款项余额的 5%提取坏账准备，由于企业今年年末不能收回应收款项的比例已达 10%，则企业改按应收款项的 10%提取坏账准备。

1. 会计估计的特点

（1）会计估计的存在是由于经济活动中内在的不确定性因素的影响。

在会计核算中，企业总是力求保持会计核算的准确性，但有些交易或事项本身具有不确定性，因而需要根据经验进行估计。同时，采用权责发生制原则编制财务报表这一事项本身，也使得有必要充分估计未来交易或事项的影响。例如，坏账准备，固定资产的预计使用年限和预计净残值，无形资产摊销年限等，需要根据经验进行估计。

（2）会计估计应当以最近可利用的信息或资料为基础。

由于经营活动内在的不确定性，企业在会计核算中，不得不经常进行估计。企业在进行会计估计时，通常应根据当时的情况和经验，以最近可利用的信息或资料为基础进行。但是，随着时间的推移、环境的变化，进行会计估计的基础可能会发生变化。因此，进行会计估计所依据的信息或资料不得不经常发生变化。由于最新的信息是最接近目标的信息，以其为基础所做的估计最接近实际，所以，进行会计估计时应以最近可利用的信息或资料为基础。

（3）进行合理的会计估计并不会削弱会计核算的可靠性。

进行合理的会计估计是会计核算中必不可少的部分，它不会削弱会计核算的可靠性。企业为了定期、及时地提供有用的会计信息，将延续不断的经营活动划分为一定的期间，并在权责发生制的基础上对企业的财务状况和经营成果进行定期确认和计量。例如，在会计分期的情况下，许多企业的交易跨越若干会计年度，以至于需要在一定程度上做出决定：哪些费用可以在利润表中作为当期费用处理，哪些费用应当递延至以后各期等。由于存在会计分期和货币计量的前提，因此在确认和计量过程中，不得不对许多尚在延续中、其结果不确定的交易或事项予以估计入账。

2. 应当披露的重要会计估计

企业应当披露重要的会计估计，不具有重要性的会计估计可以不披露。判断会计估计是否重要，应当考虑与会计估计相关项目的性质和金额。企业应当披露的重要会计估计包括以下几种。

（1）存货可变现净值的确定。

（2）采用公允价值模式下的投资性房地产公允价值的确定。

（3）固定资产的预计使用寿命与净残值；固定资产的折旧方法。

（4）生物资产的预计使用寿命与净残值；各类生产性生物资产的折旧方法。

（5）使用寿命有限的无形资产的预计使用寿命与净残值。

（6）可收回金额按照资产组的公允价值减去处置费用后的净额确定的，确定公允价值减去处置费用后的净额的方法；可收回金额按照资产组的预计未来现金流量的现值确定的，预计未来现金流量的确定。

（7）合同履约进度的确定。

（8）权益工具公允价值的确定。

（9）债务人债务重组中转让的非现金资产的公允价值、由债务转成的股份的公允价值和修改其他债务条件后债务的公允价值的确定；债权人债务重组中受让的非现金资产的公允价值、由债权转成的股份的公允价值和修改其他债务条件后债权的公允价值的确定。

（10）预计负债初始计量的最佳估计数的确定。

（11）金融资产公允价值的确定。

（12）承租人对未确认融资费用的分摊；出租人对未实现融资收益的分配。

（13）探明矿区权益、井及相关设施的折耗方法，与油气开采活动相关的辅助设备及设施的折旧方法。

（14）非同一控制下企业合并成本的公允价值的确定。

（15）其他重要会计估计。

5.2.2　会计估计变更

会计估计变更，是指由于资产和负债的当前状况及预期经济利益和义务发生了变化，从而对资产或负债的账面价值或者资产的定期消耗金额进行调整。

会计估计变更是就现有信息或资料对未来所作的判断，随着时间的推移，有可能需要对会计估计进行变更。会计估计变更，并不意味着以前期间的会计估计是错误的，企业赖以进行估计的基础发生了变化，或者由于取得了新信息、积累更多经验以及后来的发展变化，使得变更会计估计能够更好地反映企业的财务状况和经营成果。通常情况下，企业可能由于以下原因而发生会计估计变更。

1. 赖以进行估计的基础发生了变化

企业进行会计估计，总是依赖一定的基础，如果其所依赖的基础发生了变化，则会计估计也应跟着变化。

【情景示例 9】企业某项无形资产的摊销年限原定为 10 年，以后发生的情况表明，该资产的收益年限已不足 10 年，则应相应调减摊销年限。

2. 取得了新的信息、积累了更多的经验

企业进行会计估计是就现有资料对未来所作的判断，随着时间的推移，企业有可能取得新的信息、积累更多的经验，在这种情况下，也需要对会计估计进行修订。

【情景示例 10】企业原来对固定资产采用年限平均法按 15 年计提折旧，2 年后由于技术进步，固定资产预计尚可使用寿命为 8 年，则企业应变更为从现在起按 8 年计提固定资产折旧。

【情景示例 11】企业原来根据当时能够得到的信息，对应收账款每年按其余额的 5%计提坏账准备，现在掌握了新的信息，判定不能收回的应收账款按 15%的比例计提坏账准备。

5.2.3　会计估计变更的会计处理

会计估计变更应采用未来适用法进行会计处理，即在会计估计变更当期及以后期间，采用新的会计估计时，不改变以前期间的会计估计，也不调整以前期间的报告结果。

1. 会计估计的变更仅影响变更当期，有关估计变更的影响应于当期确认

【情景示例 12】企业原按年末应收账款余额的 5%提取坏账准备，现在由于企业不能收回应收账款的比例已达 10%，则企业改按应收账款余额的 10%提取坏账准备。这类会计估计的变更，只影响变更当期，因此，应于变更当期确认。

2. 会计估计变更既影响变更当期又影响未来期间，有关估计变更的影响应在当期及以后各期确认

【情景示例 13】可计提折旧的固定资产，其有效使用年限或预计净残值的估计发生变更，常常影响变更当期及资产以后使用年限内各个期间的折旧费用。因此，这类会计估计的变更，

应于变更当期及以后各期确认。

会计估计变更的影响应计入变更当期与前期相同的项目中。为了保证不同期间的财务方法具有可比性，会计估计变更的影响如果以前包括在企业日常活动的损益中，则以后也应包括在相应的损益类项目中；如果会计估计变更的影响数以前包括在特殊项目中，则以后也应作为特殊项目反映。

3. 企业难以对某项变更区分为会计政策变更或会计估计变更的，应将其作为会计估计变更处理

【情景示例 14】 某公司对无形资产的成本原来采用按其预计使用年限分期摊销，公司近日发现该无形资产已不能带来经济利益，因此决定将未分摊剩余成本全部列为当期费用。对于这一情况，如果从无形资产成本由分期计入改为全部列为当期费用看，则属于会计政策的变更；如果从其成本分摊期限由若干年改为1年看，则属于会计估计的变更。对于这类业务，应将其视为会计估计的变更，按会计估计变更的会计处理方法进行会计处理。

【例5-3】 甲公司于20×3年1月1日起计提折旧的管理用设备，价值84 000元，估计使用年限为8年，净残值为4 000元，按直线法计提折旧。至20×7年年初，由于新技术的发展等原因，甲公司需要对原估计的使用年限和净残值做出修正，修改后该设备的使用年限为6年，净残值为2 000元。假定税法允许按变更后的折旧额在税前扣除。

甲公司对上述估计变更的处理方式如下。

（1）不调整以前各期折旧，也不计算累积影响数。

（2）变更日以后发生的经济业务改按新估计使用年限提取折旧。

按原估计，每年折旧额为10 000元，已提折旧4年，共计40 000元，固定资产净值为44 000元，则第5年相关科目的期初余额如下。

固定资产	84 000
减：累计折旧	40 000
固定资产净值	44 000

改变估计使用年限后，自20×7年起每年计提的折旧费用为21 000[（44 000-2 000）÷（6-4）]元。20×7年不必对以前年度已提折旧进行调整，只需按重新预计的使用年限和净残值计算确定的年折旧费用，编制会计分录如下。

借：管理费用	21 000	
贷：累计折旧		21 000

（3）附注说明。

本公司一台原始价值84 000元的管理用设备按直线法计提折旧，原估计使用年限为8年，预计净残值4 000元。由于新技术的发展，该设备已不能按原估计使用年限计提折旧，本公司于20×7年年初变更该设备的使用年限为6年，预计净残值为2 000元，以反映该设备的真实使用年限和净残值。此估计变更影响本年度净利润减少数为8 250[（21 000-10 000）×（1-25%）]元。

5.2.4 会计估计变更的披露

对于会计估计变更，企业除按前文所述进行会计处理，还应当在报表附注中披露以下事项。

（1）会计估计变更的内容和原因

会计估计变更的内容和原因，主要包括会计估计变更的内容、会计估计变更的日期以及为什么要进行会计估计变更。

（2）会计估计变更对当期和未来期间的影响数

会计估计变更对当期和未来期间的影响数，主要包括会计估计变更对当期和未来期间损益的影响金额，会计估计变更对其他项目的影响金额。

（3）会计估计变更的影响数不能确定的事实和原因

会计估计变更的披露举例见【例 5-3】。

5.3 前期差错及其更正

5.3.1 前期差错的概念

前期差错是指由于没有运用或错误运用下列两种信息，而对前期财务报表造成省略或错报：①编报前期财务报表时预期能够取得并加以考虑的可靠信息；②前期财务报告批准报出时能够取得的可靠信息。前期差错通常包括计算错误、应用会计政策错误、疏忽或曲解事实以及舞弊产生的影响及固定资产盘盈等。企业发现前期差错时，应及时查明原因，并根据差错的性质予以纠正。一般情况下，企业发生前期差错的可能原因有以下几种。

1. 采用了法律或会计准则等行政法规、规章所不允许的会计政策

【情景示例 15】按照国家统一的会计制度的规定，为购建固定资产在固定资产达到预定可使用或者可销售状态以前发生的借款费用，计入所购建固定资产的成本；之后发生的借款费用，计入当期损益。企业如果将为购建固定资产在固定资产达到预定可使用或者可销售状态以后发生的借款费用，也计入该项固定资产的成本，则属于采用了法律或会计准则等行政法规、规章所不允许的会计政策。

2. 账户分类以及计算错误

【情景示例 16】企业购入的 5 年期国债，按照该金融资产的合同现金流特征和企业管理该金融资产的业务模式应分类为债权投资，但是，会计人员在记账时却计入了交易性金融资产，导致账户分类上的错误，并导致在资产负债表上流动资产和非流动资产的分类也发生错误。

3. 对事实的疏忽或曲解以及舞弊

【情景示例 17】企业销售一批商品，商品的控制权已经发生转移，商品销售收入确认条件均已满足，但该企业在期末未确认收入。

就会计估计的性质来说，它是个近似值，随着更多信息的获得，估计可能需要进行修正，但是会计估计变更不属于前期差错更正。

5.3.2 前期差错更正的会计处理

前期差错根据其性质和影响程度，可分为重要的前期差错与非重要的前期差错。其中，重要的前期差错，是指足以影响财务报表使用者对企业财务状况、经营成果和现金流量作出正确判断的前期差错。不重要的前期差错，是指不足以影响财务报表使用者对企业财务状况、经营成果和现金流量作出正确判断的会计差错。

前期差错的重要性取决于在相关环境下对遗漏或错误表述的规模和性质的判断。前期差错所影响的财务报表项目的金额或性质是判断该前期差错是否具有重要性的决定性因素。一般来说，前期差错所影响的财务报表项目的金额越大、性质越严重，其重要性水平越高。

企业发现前期差错时，应先判断差错是重要的前期差错还是非重要的前期差错，然后再选择不同的会计处理方法对差错予以纠正。

1. 不重要的前期差错的会计处理

对于不重要的前期差错，企业不需调整财务报表相关项目的期初数，但应调整发现当期与前期相同的相关项目。属于影响损益的，应直接计入本期与上期相同的净损益项目；属于不影响损益的，应调整本期与前期相同的相关项目。

2. 重要的前期差错的会计处理

企业应当采用追溯重述法更正重要的前期差错，即视同该项前期差错从没发生过，从而对财务报表相关事项进行更正，但确定前期差错累积影响数不切实可行的除外。

追溯重述法，是指在发现前期差错时，视同该项前期差错从未发生过，从而对财务报表相关项目进行更正的方法。追溯重述法的处理思路、方法与追溯调整法基本相同。

确定前期差错影响数不切实可行的，可以从可追溯重述的最早期间开始调整留存收益的期初余额，财务报表其他相关项目的期初余额也应当一并调整，也可以采用未来适用法。

对于重要的前期差错，企业应当在其发现当期的财务报表中，调整前期比较数据。也就是说，企业应当在重要的前期差错发现当期的财务报表中，通过下述处理对其进行追溯更正。

① 追溯重述差错发生期间列报的前期比较金额；

② 如果前期差错发生在列报的最早前期之前，则追溯重述列报的最早前期的资产、负债和所有者权益相关项目的期初余额。

对于发生的重要的前期差错，如影响损益，应按其对损益的影响数调整发现当期的期初留存收益，财务报表其他相关项目的期初数也应一并调整；如不影响损益，应调整财务报表相关项目的期初数。

在编制比较财务报表时，对于比较财务报表期间的重要的前期差错，应调整该期间的净损益和其他相关项目，视同该差错在产生的当期已经更正；对于比较财务报表期间以前的重要的前期差错，应调整比较财务报表最早期间的期初留存收益，财务报表其他相关项目的数字也应一并调整。

微视频

前期差错更正案例

确定前期差错影响数不切实可行的，可以从可追溯重述的最早期间开始调整留存收益的期初余额，财务报表其他相关项目的期初余额也应当一并调整，也可以采用未来适用法。当企业确定前期差错对列报的一个或者多个前期比较信息的特定期间的累积影响数不切实可行时，应当追溯重述切实可行的最早期间的资产、负债和所有者权益相关项目的期初余额（可能是当期）；当企业在当期期初确定前期差错对所有前期的累积影响数不切实可行时，应当从确定前期差错影响数切实可行的最早日期开始采用未来适用法追溯重述比较信息。

 注意 为了保证经营活动的正常进行，企业应当建立健全内部稽核制度，保证会计资料的真实、完整。对于年度资产负债表日至财务报告批准报出日之间发现的报告年度的会计差错及报告年度前不重要的前期差错，应按照《企业会计准则第29号——资产负债表日后事项》的规定进行处理。

【例 5-4】 B 公司在 20×7 年发现，20×6 年公司漏记一项管理用固定资产的折旧费用 150 000 元，所得税申报表中未扣除该项费用。假设 20×7 年适用所得税税率为 25%，无其他纳税调整事项。该公司按净利润的 10%、5% 提取法定盈余公积和任意盈余公积。公司发行股票份额为 1 800 000 股，假定税法允许调整 20×6 年应交所得税。

（1）分析前期差错的影响数。

20×6 年少计折旧费用 150 000 元；多计所得税费用 37 500（150 000×25%）元；多计净利润 112 500 元；多计应交税费 37 500（150 000×25%）元；多提法定盈余公积和任意盈余公积 11 250（112 500×10%）元和 5 625（112 500×5%）元。

（2）编制有关项目的调整分录。

① 补提折旧。

借：以前年度损益调整　　　　　　　　　　　　150 000

　　贷：累计折旧　　　　　　　　　　　　　　　　150 000

② 调整应交所得税。

借：应交税费——应交所得税　　　　　　　　　　37 500

　　贷：以前年度损益调整　　　　　　　　　　　　37 500

③ 将"以前年度损益调整"科目余额转入利润分配。

借：利润分配——未分配利润　　　　　　　　　　112 500

　　贷：以前年度损益调整　　　　　　　　　　　　112 500

④ 调整利润分配有关数字。

借：盈余公积　　　　　　　　　　　　　　　　　16 875

　　贷：利润分配——未分配利润　　　　　　　　　　16 875

（3）财务报表调整和重述（财务报表略）。

B 公司在列报 20×7 年财务报表时，应调整 20×7 年资产负债表有关项目的年初余额、利润表有关项目及所有者权益变动表的本年金额中的上年年末余额的相应项目。

① 资产负债表项目的调整。

调减固定资产（调增累计折旧）150 000 元；调减应交税费 37 500 元；调减盈余公积 16 875 元；调减未分配利润 95 625 元。

② 利润表项目的调整。

调增管理费用上年金额 150 000 元；调减所得税费用上年金额 37 500 元；调减净利润上年金额 112 500 元；调减基本每股收益上年金额 0.062 5 元/股。

③ 所有者权益变动表项目的调整。

调减前期差错更正一行的项目，盈余公积上年金额调减 16 875 元，未分配利润上年金额调减 95 625 元，所有者权益合计上年金额调减 112 500 元。

（4）附注。

① 重要会计差错更正的内容及原因。

20×6 年公司漏记一项固定资产的折旧费用，所得税申报表中未扣除该项费用，导致会计信息披露不准确，不符合企业会计准则相关要求。

② 前期会计差错更正对财务状况和经营成果的影响金额。

公司对上述前期会计差错采用追溯重述法进行更正，对公司财务状况和经营成果的影响如下：资产减少 150 000 元；盈余公积和未分配利润分别调减 16 875 元和 95 625 元。管理费用增加 150 000 元；所得税费用调减 37 500 元；净利润调减 112 500 元；调减基本每股收益上年金额 0.062 5 元。

5.3.3　前期差错更正的披露

对于前期差错更正，企业除按前文所述进行会计处理，还应当在报表附注中披露以下信息。

1. 前期差错的性质

前期差错的性质，主要包括重大会计差错的事项、原因和更正方法。

2. 各个列报前期财务报表中受影响的项目名称和更正金额

各个列报前期财务报表中受影响的项目名称和更正金额，主要包括前期差错影响项目的名称、对净损益的影响金额以及对其他项目的影响金额。

3. 无法进行追溯重述的披露

无法进行追溯重述的披露的，应说明该事实和原因、对前期差错开始进行更正的时点，以及具体更正情况。

在以后期间的财务报表中，不需要重复披露在以前期间的附注中已披露的前期差错更正的信息。前期差错更正的披露举例见【例 5-4】。

思考题

1. 什么是会计政策变更？
2. 什么是会计估计变更？
3. 会计估计变更和会计政策变更的会计处理原则有何不同？
4. 什么是前期会计差错？应如何更正前期会计差错？

练习题

【学习目标】

- 掌握资产负债表日后事项的概念；
- 了解资产负债表日后事项的类型；
- 理解调整事项与非调整事项的区别；
- 掌握资产负债表日后事项中调整事项的具体会计处理。

【思维导图】

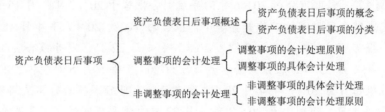

资产负债表日后事项是企业常见的业务之一，它的内容综合性非常强，与其他会计业务联系紧密。因此，正确处理资产负债表日后事项并以此提高会计信息的质量，对于会计人员而言至关重要。

6.1 资产负债表日后事项概述

6.1.1 资产负债表日后事项的定义

微视频

资产负债表日后事项，是指资产负债表日至财务报告批准报出日之间发生的有利或不利事项。这里的财务报告不仅仅指上市公司对外公布的财务报表，还包含包括财务报表在内的一整套系统、完整的财务报告。在理解资产负债表日后事项的定义时，应注意以下几点。

资产负债表日后事项的定义

1. 资产负债表日

资产负债表日是指会计年度末和会计中期期末。按照《中华人民共和国会计法》的规定，我国的会计年度采用公历年度，即 1 月 1 日至 12 月 31 日。因此，年度资产负债表日是指每年的 12 月 31 日，但资产负债表日后事项不含 12 月 31 日发生的事项；中期资产负债表日是指各会计中期期末，包括月末、季末和半年末。

需要说明的是，如果母公司在国外或者子公司在国外，无论国外母公司或者子公司是如何确定会计年度的，其向国内提供的财务报表均应按照我国对会计年度的规定，提供相应期间的财务报表，而不能以国外母公司或子公司确定的会计年度作为依据。

2. 财务报告批准报出日

财务报告批准报出日，通常是指对财务报告的内容负有法律责任的单位或个人批准财务报告对外公布的日期。这里的"对财务报告的内容负有法律责任的单位或个人"一般是指所有者、所有者中的多数、董事会或类似的管理机构。对于上市公司，财务报告批准报出日是指董事会批准财务报告报出的日期；对于其他企业，财务报告批准报出日是指经理（厂长）会议或类似机构批准财务报告报出的日期。

对于上市公司来说，根据《中华人民共和国公司法》的规定，董事会有权制订公司的年度财务预算方案、决算方案、利润分配方案和弥补亏损方案；股东大会有权审议批准公司的年度财务预算方案、决算方案、利润分配方案和弥补亏损方案。上市公司的财务报告是报送给股东大会审议批准的，在股东大会召开之前，财务报告已经报出，因而财务报告批准报出日不是股东大会审议批准的日期，更不是注册会计师出具审计报告的日期。对于其他企业，财务报告批准报出日是指经理（厂长）会议或类似机构批准财务报告报出的日期。

【情景示例1】一家上市公司20×6年的年度财务报告于20×7年2月15日编制完成。注册会计师完成整个年度审计工作并签署审计报告的日期为20×7年4月18日。经董事会批准，财务报告可以对外公布的日期为20×7年4月22日，财务报告实际对外公布的日期为20×7年4月25日，股东大会召开日期为20×7年5月6日。根据准则的规定，财务报告批准报出日为20×7年4月22日，资产负债表日后事项的时间区间为20×7年1月1日（含1月1日，下同）至20×7年4月22日。需要说明的是，董事会批准财务报告可以对外公布的日期至公司实际对外公布的日期之间发生的事项，也属于资产负债表日后事项，按照准则规定的原则进行处理，由此影响财务报告对外公布日期的，以董事会再次批准对外公布的日期为准。在本情景示例中，经董事会批准，财务报告可以对外公布的日期为20×7年4月22日，实际对外公布的日期为20×7年4月25日。如果4月22日至25日之间发生了重大事项，按照本准则规定需要调整财务报表相关项目的数字或需要在财务报表附注中披露的，经调整或说明后的财务报告再经董事会批准的报出日期为20×7年4月28日，实际对外公布的日期为20×7年4月30日，则资产负债表日后事项涵盖的期间为20×7年1月1日至20×7年4月28日。

3. 资产负债表日后事项

资产负债表日后事项包括有利事项和不利事项。有利或不利事项，是指资产负债表日后对企业财务状况、经营成果等具有一定影响（既包括有利影响也包括不利影响）的事项。资产负债表日后事项不是资产负债表日至财务报告批准报出日之间所发生的全部事项，只包括与资产负债表日存在状况有关，或者虽然与资产负债表日存在状况无关，但对企业财务状况具有重大影响的事项。

【情景示例2】资产负债表日正在进行的诉讼案件在资产负债表日后事项期间结案，这一事项是与资产负债表日存在状况有关的事项，属于资产负债表日后事项。

【情景示例3】某公司董事会在资产负债表日后事项期间内通过以发行可转换债券方式筹集资金的决议，此事项与资产负债表日存在状况不存在关系，但如果发行了可转换公司债券，则将对公司的财务状况产生重大影响，属于资产负债表日后事项。

如果某些事项的发生对企业并无任何影响，那么，这些事项既不是有利事项，也不是不利事项，也就不属于这里所说的资产负债表日后事项。

4. 资产负债表日后期间

资产负债表日后期间即资产负债表日后事项涵盖的期间，是自资产负债表日次日起至财务报告批准报出日止的一段时间。对上市公司而言，这一期间内涉及几个日期，包括完成财务报告编制日、注册会计师出具审计报告日、董事会批准财务报告可以对外公布日、实际对外公布日等。

具体而言，资产负债表日后事项涵盖的期间应当包括以下几个。

（1）报告期间下一期间的第一天至董事会或类似机构批准财务报告对外公布的日期；

（2）财务报告批准报出以后、实际报出之前又发生与资产负债表日或其后事项有关的事项，并由此影响财务报告对外公布日期的，应以董事会或类似机构再次批准财务报告对外公布的日期为截止日期。

【情景示例4】某上市公司 20×7 年的年度财务报告于 20×8 年 2 月 28 日编制完成，注册会计师完成年度财务报表审计工作并签署审计报告的日期为 20×8 年 4 月 17 日，董事会批准财务报告对外公布的日期为 20×8 年 4 月 17 日，财务报告实际对外公布的日期为 20×8 年 4 月 23 日，股东大会召开日期为 20×8 年 5 月 10 日。则该公司 20×7 年年报资产负债表日后事项涵盖的期间为 20×8 年 1 月 1 日至 20×8 年 4 月 17 日。

如果在 4 月 17 日至 23 日之间发生了重大事项，需要调整财务报表相关项目的数字或需要在财务报表附注中披露，经调整或说明后的财务报告再经董事会批准报出的日期为 20×8 年 4 月 25 日，实际报出的日期为 20×8 年 4 月 30 日，则资产负债表日后事项涵盖的期间为 20×8 年 1 月 1 日至 20×8 年 4 月 25 日。

6.1.2 资产负债表日后事项的内容

资产负债表日后事项包括两类：一类是调整事项，另一类是非调整事项。

1. 调整事项

资产负债表日后调整事项是指针对资产负债表日已经存在的情况提供了新的或进一步证据的事项。这类事项在资产负债表日已经存在，并进行了相应的会计处理，但是，由于在资产负债表日后提供的新的证据表明需要对前期会计处理进行调整。

【情景示例5】甲公司因专利侵权被起诉。20×8 年 12 月 31 日法院尚未判决，参考公司律师对此案件诉讼结果可能性的评估和判断，甲公司确认了 500 万元的预计负债。20×9 年 2 月 20 日，在甲公司 20×8 年度财务报告批准报出之前，法院作出判决，要求甲公司支付赔偿款 700 万元。在本情景示例中，甲公司在 20×8 年 12 月 31 日结账时已经知道对方胜诉的可能性较大，但不能知道法院判决的确切结果，因此，确认了 500 万元的预计负债。20×9 年 2 月 20 日法院判决结果为甲公司预计负债的存在提供了进一步的证据。此时，按照 20×8 年 12 月 31 日存在状况编制的财务报表所提供的信息已不能真实反映企业的实际情况，应据此对财务报表相关项目的数字进行调整。

2. 非调整事项

资产负债表日后非调整事项，是指资产负债表日以后才发生或存在的事项。非调整事项的发生不影响资产负债表日企业的财务报表数字，只说明资产负债表日后发生了某些情况。对于财务报告使用者而言，非调整事项说明的情况有的重要，有的不重要。其中重要的非调整事项虽然不影响资产负债表日的财务报表数字，但可能影响资产负债表日以后的财务状况和经营成果，不加以说明将会影响财务报告使用者作出正确估计和决策。因此，需要适当披露。企业发生的非调整事项，通常包括资产负债表日后发生重大诉讼、仲裁、承诺，资产负债表日后资产价格、税收政策、外汇汇率发生重大变化等。

3. 企业常见的资产负债表日后调整事项

通常情况下，企业发生的资产负债表日后调整事项有以下几种。

（1）未决诉讼在资产负债表日后期间诉讼案件结案，法院判决证实了企业在资产负债表日已经存在现实义务，需要调整原先确认的与该诉讼案件相关的预计负债，或确认一项新负债。

（2）资产负债表日后期间取得确凿证据表明某项资产在资产负债表日发生了减值或者需要调整该项资产原先确认的减值金额。

（3）资产负债表日后期间进一步确定了资产负债表日前购入资产的成本或售出资产的收入。

（4）资产负债表日后期间发现的财务报表舞弊或差错。

【情景示例6】在20×6年，建筑承包商丙企业与丁企业签订一项长期建造合同，要求在4年内完成长度为30公里的高速公路。丙企业用履约进度计量长期合同的收入和成本。所以，在每一报告日，丙企业都要估计其履约进度，并估计每一在建合同期内所创造的毛利总额。在编制20×6年12月31日的资产负债表时，丙企业估计已完成工程的25%，并按此估计计算收益。在20×7年2月，丙企业收到修订后的关于工程进度的报告书，指出其在20×6年12月31日已完成合同的35%。对此，丙企业应对20×6年12月31日所作估计进行调整，调整财务报表相关项目的数字。

6.2 资产负债表日后调整事项的会计处理

6.2.1 资产负债表日后调整事项会计处理原则

企业发生的资产负债表日后调整事项，应当调整资产负债表日已编制的财务报表。由于资产负债表日后事项发生在次年，上年度的有关账目已经结转，特别是损益类科目在结账后已无余额。因此，资产负债表日后发生的调整事项，应具体分以下情况进行处理。

（1）涉及损益的事项，通过"以前年度损益调整"科目核算。

调整增加以前年度利润或调整减少以前年度亏损的事项，计入"以前年度损益调整"科目的贷方；调整减少以前年度利润或调整增加以前年度亏损的事项，计入"以前年度损益调整"科目的借方。

由于以前年度损益调整增加的所得税费用，计入"以前年度损益调整"科目的借方，同时贷记"应交税费——应交所得税"等科目；由于以前年度损益调整减少的所得税费用，计入"以前年度损益调整"科目的贷方，同时借记"应交税费——应交所得税"等科目。调整完成后，应将"以前年度损益调整"科目的贷方或借方余额，转入"利润分配——未分配利润"科目。

（2）涉及利润分配调整的事项，直接在"利润分配——未分配利润"科目核算。

（3）不涉及损益以及利润分配的事项，调整相关科目。

进行上述账务处理的同时，还应调整财务报表相关项目的数字，包括：①资产负债表日编制的财务报表相关项目的期末数或本年发生数；②当期编制的财务报表相关项目的期初数或上年数；③上述调整如果涉及附注内容的，还应当调整附注相关项目的数字。

6.2.2　资产负债表日后调整事项会计处理举例

1.　未决诉讼在资产负债表日后期间诉讼案件结案

法院判决证实了企业在资产负债表日已经存在现时义务，需要调整原先确认的与该诉讼案件相关的预计负债，或确认一项新负债。这一事项是指导致诉讼的事项在资产负债表日已经发生，但尚不具备确认负债的条件而未确认，资产负债表日后至财务报告批准报出日之间获得了新的或进一步的证据（法院判决结果），表明符合负债的确认条件，因此应在财务报告中确认为一项新负债；或者在资产负债表日虽已确认，但需要根据判决结果调整已确认负债的金额。

微视频

日后事项对所得税的影响分析

【例6-1】甲公司与乙公司签订一项供销合同，合同中订明甲公司在20×6年11月供应给乙公司一批物资。由于甲公司未能按照合同发货，致使乙公司发生重大经济损失。乙公司通过法律程序要求甲公司赔偿经济损失55 000元。该诉讼案件在12月31日尚未判决，甲公司根据或有事项准则对该诉讼事项确认了预计负债40 000元，并将该项目反映在20×6年12月31日的财务报表上，乙公司未记录应收赔偿款。20×7年2月7日，经法院一审判决，甲公司需要偿付乙公司经济损失50 000元，甲、乙公司均服从判决不再上诉。判决当日，甲公司向乙公司支付赔偿款50 000元；假定财务报告批准报出日均为次年4月30日，甲、乙两公司20×6年所得税汇算清缴均在20×7年3月20日完成（假定该项预计负债产生的损失不允许在预计时税前抵扣，只有在损失实际发生时，才允许税前抵扣）；所得税税率为25%；公司按净利润的10%提取法定盈余公积，按净利润的5%提取任意盈余公积，提取法定盈余公积和任意盈余公积之后，不再作其他分配。

本例中，20×7年2月7日的判决证实了甲、乙两公司在资产负债表日（即20×6年12月31日）分别存在现时赔偿义务和获赔权利，因此两公司都应将"法院判决"这一事项作为调整事项进行处理。甲公司和乙公司20×6年所得税汇算清缴均在20×7年3月20日完成，因此，应根据法院判决结果调整报告年度应纳税所得额和应纳所得税税额。甲公司和乙公司分别按调整事项的相应规定进行会计处理，具体如下。

甲公司的会计处理如下。

（1）20×7年2月7日，记录支付的赔款，并调整递延所得税资产、所得税费用，会计分录如下。

① 确认应增加的10 000元赔款

借：以前年度损益调整　　　　　　　　　　　　10 000
　　贷：其他应付款　　　　　　　　　　　　　　　　10 000

② 调减因赔偿金额变动导致的所得税费用变动

借：应交税费——应交所得税　　　　　　　　　2 500
　　贷：以前年度损益调整　　　　　　　　　　　　　2 500（10 000×25%）

③ 将原确认的预计负债重新确认为其他应付款

借：预计负债   40 000

    贷：其他应付款   40 000

④ 将原确认的递延所得税资产项目调整为应交税费

借：应交税费——应交所得税   10 000

    贷：以前年度损益调整   10 000（40 000×25%）

借：以前年度损益调整   10 000

    贷：递延所得税资产   10 000

⑤ 支付赔偿款

借：其他应付款   50 000

    贷：银行存款   50 000

第一，资产负债表日后事项如涉及现金收支项目的，均不调整报告年度资产负债表的货币资金项目和现金流量表正表各项目数字。本例中，虽然已支付了赔偿款，但在调整财务报表相关项目数字时，不需要调整上述支付赔偿款的分录。上述支付赔偿款的分录作为 20×7 年的会计事项。第二，20×6 年年末因确认预计负债 40 000 元时已确认相应的递延所得税资产，资产负债表日后事项发生后递延所得税资产不复存在，故应冲销相应记录。

（2）调整报告年度的未分配利润，会计分录如下。

借：利润分配——未分配利润   7 500

    贷：以前年度损益调整   7 500（10 000-2 500）

（3）调整报告年度的盈余公积，会计分录如下。

借：盈余公积   1 125

    贷：利润分配——未分配利润   1 125（7 500×15%）

（4）调整报告年度财务报表相关项目的数字（见表 6-1、表 6-2 和表 6-3）。

资产负债表项目的年末数调整：调减递延所得税资产 10 000 元；调增其他应付款 50 000 元，调减应交税费 12 500 元，调减预计负债 40 000 元；调减盈余公积 1 125 元，调减未分配利润 6 375 元，如表 6-1 所示。

利润表项目的调整：调增营业外支出 10 000 元，调减所得税费用 2 500 元，调减净利润 7 500 元。

所有者权益变动表项目的调整："综合收益总额"一行中未分配利润项目调减 7 500 元，所有者权益合计调减 7 500 元；"提取盈余公积"一行中盈余公积项目调减 1 125 元，未分配利润项目调增 1 125 元，此行中所有者权益合计调整数为 0，如表 6-3 所示。

乙公司的会计处理如下。

（1）记录已收到的赔偿款，会计分录如下。

借：其他应收款   50 000

    贷：以前年度损益调整   50 000

借：银行存款   50 000

    贷：其他应收款   50 000

说明 资产负债表日后发生的调整事项如涉及现金收支项目的，均不调整报告年度资产负债表的货币资金项目和现金流量表正表各项目数字。本例中，虽然收到了赔偿款并存入银行，但在调整财务报表相关项目数字时，只需调整上述第一笔分录，不需要调整上述第二笔分录。上述第二笔分录作为 20×7 年的会计事项处理。

（2）调整报告年度的所得税费用，会计分录如下。

借：以前年度损益调整　　　　　　　　　12 500

　　贷：应交税费——应交所得税　　　　　　　　　12 500（50 000×25%）

（3）调整报告年度的未分配利润，会计分录如下。

借：以前年度损益调整　　　　　　　　　37 500

　　贷：利润分配——未分配利润　　　　　　　　　37 500（50 000−12 500）

（4）调整报告年度的盈余公积，会计分录如下。

借：利润分配——未分配利润　　　　　　　5 625

　　贷：盈余公积　　　　　　　　　　　　　　　　5 625（37 500×15%）

（5）调整报告年度财务报表相关项目（见表 6-4、表 6-5 和表 6-6）。

表 6-1　　　　　　　　　　　资产负债表（简表）

编制单位：甲公司　　　　　　　　　20×6 年 12 月 31 日　　　　　　　　　　单位：元

资产	调整前	调整后	负债和股东权益	调整前	调整后
流动资产：			流动负债：		
货币资金	60 000	60 000	短期借款	5 000	5 000
交易性金融资产	10 000	10 000	交易性金融负债	0	0
应收账款	81 000	81 000	应付账款	10 000	10 000
其他应收款	0	0	预收账款	0	0
存货	19 000	19 000	应交税费	30 000	17 500
流动资产合计	170 000	170 000	其他应付款	0	50 000
			流动负债合计	45 000	82 500
非流动资产：			非流动负债：		
长期股权投资	55 000	55 000	长期借款	25 000	25 000
固定资产	40 000	40 000	预计负债	40 000	0
无形资产	5 000	5 000	非流动负债合计	65 000	25 000
递延所得税资产	20 000	10 000	负债合计	110 000	107 500
			股东权益：		
非流动资产合计	120 000	110 000	实收资本（或股本）	100 000	100 000
			资本公积	0	0
			其他综合收益	0	0
			盈余公积	12 000	10 875
			未分配利润	68 000	61 625
			股东权益合计	180 000	172 500
资产总计	290 000	280 000	负债和股东权益总计	290 000	280 000

表 6-2   利润表（简表）

编制单位：甲公司   20×6 年度   单位：元

项目	上年数	
	调整前	调整后
一、营业收入	171 000	171 000
减：营业成本	50 900	50 900
税金及附加	5 000	5 000
销售费用	1 200	1 200
管理费用	900	900
研发费用	0	0
财务费用	600	600
加：其他收益	0	0
投资收益	0	0
二、营业利润	112 400	112 400
加：营业外收入	100	100
减：营业外支出	40 000	50 000
三、利润总额	72 500	62 500
减：所得税费用	18 125	15 625
四、净利润	54 375	46 875
五、其他综合收益的税后净额	0	0
六、综合收益总额	54 375	46 875
七、每股收益		
（一）基本每股收益		
（二）稀释每股收益		

表 6-3   所有者权益变动表（简表）

编制单位：甲公司   20×6 年度   单位：元

项目	本年金额						
	实收资本（或股本）	资本公积	减：库存股	其他综合收益	盈余公积	未分配利润	所有者权益合计
一、上年年末余额	100 000	0			12 000	68 000	180 000
加：会计政策变更							
前期差错更正							
二、本年年初余额	100 000	0			12 000	68 000	180 000
三、本年增减变动金额							
（一）综合收益总额						-7 500	-7 500
（二）所有者投入和减少资本							
（三）利润分配							
1. 提取盈余公积					1 125	-1 125	0
2. 对所有者（股东）的分配							
（四）所有者权益内部转账							
四、本年年末余额	100 000				10 875	61 625	172 500

（6）调整报告年度财务报表相关项目的数字（见表6-4、表6-5和表6-6）。

表 6-4   资产负债表（简表）

编制单位：乙公司   20×6 年 12 月 31 日   单位：元

资产	调整前	调整后	负债和股东权益	调整前	调整后
流动资产：			流动负债：		
货币资金	40 000	40 000	短期借款	8 000	8 000
交易性金融资产	18 000	18 000	交易性金融负债	0	0
应收账款	14 000	14 000	应付账款	20 000	20 000
预付账款	51 740	51 740	预收账款	12 000	12 000
其他应收款	0	50 000	应交税费	24 000	36 500
存货	67 260	67 260	其他应付款	0	0
流动资产合计	191 000	241 000	流动负债合计	64 000	76 500
非流动资产：			非流动负债：		
长期股权投资	44 000	44 000	长期借款	8 000	8 000
固定资产	32 000	32 000	非流动负债合计	8 000	8 000
无形资产	4 000	4 000	负债合计	72 000	84 500
非流动资产合计	80 000	80 000	股东权益：		
			实收资本（或股本）	100 000	100 000
			资本公积	35 000	35 000
			其他综合收益	0	0
			盈余公积	9 600	15 225
			未分配利润	54 400	86 275
			股东权益合计	199 000	236 500
资产总计	271 000	321 000	负债和股东权益总计	271 000	321 000

表 6-5   利润表（简表）

编制单位：乙公司   20×6 年度   单位：元

项目	本年数	
	调整前	调整后
一、营业收入	79 000	79 000
减：营业成本	50 900	50 900
税金及附加	5 000	5 000
销售费用	1 200	1 200
管理费用	900	900
研发费用	0	0
财务费用	600	600
加：其他收益	0	0
投资收益	0	0
二、营业利润	20 400	20 400
加：营业外收入	45 000	95 000
减：营业外支出	0	0
三、利润总额	65 400	115 400
减：所得税费用	16 350	28 850
四、净利润	49 050	86 550
五、其他综合收益的税后净额		
六、综合收益总额	49 050	86 550
七、每股收益		

续表

项目	本年数	
	调整前	调整后
（一）基本每股收益		
（二）稀释每股收益		

表 6-6   所有者权益变动表（简表）

编制单位：乙公司   20×6 年度   单位：元

项目	本年金额					
	实收资本（或股本）	资本公积	其他综合收益	盈余公积	未分配利润	所有者权益合计
一、上年年末余额	100 000	35 000		9 600	54 400	199 000
加：会计政策变更						
前期差错更正						
二、本年年初余额	100 000	35 000		9 600	54 400	199 000
三、本年增减变动金额						
（一）综合收益总额					37 500	37 500
（二）所有者投入和减少资本						
（三）利润分配						
1. 提取盈余公积				5 625	−5 625	0
2. 对所有者（股东）的分配						
（四）所有者权益内部转账						
四、本年年末余额	100 000	35 000		15 225	86 275	236 500

2. 资产负债表日后取得确凿证据，表明某项资产在资产负债表日发生了减值或者需要调整该项资产原先确认的减值金额

这一事项是指在资产负债表日，根据当时的资料判断某项资产可能发生了损失或减值，但没有最后确定是否会发生，因而按照当时的最佳估计金额反映在财务报表中；但在资产负债表日至财务报告批准报出日之间，所取得的确凿证据能证明该事实成立，即某项资产已经发生了损失或减值，则应对资产负债表日所作的估计予以修正。

【例 6-2】20×6 年 4 月甲公司销售给乙公司一批产品，货款为 58 000 元（含增值税），乙公司于 5 月收到所购物资并验收入库。按合同规定，乙公司应于收到所购物资后 1 个月内付款。乙公司由于财务状况不佳，到 20×6 年 12 月 31 日仍未付款。甲公司于 12 月 31 日编制 20×6 年度财务报表时，获知乙公司有可能破产清单，故而该项应收账款提取坏账准备 2 900 元；12 月 31 日资产负债表上"应收账款"项目的金额为 76 000 元，其中 55 100 元为该项应收账款。甲公司于 20×7 年 2 月 2 日（所得税汇算清缴前）收到法院通知，乙公司已宣告破产清算，无力偿还所欠部分货款。甲公司预计可收回应收账款的 40%，适用的所得税税率为 25%，甲公司按 10% 计提盈余公积，财务报表批准报出日为 20×7 年 4 月 1 日，所得税记算清缴日为 5 月 31 日。

本例中，甲公司在收到法院通知后，首先可判断该事项属于资产负债表日后调整事项；然后应根据调整事项的处理原则进行处理，具体过程如下。

（1）补提坏账准备，会计分录如下。

应补提的坏账准备=58 000×60%-2 900=31 900（元）

借：以前年度损益调整   31 900

  贷：坏账准备   31 900

（2）调整递延所得税资产，会计分录如下。

借：递延所得税资产   7 975

  贷：以前年度损益调整   7 975（31 900×25%）

（3）将"以前年度损益调整"科目的余额转入利润分配，会计分录如下。

借：利润分配——未分配利润   23 925

  贷：以前年度损益调整   23 925（31 900-7 975）

（4）调整利润分配有关数字，会计分录如下。

借：盈余公积   2 392.50

  贷：利润分配——未分配利润   2 392.50（23 925×10%）

（5）调整报告年度财务报表。（财务报表略）

① 资产负债表项目的调整。

调减应收账款年末数31 900元，调增递延所得税资产7 975元；调减盈余公积2 392.50元；调减未分配利润21 532.50元。

② 利润表项目的调整。

调增资产减值损失31 900元；调减所得税费用7 975元，调减净利润23 925元。

③ 所有者权益变动表项目的调整。

"综合收益总额"一行中，未分配利润项目调减23 925元，所有者权益合计调减23 925元；"提取盈余公积"一行中盈余公积项目调减2 392.50元，未分配利润项目调增2 392.50元，此行中所有者权益合计调整数为0。

3. 资产负债表日后期间进一步确定了资产负债表日前购入资产的成本或售出资产的收入

这类调整事项包括两方面的内容：若资产负债表日前购入的资产已经按暂估金额等入账，资产负债表日后获得证据，可以进一步确定该资产的成本，则应对已入账的资产成本进行调整；企业在资产负债表日已根据收入确认条件确认资产销售收入，但资产负债表日后获得关于资产收入的进一步证据，如发生销售退回等，此时也应调整财务报表相关项目的金额。需要说明的是，资产负债表日后发生的销售退回，既包括报告年度或报告中期销售的商品在资产负债表日后发生的销售退回，也包括以前期间销售的商品在资产负债表日后发生的销售退回。

资产负债表所属期间或以前期间所售商品在资产负债表日后退回的，应作为资产负债表日后调整事项处理。发生于资产负债表日后至财务报告批准报出日之间的销售退回事项，可能发生于该企业年度所得税汇算清缴之前，也可能发生于该企业年度所得税汇算清缴之后，其会计处理分别如下。

（1）涉及报告年度所属期间的销售退回发生于该企业报告年度所得税汇算清缴之前的，应调整报告年度利润表的收入、成本等，并相应调整报告年度的应纳税所得额以及报告年度应缴的所得税等。

【例 6-3】甲公司 20×6 年 11 月 8 日销售一批商品给乙公司，取得收入 120 万元（不含税，增值税税率 13%）。甲公司发出商品后，按照正常情况已确认收入，并结转成本 100 万元。20×6 年 12 月 31 日，该笔货款尚未收到，甲公司未对应收账款计提坏账准备。20×7 年 1 月 12 日，由于产品质量问题，本批货物被退回。甲公司于 20×7 年 2 月 28 日完成 20×6 年所得税汇算清缴。公司适用的所得税税率为 25%。财务报表批准报出日为 20×7 年 4 月 1 日。

本例中，销售退回业务发生在资产负债表日后事项涵盖期间内，属于资产负债表日后调整事项。由于销售退回发生在甲公司报告年度所得税汇算清缴之前，因此在所得税汇算清缴时，应扣除该部分销售退回所实现的应纳税所得额。

甲公司的账务处理如下。

① 20×7 年 1 月 12 日，调整销售收入，会计分录如下。

借：以前年度损益调整　　　　　　　　　　　　1 200 000
　　应交税费——应交增值税（销项税额）　　　　156 000
　　　贷：应收账款　　　　　　　　　　　　　　　　1 356 000

② 调整销售成本，会计分录如下。

借：库存商品　　　　　　　　　　　　　　　　1 000 000
　　　贷：以前年度损益调整　　　　　　　　　　　　1 000 000

③ 调整报告年度的所得税费用，会计分录如下。

借：应交税费——应交所得税　　　　　　　　　　50 000
　　　贷：以前年度损益调整　　　　　　　　　　　　50 000

④ 调整报告年度的未分配利润，会计分录如下。

借：利润分配——未分配利润　　　　　　　　　　150 000
　　　贷：以前年度损益调整　　　　　　　　　　　　150 000

⑤ 调整盈余公积，会计分录如下。

借：盈余公积　　　　　　　　　　　　　　　　15 000
　　　贷：利润分配——未分配利润　　　　　　　　　　15 000

⑥ 调整相关财务报表。（财务报表略）

a. 资产负债表项目的年末数调整。

调减应收账款 1 356 000 元，调增库存商品 1 000 000 元，调减应交税费 206 000 元，调减盈余公积 15 000 元；调减未分配利润 135 000 元。

b. 利润表项目的调整。

调减营业收入 1 200 000 元；调减营业成本 1 000 000 元，调减所得税费用 50 000 元。

c. 所有者权益表项目的调整。

"综合收益总额"项目中未分配利润调减 15 000 元，所有者权益合计调减 150 000 元；"提取盈余公积"项目中盈余公积一栏调减 15 000 元，未分配利润一栏调增 15 000 元。此行中所有者权益合计调整数为 0。

（2）资产负债表日后事项中涉及报告年度所属期间的销售退回发生于该企业报告年度所得税汇算清缴之后，应调整报告年度财务报表的收入、成本等。但按照税法规定，在此期间的销售退回所涉及的应缴所得税，应作为本年的纳税调整事项。

【例6-4】甲公司20×6年11月8日销售一批商品给乙公司，取得收入120万元（不含税，增值税税率13%）。甲公司发出商品后，按照正常情况已确认收入，并结转成本100万元。20×6年12月31日，该笔货款尚未收到，甲公司未对应收账款计提坏账准备。20×7年3月12日，由于产品质量问题，本批货物被退回。甲公司于20×7年2月28日完成20×6年所得税汇算清缴。公司适用的所得税税率为25%。财务报表批准报出日为20×7年4月1日。

本例中，销售退回业务发生在资产负债表日后事项涵盖期间内，属于资产负债表日后调整事项。由于销售退回发生在甲公司报告年度所得税汇算清缴之后，因此销售退回所涉及的应缴所得税应作为本年的纳税调整事项。

甲公司的账务处理如下。

① 20×7年3月12日，调整销售收入，会计分录如下。

借：以前年度损益调整　　　　　　　　　　　　1 200 000
　　应交税费——应交增值税（销项税额）　　　　156 000
　　　贷：应收账款　　　　　　　　　　　　　　　　1 356 000

② 调整销售成本，会计分录如下。

借：库存商品　　　　　　　　　　　　　　　　1 000 000
　　　贷：以前年度损益调整　　　　　　　　　　　　1 000 000

③ 调整报告年度的所得税费用，会计分录如下。

借：应交税费——应交所得税　　　　　　　　　　50 000
　　　贷：所得税费用　　　　　　　　　　　　　　　　50 000

④ 调整报告年度的未分配利润，会计分录如下。

借：利润分配——未分配利润　　　　　　　　　　200 000
　　　贷：以前年度损益调整　　　　　　　　　　　　200 000

⑤ 调整盈余公积，会计分录如下。

借：盈余公积　　　　　　　　　　　　　　　　　20 000
　　　贷：利润分配——未分配利润　　　　　　　　　　20 000

⑥ 调整相关财务报表。（财务报表略）

a. 资产负债表项目的20×6年年末数调整。

调减应收账款1 356 000元，调增库存商品1 000 000元，调减应交税费156 000元，调减盈余公积20 000元；调减未分配利润180 000元。

b. 20×6年利润表项目的调整。

调减营业收入1 200 000元；调减营业成本1 000 000元。

c. 所有者权益表项目的调整。

"综合收益总额"项目中未分配利润调减200 000元，所有者权益合计调减200 000元；"提取盈余公积"项目中盈余公积一栏调减20 000元，未分配利润一栏调增20 000元。此行中所有者权益合计调整数为0。

注意

会计分录③应作为20×7年业务，影响20×7年财务报表。

4. 资产负债表日后期间发现了财务报表舞弊或差错

企业发生这一事项后，应当将其作为资产负债表日后调整事项，调整报告期间财务报告相关项目的数字。具体会计处理参见前期差错更正。

6.3 资产负债表日后非调整事项

6.3.1 资产负债表日后非调整事项的具体内容

企业发生的资产负债表日后非调整事项，通常包括下列几项。

1. 资产负债表日后发生重大诉讼、仲裁、承诺

【情景示例7】甲企业的财务报告批准报出日是次年4月30日，20×7年2月，乙企业通过法律手段起诉甲企业违背受托责任，20×7年3月，甲企业同意付给乙企业500 000元的现金以使其撤回法律诉讼。在本情景示例中，由于资产负债表日后发生的重大诉讼、仲裁、承诺等事项的影响较大，为了防止误导投资及其他报表使用者，应当在报表附注中披露相关信息。也就是说，甲企业和乙企业，均应将此事项作为非调整事项，仅在20×6年度财务报表附注中进行披露。

2. 资产负债表日后资产价格、税收政策、外汇汇率发生重大变化

【情景示例8】甲企业有一笔长期美元贷款，在编制20×6年12月31日的财务报表时已按20×6年末的汇率进行折算，假定20×7年由于国家外汇管理体制发生重大改革，人民币对美元的汇率发生了较大的变化。由于甲企业已经在资产负债表日按照当时的汇率对有关账户进行了调整，因此，无论资产负债表日后的汇率如何变化，均不应影响按资产负债表日的汇率折算的财务报表数字。甲企业应将此事作为非调整事项，仅在20×6年度的财务报表附注中进行披露。

3. 资产负债表日后因自然灾害导致资产发生重大损失

【情景示例9】甲企业20×6年9月销售给乙企业一批产品，货款为3 000 000元，乙企业收到物资验收入库后开出6个月承兑的商业汇票。甲企业于20×6年12月31日编制20×6年度财务报表时，将这笔应收票据列入资产负债表"应收票据"项目内。甲企业20×7年1月20日收到乙企业通知，乙企业由于发生火灾，烧毁了大部分厂房和设备，已无力偿付所欠货款。在本情景示例中，乙企业发生自然灾害导致的资产损失，不是乙企业主观上能够决定的，而是不可抗力所造成的。并且自然灾害发生在资产负债表日后，财务报表报出日之前，如果不加以披露，有可能使财务报告使用者产生误解，导致做出错误的决策。因此，甲企业和乙企业均应将此事作为非调整事项，仅在20×6年度财务报表附注中进行披露。

4. 资产负债表日后发行股票和债券以及其他巨额举债

【情景示例 10】 甲企业于 20×7 年 1 月 15 日经批准发行三年期债券 500 000 万元，面值 100 元，年利率 10%，企业按 110 元的价格发行，并于 20×7 年 3 月 15 日发行结束。在本情景示例中，企业发行股票或债券以及向银行或非银行金融机构举借巨额债务等都是比较重要的事项，虽然这一事项发生在资产负债表日后，与资产负债表日的存在状态无关，但如果不对这一事项进行披露，将可能影响财务报告使用者的经营决策，因此应在报表附注中进行披露。

5. 资产负债表日后资本公积转增资本

【情景示例 11】 甲企业 20×7 年 2 月，经批准将 4 800 万元的资本公积转增资本。在本情景示例中，甲企业将资本公积转增资本将会改变企业的资本结构，影响报表使用者的经营决策，因此应在报表附注中进行披露。

6. 资产负债表日后发生巨额亏损

【情景示例 12】 甲企业 20×7 年 1 月发生巨额亏损，净利润由 20×6 年 12 月的 21 000 万元变为亏损 250 万元，在本情景示例中，甲企业在资产负债表日后发生亏损，并不会影响或改变资产负债表日赢利的事实。但资产负债表日后的巨额亏损，将会对企业以后的财务状况和经营成果产生重大影响，因此，应在报表附注中进行披露，以便报表使用者作出正确的经营决策。

7. 资产负债表日后发生企业合并或处置子公司

【情景示例 13】 甲企业是一家工业企业，20×7 年 1 月 10 日，经董事会决定以 1 000 000 元购买另外两家小型加工企业为其生产配件，使其成为甲企业的全资子公司，购买工作于 20×7 年 4 月 15 日结束。在本情景示例中，企业合并或处置子公司的行为可以影响股权结构、经营范围等方面，对企业的未来生产经营活动将会产生重大影响。因此，甲企业应将此事作为非调整事项，仅在 20×6 年度财务报表附注中进行披露。

8. 资产负债表日后，企业利润分配方案中拟分配的以及经审议批准宣告发放的现金股利或利润

资产负债表日后，企业制定利润分配方案，拟分配或经审议批准宣告发放现金股利或利润的行为，并不会导致企业在资产负债表日形成现时义务，虽然该事项的发生可导致企业负有支付股利或利润的义务，但支付义务在资产负债表日尚不存在，不应该调整资产负债表日的财务报告。因此，该事项为非调整事项，但为便于财务报告使用者更充分地了解相关信息，企业需要在财务报告中适当披露该信息。

注意

上述列举的调整事项和非调整事项，并没有包括所有调整和非调整事项，会计人员应根据调整事项和非调整事项的定义和特征，确定资产负债表日后发生的事项中哪些属于调整事项，哪些属于非调整事项；同一性质的事项可能是调整事项，也可能是非调整事项，这取决于有关状况是在资产负债表日或资产负债表日以前存在，还是在资产负债表日以后存在或发生；对于资产负债表日后事项，已经作为调整事项调整财务报表有关项目数字的，除法律、法规以及其他会计准则另有规定外，不需要在财务报表附注中进行披露。

6.3.2 资产负债表日后非调整事项的会计处理原则

资产负债表日后事项如属于非调整事项，由于这类事项与资产负债表日存在状况无关，调整财务报表是不恰当的，因为这样做通常会导致在赚取收益或发生费用的日期之前报告这些金额。因此，对于非调整事项，不需要进行账务处理，也不需要调整财务报表。但是，财务报告应当反映最近期的相关信息，以满足财务报告及时性的要求；同时，由于这类事项可能很重大，如不加以说明，将会影响财务报告的使用者对企业财务状况、经营成果作出正确的估价和决策，因而需要在财务报表附注中说明事项的内容，估计对财务状况、经营成果的影响，以提供会计数据来补充资产负债表日编制的财务报告的信息。如无法对资产负债表日后才发生或存在的事项对财务报告数据的影响作出估计，应说明其原因。

拓展知识

综合案例

资产负债表日后，企业利润分配方案中拟分配的以及经审议批准宣告发放的股利或利润，不确认为资产负债表日后负债，但应当在附注中单独披露。

6.4 资产负债表日后事项的披露

企业应当在报表附注中披露下列与资产负债表日后事项有关的信息。

（1）财务报告的批准报出者和财务报告批准报出日。

按照有关法律、行政法规等规定，企业所有者或其他方面有权对报出的财务报告进行修改的，应当披露这一情况。

（2）每项重要的资产负债表日后非调整事项的性质、内容，对其对财务状况和经营成果的影响做出估计的，应当说明原因。

（3）企业在资产负债表日后取得了影响资产负债表日存在情况的新的或进一步的证据时，应当调整与之相关的披露信息。

思考题

1. 资产负债表日后事项中调整事项和非调整事项如何区分？

2. 资产负债表日后事项中涉及报告年度所属期间的销售退回发生于报告年度所得税汇算清缴之前、之后的会计处理有何差异？

3. 资产负债表日后调整事项中涉及的现金项目，是否应当调整现金流量表、资产负债表的相关项目？

4. 简述资产负债表日后调整事项的会计处理原则。

练习题

第6章

外币折算会计 | 第7章

【学习目标】

- 熟悉外币、记账本位币的基本概念；
- 了解外币交易、外币报表折算的会计处理方法和基本原理；
- 掌握日常外币交易的会计处理、期末汇兑损益计算、外币报表的折算。

【思维导图】

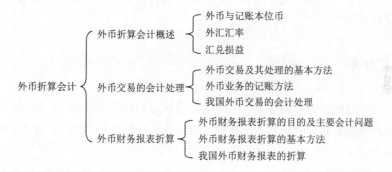

7.1 外币折算会计概述

7.1.1 外币与记账本位币

1. 记账本位币

记账本位币是指企业经营所处的主要经济环境中的货币，是企业进行会计核算统一使用的记账货币。主要经济环境通常是指企业主要产生和支出现金的环境，使用该环境中的货币最能反映企业主要交易的经济结果。

企业发生的经济业务涉及多种货币计价时，需要选择一种统一的货币作为会计基本计量尺度的记账货币，并以该种货币计量和处理所有的经济业务，这种作为会计基本计量尺度的货币就称为记账本位币。我国大多数企业主要收入和支出现金的环境在国内。因此，一般以人民币作为记账本位币。国际会计准则将其称为功能货币(functional currency)。

2. 外币

从会计的角度讲，外币是指记账本位币之外的货币；而一般意义上的外币是指外国货币或外币现钞，包括纸币和铸币等。比外国货币更宽泛的概念是外汇。会计上的外币与外国货币的含义不尽相同。在我国，当企业使用人民币作为记账本位币时，外国货币即会计上的外币。若我国企业使用美元等外国货币作为记账本位币，人民币则成为会计上的外币。若无特别说明，本书中所称的

知识链接

外币的概念

外币指会计上的外币。

3. 记账本位币的确定

《中华人民共和国会计法》规定，企业通常应选择人民币作为记账本位币，业务收支以人民币以外的货币为主的企业，也可以选定其中一种货币作为记账本位币，但是编报的财务会计报告应当折算为人民币。

企业管理当局应当根据实际情况选择确定一种货币作为记账本位币，该货币一经确定，不得随意变更。如果经营所处的主要经济环境发生了重大的变化，确需变更记账本位币的，企业应当采用变更当日的即期汇率将所有项目折算为变更后的记账本位币，折算后的金额作为新的记账本位币的历史成本。由于采用同一即期汇率进行折算，因此不会产生汇兑差额。企业记账本位币发生变更的，其比较财务报表也应当以变更当日的即期汇率进行折算，并在附注中披露变更的确凿证据和理由。

知识链接

企业记账本位币的
选定应考虑因素

7.1.2　外汇汇率

当存在外币交易时，企业需要通过汇率将外币折算为记账本位币。汇率又称为外汇汇价，是指两个国家的货币在指定时间相互交换的比价。汇率每天都在波动，主要依据特定货币的全球供应需求状况而定。

1. 外汇汇率的标价

外汇汇率的标价是汇率以国外货币来表示本国货币的价格，或以本国货币来表示外国货币的价格。外汇汇率的标价可以用外国货币作标准，也可以用本国货币作标准。标准不同，就产生了不同的标价方法，即直接标价法和间接标价法。

（1）直接标价法。

直接标价法又称应付标价法，是以一定单位的外国货币为标准，折算成一定数额的本国货币的标价方法。在直接标价法下，外币数额固定不变，可兑换的本国货币的数额随着汇率的变化而变化，本国货币对外的价值与汇率成反比。目前，世界上大多数国家都采用直接标价法，我国也采用这种标价方法。

【情景示例1】人民币与美元的比价为 US\$1=¥6.562。

（2）间接标价法。

间接标价法又称应收标价法，是以一定单位的本国货币为标准，折算成一定数额的外国货币的标价方法。在间接标价法下，本国货币数额固定不变，可兑换的外国货币的数额随着汇率的变化而变化，本国货币对外的价值与汇率成正比。通常英国、美国采用这种方法，但美元对英镑采用直接标价法。

【情景示例2】英镑与美元的比价为£1=\$1.893 5；接【情景示例1】如果人民币与美元的比价按间接标价法标价应为：¥1=\$0.152 4。

2. 汇率的分类

根据不同的标准，汇率可以分为不同的种类，主要有以下几种。

（1）按汇率的制定和使用方式划分，汇率可分为市场汇率和法定汇率。

市场汇率是指外汇市场上由交易双方供求关系形成的汇率，这种汇率经常随市场的行情变化而上下波动。法定汇率又称官方汇率，是由各国政府根据政府发展经济的政策和交易性质而制定的汇率。

（2）按银行和经纪人买卖外汇划分，汇率可分为买入汇率和卖出汇率。

买入汇率是指从事外汇买卖的银行从客户手中买入外汇的汇率。卖出汇率是指从事外汇买卖的银行向客户卖出外汇的汇率。买入汇率和卖出汇率的平均汇率即为中间汇率，也称中间价。

（3）按外汇交易的交割期限划分，汇率可分为即期汇率和远期汇率。

即期汇率又称现汇汇率，是买卖双方成交后，在两个营业日之内办理外汇交割时所使用的汇率。远期汇率又称期汇汇率，是买卖双方事先约定的，据以在未来的一定日期进行外汇交割的汇率。

（4）按汇率和记账的时间划分，汇率可分为现行汇率、历史汇率和平均汇率。

现行汇率，是指资产负债表编制日本国货币与外国货币之间的比率。历史汇率，是指取得外币资产或承担外币债务时的汇率。平均汇率，是将现行汇率和历史汇率按简单算术平均或加权平均计算得出的汇率。

（5）按在会计处理上的区别，汇率可分为记账汇率和账面汇率。

记账汇率是指外币业务发生时会计记账所采用的汇率。记账汇率既可以采用业务发生时的市场汇率，也可以采用业务发生当期期初的市场汇率。会计上所用的记账汇率一般选择中间汇率，根据情况也可以选用其他汇率。记账汇率一经确定，不能随意改变。账面汇率也称历史汇率，是指已经登记入账的汇率，即过去的记账汇率。会计账面上已经入账的所有外币业务的汇率都属于账面汇率。

7.1.3　汇兑损益

1. 汇兑损益的概念

汇兑损益，又称汇兑差额，是指将同一项目的外币资产或负债折合为记账本位币时，由于汇率不同而形成的差异额。这种差异额会给企业带来损失或收益。在会计实务中，汇兑损益是由交易损益和财务报表折算损益两部分内容构成的。

交易损益是指由于经济业务发生日的汇率与结算日的汇率不同而产生的损益。其来源可能是实际的外币兑换，也可能是由于存储外币及记录外币交易事项所形成的折算差额。

财务报表折算损益是指在会计期末，为了编制合并财务报表或为了重新表述会计记录和财务报表项目金额，在把财务报表各项目由一种货币折算成另一种货币时，由于汇率变动而产生的损益。

2. 汇兑损益的确认

由于汇兑损益一般情况下要作为财务费用计入期间费用，因而汇兑损益的确认问题直接影响到企业当期损益和应纳税所得额的计算。对于汇兑损益的确认，存在着两种不同的观点。

（1）划分已实现和未实现汇兑损益。

已实现的汇兑损益是指产生汇兑损益的外币业务在本期内已经全部完成；未实现的汇兑损益是指产生汇兑损益的外币业务在本期内尚未完成。这种观点认为本期汇兑损益的确认应以实现为准，即只有已实现的汇兑损益才能作为本期的汇兑损益登记入账，而未实现的汇兑损益不能确认入账，待以后实现时才能予以确认。

（2）不划分已实现汇兑损益和未实现汇兑损益。

这种观点认为应将本期已实现和未实现的汇兑损益全部计入当期损益，即只要汇率发生变动，就应确认其差额并将差额登记入账。因此，企业在会计期末应按照规定的汇率重新调整所有的外币账户的记账本位币的余额，由此产生的汇兑损益不论在本期内是否实现都应全部计入当期损益。

目前，大多数国家采用的是第二种观点。

3．汇兑损益的处理

企业在资产负债表日，应当按照下列规定对外币项目进行会计处理。

（1）外币货币性项目。

货币性项目是企业持有的货币和将以固定或可确定金额的货币收取的资产或者偿付的债务。外币货币性项目包括货币性资产和货币性负债，货币性资产包括现金、银行存款、应收账款、其他应收款、长期应收款等；货币性负债包括短期借款、应付账款、其他应付款、应付债券、长期借款、长期应付款等。期末或结算货币性项目时，应当采用当日即期汇率折算。由于当日即期汇率与初始确认或者前一资产负债表日即期汇率不同而产生的汇兑损益，计入当期损益，同时调整外币货币性项目的记账本位币。

（2）外币非货币性项目。

外币非货币性项目即除货币性项目以外的项目，分不同情况进行处理：以历史成本计量时，采用交易发生日的即期汇率折算，不改变其记账本位币金额，不产生汇兑损益；以公允价值计量时，采用公允价值确定日的即期汇率折算，折算后的金额与原记账本位币金额的差额，作为公允价值变动（含汇率变动）处理，计入当期损益。

（3）外币投入资本项目。

企业收到投资者以外币投入的资本，应当采用交易发生日即期汇率折算。外币投入资本与相应的货币性项目的记账本位币金额之间不产生外币资本折算差额。

（4）实质上构成对境外经营净投资的外币货币性项目。

企业编制合并财务报表涉及境外经营的，如有实质上构成对外经营净投资的外币货币性项目，其因汇率变动而产生的汇兑差额，应列在所有者权益"外币报表折算差额"项目；处置境外经营时，计入处置当期损益。

7.2 外币交易的会计处理

7.2.1 外币交易及其处理的基本方法

1．外币交易

外币交易是指某一会计主体以记账本位币以外的其他货币进行款项收付、往来结算的经济业务。

【情景示例3】企业购买或销售以外币计价的商品或劳务、借入或借出外币资金、承担或清偿以外币计价的债务等。

　　企业不论以何种货币作为记账本位币，均可能存在外币交易，如果企业以本国货币作为记账本位币，则该企业发生的以本国货币以外的货币进行计价的交易为外币交易；如果企业以某种外币作为记账本位币，则该企业与其他企业发生的以本国货币计价的交易则为外币交易。在会计上计量和记录企业所发生的外币交易时必须将外币按一定的汇率折算为记账本位币。

　　外币交易业务的种类繁多，从会计要素的角度考虑，有以下的分类。

　　（1）企业资产变动引起的外币业务。主要是指以外币计价和反映的各项资产所发生的增减业务，包括产品的购销、固定资产与无形资产的购置及长期投资等。

　　（2）企业负债变动引起的外币业务。主要是指以外币计价的各项流动负债和非流动负债的增减业务。非流动负债中的外币业务主要有企业向金融机构举借的长期外币借款、融资租入固定资产的长期应付款等。

　　（3）企业所有者权益变动引起的外币业务。主要是指企业投资者以外币投入的资本，包括以外币形式进行的利润分配。

　　（4）收入增减引起的外币业务。主要是指企业通过销售产品和提供劳务等所取得的各种以外币计价的营业收入。

　　（5）费用增减引起的外币业务。主要是指企业支付的外币借款利息，支付的国外销售产品的各项运费、保险费和佣金等销售费用。

　　2．外币交易的处理方法

　　一项外币交易发生后，往往需要经过一段时间才能进行结算。从交易发生日到结算日，外汇汇率会不断地发生变化，这给外币业务的会计处理带来了一系列需要解决的问题，主要有：第一，外币交易发生时按哪一种汇率折算为记账本位币；第二，资产负债表日对外币账户如何进行汇兑损益的计算和账务处理；第三，结算日外币债权与债务应如何计算与记录。对此，国际上存在着两种不同的观点，即一笔交易观点和两笔交易观点。

　　（1）一笔交易观点。

　　一笔交易观点（Single-Transaction Perspective），也称单项交易观，是指将交易的发生和货款的结算视为一项交易的两个阶段，以结算作为该项交易完成的标志。这种观点认为，汇率变动的影响应作为原入账的购货成本或销售收入的调整，即在货款结算之前，用记账本位币记录的购货成本或销货收入是不确定的，其价值随汇率的变动而变动。因此，交易发生日和报表编制日所记录的金额只是暂时性的。只有在相应的货款以外币结清后，才能按记账本位币最终的金额确定购货成本或销售收入。按照这一观点，由于交易发生日、报表编制日、交易结算日汇率变动所产生的折合成记账本位币的全部差额，都应列作已入账的购货成本或销售收入的调整额，而不作为汇兑损益处理。

　　该方法的会计处理程序如下。

　　第一，在交易发生日，按当日汇率将交易发生的外币金额折合为记账本位币金额入账；

　　第二，在报表编制日，如果交易尚未结算，则按编表日的汇率将交易发生额折算为记账本位币金额，并对有关外币账户进行调整；

　　第三，在交易结算日，应按结算日汇率将交易发生额折算为记账本位币金额，并对有关外币账户进行再次调整。

【例 7-1】某公司 20×6 年 12 月 20 日以赊销方式向美国某公司出口一批商品，货款 100 000 美元，双方约定于 1 个月后以美元进行结算。有关汇率如下：12 月 20 日，即期汇率为$1=¥6.6；12 月 31 日，即期汇率为$1=¥6.5；20×7 年 1 月 20 日，即期汇率为$1=¥6.4。该公司所选择的记账本位币为人民币。

按照一笔交易观点，其账务处理程序如下。

20×6 年 12 月 20 日，销售商品时的会计分录如下。

借：应收账款——美元户　　　　（$100 000×6.6）660 000
　　贷：主营业务收入　　　　　　　　　　　　　　660 000

20×6 年 12 月 31 日，由于汇率发生了变动，应按期末汇率将交易的外币金额进行再次折算，折算后的金额与原入账金额之间的差额-10 000[$100 000×（6.5-6.6）]应调整原入账的销售收入和应收账款。其账务处理如下。

借：主营业务收入　　　　　　　　　　　　　　10 000
　　贷：应收账款——美元户　[$100 000×（6.6-6.5）]10 000

20×7 年 1 月 20 日收到货款时，应按当日汇率将外币金额折算成人民币，其与上期末记账金额之间的差额-10 000[$100 000×（6.4-6.5）]再次调整销售收入和应收账款，同时记录收取货款的业务。其账务处理如下。

借：主营业务收入　　　　　　　　　　　　　　10 000
　　贷：应收账款——美元户　[$100 000×（6.5-6.4）]10 000

同时

借：银行存款——美元户　　　　（$100 000×6.4）640 000
　　贷：应收账款——美元户　　　　　　　　　　640 000

由以上会计处理可见，在一笔交易观点下，企业销售商品的收入是按最终结算日的汇率折算成记账本位币入账的，外汇交易损益作为销售收入调整处理。若将上例改为进口业务，则由于汇率变动所产生的折算差额在所购商品对外销售之前调整该商品的采购成本，在销售之后则要调整销售成本。

【例 7-2】假设上例中为某公司从美国某公司进口商品一批，于 20×7 年 1 月 15 日全部对外销售，其账务处理程序如下。

20×6 年 12 月 20 日，购入商品时的会计分录如下。

借：库存商品　　　　　　　　　　　　　　　　660 000
　　贷：应付账款——美元户　　　（$100 000×6.6）660 000

20×6 年 12 月 31 日，由于所购商品尚未对外销售，所以应按期末汇率调整原已入账的购货成本，其账务处理如下。

借：应付账款——美元户　[$100 000×（6.6-6.5）]10 000
　　贷：库存商品　　　　　　　　　　　　　　　10 000

20×7 年 1 月 15 日，对外销售时，结转成本如下。

借：主营业务成本　　　　　　　　　　　　　　650 000
　　贷：库存商品　　　　　　　　　　　　　　　650 000

20×7 年 1 月 20 日付款时，由于该商品已经对外销售，所以应按当日汇率调整销售成本和应付账款账户，同时记录支付货款的业务，其账务处理如下。

借：应付账款——美元户　[$100 000×（6.5-6.4）]10 000
　　贷：主营业务成本　　　　　　　　　　　10 000

同时

借：应付账款——美元户　　　（$100 000×6.4）640 000
　　贷：银行存款——美元户　　　　　　　　640 000

（2）两笔交易观点。

两笔交易观点（Two-Transaction Perspective），也称两项交易观，是将交易的发生和款项的结算视为两笔业务，以交易的发生作为交易完成的标志。这种观点认为，在交易发生时，所购商品的购货成本或所销商品的销售收入均按交易日的汇率确定，而与以后的结算业务无关。在报表编制日和交易结算日不论汇率如何变动，均不调整购货成本或销售收入，而是将产生的汇兑损益单独进行账务处理。

在两笔交易观点下，结算日前的汇兑损益有两种处理方法：

微视频

汇兑损益

第一种方法是作为已实现的损益记入财务费用——汇总损益，列入当期利润表；

第二种方法是作为未实现损益记入递延处理，列入资产负债表，待到结算日再作为已实现的汇兑损益入账。

（1）将汇兑损益做已实现损益处理。

【例 7-3】仍沿用【例 7-1】出口业务的资料，按照两笔交易观点，将汇兑损益作为已实现损益处理，账务处理如下。

20×6 年 12 月 20 日，按当日汇率将货款折算为记账本位币，会计分录如下。

借：应收账款——美元户　　　（$100 000×6.6）660 000
　　贷：主营业务收入　　　　　　　　　　　660 000

20×6 年 12 月 31 日，按期末汇率确认未结算交易损益，会计分录如下。

借：财务费用——汇兑损益 [$100 000×（6.6-6.5）]10 000
　　贷：应收账款——美元户　　　　　　　　10 000

20×7 年 1 月 20 日结算时：

借：财务费用——汇兑损益 [$100 000×（6.5-6.4）]10 000
　　贷：应收账款——美元户　　　　　　　　10 000

同时

借：银行存款——美元户　　　（$100 000×6.4）640 000
　　贷：应收账款——美元户　　　　　　　　640 000

（2）将汇兑损益做递延处理。

【例 7-4】仍沿用【例 7-1】出口业务的资料，按照两笔交易观点，将汇兑损益做递延处理，账务处理如下。

20×6 年 12 月 20 日，按交易日汇率反映商品的销售，会计分录如下。

借：应收账款——美元户　　　（$100 000×6.6）660 000
　　贷：主营业务收入　　　　　　　　　　　660 000

20×6年12月31日，按期末汇率将未结算交易损益予以递延，会计分录如下。

借：递延汇兑损益　　　　　[$100 000×（6.6-6.5）]10 000

　　贷：应收账款——美元户　　　　　　　　　　10 000

20×7年1月20日结算货款时的会计分录如下。

借：递延汇兑损益　　　　　[$100 000×（6.5-6.4）]10 000

　　贷：应收账款——美元户　　　　　　　　　　10 000

同时

借：银行存款——美元户　　　　（$100 000×6.4）640 000

　　贷：应收账款——美元户　　　　　　　　　　640 000

同时，将递延汇兑损益结转为已实现的汇兑损益，会计分录如下。

借：财务费用——汇兑损益　　　　　　　　20 000

　　贷：递延汇兑损益　　　　　　　　　　　20 000

　　两笔交易观点已为大多数国家的会计准则所采用。《国际会计准则第21号——汇率变动的影响》（IASNo.21）规定，原则上采用两笔交易观点的第一种方法，但也未完全否定第二种方法。我国会计实务中采用两笔交易观点的第一种方法。

7.2.2　外币业务的记账方法

　　企业为了核算和监督外币资产负债的增减变动情况，必须采用专门的核算方法。外币业务的核算方法有两种：外币统账制和外币分账制，企业可根据实际情况加以选择。

　　1. 外币统账制

　　外币统账制也称本币记账法，是指企业发生外币业务时，以记账本位币为记账单位，将外币按一定的汇率折算为记账本位币记账的一种方法。其具体做法是：对每笔外币业务均按一定的汇率折算为记账本位币。除了外币兑换业务外，平时不确认汇兑损益。月末再将各外币账户的外币余额按月末汇率折合为记账本位币金额，折合后的记账本位币金额与账面已经记录的记账本位币金额的差额，确认为汇兑损益。折算汇率既可以选择业务发生当日的市场汇率，也可以选择业务发生当期期初（即当月1日）的市场汇率。

　　2. 外币分账制

　　外币分账制又称原币记账法，是指企业在外币业务发生时，直接按照原币记账，不需要按一定的汇率折算成记账本位币记账的一种方法。其具体做法是：外币业务发生时，按原币发生额分币种核算，每种外币从明细核算到综合核算都自成一套独立的账务系统，月末再将所有原币的发生额按一定的市场汇率折算为记账本位币，并确认汇兑损益和编制财务报表。采用这种方法，需要按币种分设账户，分币种核算损益。

　　我国目前绝大多数企业采用外币统账制，而外币交易频繁、外币币种较多的金融企业采用外币分账制。

7.2.3　我国外币交易的会计处理

企业在进行外币交易的账务处理时，需要选择一定的汇率将外币折算成记账本位币。折算汇率的选择有两种方法：一是选择交易发生日的市场汇率；二是选择交易发生当期期初（即当月1日）的市场汇率。

我国现行的对外币业务进行会计处理的基本原则是：企业发生外币业务时，应采用交易发生日的即期汇率将外币金额折算为记账本位币金额，也可以按照用系统合理的方法确定的、与交易发生日即期汇率近似的汇率折算。即期汇率一般是指当日中国人民银行公布的人民币汇率的中间价。但是，企业在发生单纯的货币兑换交易或涉及货币兑换的交易时，仅用中间价就不能反映货币买卖的损益了，需要使用买入价或卖出价进行折算。近似汇率通常是指当期平均汇率或加权平均汇率等，加权平均汇率需要采用外币交易的外币金额作为权重进行计算。

我国企业外币交易的会计处理应遵循的要求是：外币账户采用复式记账；采用即期汇率与即期近似汇率作为折算汇率；对所有外币账户的余额要按月末汇率进行调整。

1. 外币兑换业务的会计处理

外币兑换业务，是指企业从银行等金融机构买入外汇或将外汇卖给银行等金融机构以及将一种外币兑换为另一种外币的经济业务。

（1）企业向银行出售外汇。

企业向银行出售外汇时，一方面将实际支付的外汇按折算汇率折合成记账本位币登记外币存款账户；另一方面，按银行的买入汇率计算应收取的记账本位币金额登记入账，差额计入汇兑损益。

【例7-5】20×7年5月1日，甲公司将其所持有的5 000美元卖给银行，当天银行买入价为$1=¥6.2，卖出价为$1=¥6.4。该公司应做如下的账务处理。

折算汇率：（6.2+6.4）÷2=6.3

收取的人民币：$5 000×6.2=31 000（元）

借：银行存款——人民币户　　　　　　　　　　　　　31 000

　　财务费用——汇兑差额　　　　　　　　　　　　　　500

　　贷：银行存款——美元户　　（$5 000×6.3）31 500

（2）企业从银行买入外币。

企业因业务需要从银行买入外汇时，一方面按银行的卖出价计算应支付的记账本位币金额并登记入账，另一方面按从银行取得的外汇金额和折算汇率折合为记账本位币登记外币存款账户，差额计入汇兑损益。

【例7-6】20×7年5月1日，乙公司从银行买进20 000美元，银行当天的卖出价为$1=¥6.4，买入价为$1=¥6.2；该公司应做如下的账务处理。

折算汇率：（6.4+6.2）÷2=6.3

支付的人民币：$20 000×6.4=128 000（元）

借：银行存款——美元户　　（$20 000×6.3）126 000

　　财务费用——汇兑差额　　　　　　　　　　　　　2 000

　　贷：银行存款——人民币户　　　　　　　　　　128 000

2. 外币借款业务的会计处理

外币借款是企业外币筹资的重要方式。企业应将借入的外币按当日或当期期初的市场汇率折合为记账本位币入账。

【例7-7】丙公司20×6年7月1日从银行借入1年期的款项10 000美元，年利率为5%，借款当天的市场汇率为$1=¥6.8。20×6年12月31日的即期汇率为$1=¥6.5。20×7年7月1日偿还借款本金和利息，还款时的即期汇率为$1=¥6.2。丙公司应做的账务处理如下。

20×6年7月1日，借入美元时的会计分录如下。

借：银行存款——美元户　　　　　（$10 000×6.8）68 000

　　贷：短期借款——美元户　　　　　（$10 000×6.8）68 000

20×6年12月31日，计提利息时的会计分录如下。

应付利息：$10 000×5%×6÷12=$250

借：财务费用——利息支出　　　　　　　　　　　1 625

　　贷：应付利息　　　　　　　　　　（$250×6.5）1 625

20×6年12月31日，调整货币性项目：10 000×6.5-68 000=-3 000

借：短期借款——美元户　　　　　　　　　　　3 000

　　贷：财务费用——汇兑差额　　　　　　　　　　3 000

20×7年7月1日，归还本息时的会计分录如下。

20×7年1月至6月的应付利息：$10 000×5%×6÷12=$250

借：短期借款——美元户　　　　　（$10 000×6.5）65 000

　　应付利息　　　　　　　　　　（$250×6.2）1 550

　　财务费用——利息支出　　　　　　　　　　1 550

　　贷：银行存款——美元户　　　　　（$10 500×6.2）65 100

　　　　财务费用——汇兑差额　　　　　　　　　　3 000

3. 外币购销业务的会计处理

外币购销业务是企业发生的以记账本位币以外的货币进行结算的购销业务。发生这些业务时，均按折算汇率折合为记账本位币入账，以确认购货成本或销售收入的入账价值，平时不产生汇兑损益。

【例7-8】某公司的记账本位币为人民币。20×7年3月15日向法国某公司出售一批商品，以欧元结算，货款10 000欧元。当日的即期汇率为1欧元=10.20元人民币，货款尚未收到。5月5日收回货款，当日即期汇率为1欧元=10.50元人民币。则该公司应做如下账务处理。

3月15日，销售商品时的会计分录如下。

借：应收账款——欧元　　　　　（€10 000×10.20）102 000

　　贷：主营业务收入　　　　　　　　　　　102 000

5月5日，收到款项时的会计分录如下。

借：银行存款——欧元　　　　　（€10 000×10.50）105 000

　　贷：应收账款——欧元　　　　　（€10 000×10.20）102 000

　　　　财务费用——汇兑差额　　　　　　　　　　3 000

【例 7-9】某公司为一般纳税人，以人民币作为记账本位币。20×7 年 2 月 15 日，从德国购入一批货物作为原材料使用，货款 50 000 欧元，尚未支付，当日的汇率为 1 欧元=10 元人民币。进口关税为 10 000 元，进口增值税为 65 000 元，税款以银行存款支付。3 月 15 日，支付货款，当日的汇率为 1 欧元=10.20 元人民币。则该公司应做如下的账务处理。

2 月 15 日，购入原材料时的会计分录如下。

借：原材料　　　　　　　　（€50 000×10+10 000）510 000

　　应交税费——应交增值税（进项税额）　　　65 000

　　贷：应付账款　　　　　　（€50 000×10）500 000

　　　　银行存款　　　　　　　　　　　　　75 000

3 月 15 日，支付货款时的会计分录如下。

借：应付账款　　　　　　　　（€50 000×10）500 000

　　财务费用——汇兑差额　　　　　　　　　10 000

　　贷：银行存款——欧元　　　（€50 000×10.20）510 000

4．接受外币资本业务的会计处理

企业收到投资者以外币投入的资本，应当采用交易发生日的即期汇率将外币资本折算为记账本位币，其与相应的货币性项目的记账本位币金额之间不产生折算差额。

【例 7-10】A 公司收到某外商的外币投资 10 000 英镑，收到出资当天的即期汇率为 1 英镑=15.48 元人民币。则 A 公司应做如下账务处理。

借：银行存款——英镑户　　　（£10 000×15.48）154 800

　　贷：实收资本　　　　　　　　　　　　　154 800

5．资产负债表日外币账户余额的调整

企业在资产负债表日，应当分别对外币货币性项目和外币非货币性项目进行相应的调整。

（1）货币性项目。

货币性项目是指企业持有的货币资金和将以固定或可确定的金额收取的资产或者偿付的债务。货币性账户（包括外币现金、外币银行存款、外币债权债务账户）的期末余额应在资产负债表日按即期汇率折算为记账本位币金额，该金额与原账面记账本位币金额之间的差额，确认为当期损益，计入"财务费用"或有关账户；同时，调整外币货币性账户的记账本位币金额。如果发生货币性项目外币账户金额出现减值迹象，则应先按资产负债表日的即期汇率折算后，再计提减值准备。

在资产负债表日，外币账户余额的调整程序如下。

① 根据各外币账户的期末原币余额和一定的汇率计算出应记账的记账本位币余额；

② 将期末折合的应记账的记账本位币余额与原已记账的记账本位币余额进行比较，计算出记账本位币余额的差额；

③ 根据应调整的记账本位币的差额，确定所产生的汇兑损益的数额；

④ 将调整额进行账务处理，并将汇兑损益计入有关账户。

【例 7-11】某公司根据有关外币账户的余额和资产负债表日的即期汇率等数据资料编制的期末外币账户余额调整计算表，如表 7-1 所示。

表 7-1　　　　　　　　　　　　期末外币账户余额调整计算表　　　　　　　　　　　　单位：元

账户名称	美元余额	期末汇率	应记账的余额	已记账的余额	需要调整的金额
银行存款	1 000	6.0	6 000	7 000	−1 000
应收账款	0	6.0	0	300	−300
应付账款	300	6.0	1 800	1 600	200
短期借款	2 000	6.0	12 000	14 000	−2 000
合计					500

根据上述计算结果，做账务处理如下。

借：短期借款——美元户　　　　　　　　　　　　2 000

　　贷：银行存款——美元户　　　　　　　　　　　　1 000

　　　　应收账款——美元户　　　　　　　　　　　　　300

　　　　应付账款——美元户　　　　　　　　　　　　　200

　　　　财务费用——汇兑差额　　　　　　　　　　　　500

（2）非货币性项目。

非货币性项目是指货币性项目以外的项目，如存货、长期股权投资、固定资产、无形资产等。在资产负债表日，企业对外币非货币性账户期末余额是否调整、如何调整视不同情况而定。

① 对于以历史成本计量的外币非货币性项目，仍采用交易发生日的即期汇率折算，不改变其原记账本位币金额，不产生汇兑差额。如【例 7-10】所示，A 公司收到某外商的外币投资10 000 英镑时已按收到出资当天的即期汇率折算为人民币，登记"实收资本"账户，"实收资本"账户属于非货币性账户。因此，期末不需要按即期汇率进行调整。

② 对于以成本与可变现净值孰低计量的存货，如果其可变现净值以外币确定，则在确定存货的期末价值时，应先将可变现净值折算为记账本位币，再与以记账本位币反映的存货成本进行比较。

【例 7-12】某公司以人民币为记账本位币。20×7 年 12 月 4 日，从美国购进最新型号的甲器材 10 台（该器材在国内市场无供应），单价 1 000 美元，当日汇率为 1 美元=6.8 元人民币，当日支付了相应货款（假定该公司有美元存款）。至 20×7 年 12 月 31 日，已经售出甲器材 2 台，库存有 8 台，国内市场仍无供应，其在国际市场的价格已降至每台 950美元，12 月 31 日的汇率为 1 美元=6.6 元人民币。假定不考虑增值税等相关税费。

本例中由于存货在资产负债表日采用成本和可变现净值孰低计量，因此，在以外币购入存货并且该存货在资产负债表日获得的可变现净值以外币反映时，在计提存货跌价准备时，应当考虑汇率变动的影响。因此，该公司应做如下账务处理。

20×7 年 12 月 31 日对甲器材计提的存货跌价准备：8×1 000×6.8-8×950×6.6=4 240（元）

借：资产减值损失　　　　　　　　　　　　4 240

　　贷：存货跌价准备　　　　　　　　　　　　4 240

③ 对于以公允价值计量的外币非货币性项目，如交易性金融资产（股票、基金等），如果期末的公允价值以外币反映，则应当先将该外币按照公允价值确定的当日汇率折算为记账本位币，再与原记账本位币金额进行比较，其差额作为公允价值变动损益（含汇率变动），计入当期损益。

【例7-13】某公司的记账本位币为人民币。20×7 年 12 月 10 日以每股 1.5 美元的价格购入乙公司 B 股 10 000 股作为交易性金融资产，当日汇率为 1 美元=6.6 元人民币，款项已付。20×7 年 12 月 31 日，由于市价变动，购入的乙公司 B 股股票的市价降至每股 1 美元，当日汇率为 1 美元=6.5 元人民币。假定不考虑相关税费的影响。

20×7 年 12 月 10 日，购入股票时的会计分录如下。

借：交易性金融资产　　　　　（$1.5×10 000×6.6）99 000
　　贷：银行存款——美元户　　　　　　　　　99 000

根据《企业会计准则第 22 号——金融工具确认和计量》的规定，交易性金融资产以公允价值计量。由于该项交易性金融资产是以外币计价，在资产负债表日，不仅应考虑美元市价的变动，还应考虑美元与人民币之间汇率的变动，上述交易性金融资产在资产负债表日的人民币金额以 65 000 元（$1×10 000×6.5）入账，与原账面价值 99 000 元的差额为 34 000 元人民币，计入公允价值变动损益。相应的会计分录如下。

借：公允价值变动损益　　　　　　　　　34 000
　　贷：交易性金融资产　　　　　　　　　　34 000

计入公允价值变动损益的 34 000 元既包含了甲公司所购乙公司 B 股股票公允价值变动的影响，又包含了人民币与美元之间汇率变动的影响。

7.3 外币财务报表折算

7.3.1 外币财务报表折算的目的及主要会计问题

外币报表折算是指为满足特定的目的，将一种货币单位表述的财务报表折算成所要求的另一种货币单位表述的财务报表。如我国目前企业会计准则规定，企业对外报送的财务报表必须按人民币编制，对于以人民币以外的货币作为记账本位币的企业就要以人民币重新表述财务报表。另外，对于跨国经营的控股公司来说，为了编制合并财务报表，需要将其国外子公司的外币报表按人民币进行重新表述。

1. 外币财务报表折算的目的

外币财务报表折算是指为了特定的目的，将以某种外币表示的财务报表的项目，按一定的汇率折算成所需货币表示，并据以重新编制财务报表的过程。外币报表折算仅仅是将财务报表各项目的表述语言从一种货币换为另一种货币。因此，报表的折算不影响资产、负债的计量基础，也不影响收入和费用的确认与计量。外币财务报表折算的目的在于以下几个方面。

（1）编制合并财务报表。

在母公司拥有境外经营子公司或附属公司的情况下，母公司在编制合并报表之前，需对境外经营子公司或附属公司以外币表示的财务报表折算为以母公司记账本位币表示的财务报表。境内子公司、联营公司或合营公司，当其采用的记账本位币与母公司不同时，也需要将其报表折算为母公司的记账本位币表示的财务报表。

（2）提供财务信息。

境内公司为了向境外股东、债权人或其他报表使用者提供适合他们使用的报表信息，需要将以本国货币表示的财务报表折算为以某一外国货币表示的财务报表。境内公司以非本国货币为记账本位币的，在期末对外报送财务报表时，也需要将其报表调整为以本国货币表示的财务报表。

（3）进行境外筹资。

为了在境外筹集资金而准备在境外证券市场上发行股票或债券的企业，需要将以本国货币表示的财务报表折算为以筹资所在国的货币表示的财务报表。

在进行报表折算时，由于汇率经常发生变动，外币报表的折算在会计处理上需要解决以下两个问题：一是折算汇率的选择，即外币报表中的各个项目按什么汇率进行折算，是选择现行汇率、历史汇率，还是报告期的平均汇率；二是折算差额的处理，折算差额是由于折算汇率与原入账汇率不同而产生的，折算差额是计入当期损益，列示在利润表中，还是做递延处理，列示在资产负债表中。

2. 外币报表折算的主要会计问题

外币报表折算是一个相当复杂的会计处理过程，其难点主要在于汇率的变化，具体而言，主要存在以下两个会计问题。

（1）外币报表折算汇率的选择。

选择外币报表的折算标准，即外币报表中的各项目按哪种汇率进行折算。如果外币汇率一直稳定，保持不变，那么外币报表的折算就相当简单了。但是，汇率是一直处在变化当中的，在对外币财务报表进行折算时，首先要决定是选择编表日的现行汇率、记账日的历史汇率还是编表期内的平均汇率。其中，现行汇率是指资产负债表编制时的汇率；历史汇率是报表中各项目发生时的汇率；平均汇率是将现行汇率和历史汇率按简单算术平均或加权平均计算出的汇率。资产与负债、货币性项目与非货币性项目性质上的差异，使得不同的报表项目对汇率变动的反应程度不同。选用不同的汇率进行折算，其折算结果也不相同。因此，如何选择较合适的汇率，是外币报表折算过程中的首要难题。

（2）外币报表折算差额的处理。

外币报表折算差额是指在报表折算过程中，对报表上不同项目采用不同汇率折算而产生的差额，又称外币报表折算损益。外币报表折算损益是未实现损益，一般不在账簿中反映，只反映在报表中。

外币报表折算差额的会计处理方法有两种：一是作为递延损益处理；二是作为当期损益处理。所谓递延损益是指对外币报表折算的差额不计入当期损益而是递延到以后各期，即将报表折算差额以单独项目列示于资产负债表的所有者权益内，作为累计递延处理。所谓当期损益是指在当期利润表中确认折算差额，以"折算差额"项目单独列示。

7.3.2 外币财务报表折算的基本方法

对折算汇率的不同选择导致了外币财务报表不同的折算方法。目前，世界各国对外币报表折算的方法主要有4种，即现行汇率法、流动与非流动项目法、货币与非货币项目法和时态法。

1. 现行汇率法

现行汇率法（Current Rate Method）又称期末汇率法或单一汇率法，是以现行汇率为主要折算汇率对外币财务报表进行折算的方法。这种方法的具体内容如下。

（1）资产负债表项目。

所有的资产和负债项目均按现行汇率折算；实收资本或股本项目按收到资本或发行股票时的当日汇率（历史汇率）折算；未分配利润项目为利润表上利润分配后折算的未分配利润的数额。

（2）利润表项目。

收入和费用项目通常按编报当期的加权平均汇率进行折算，利润分配按期末汇率折算。

【例 7-14】甲公司以人民币作为记账本位币，乙公司为其子公司，且以美元为记账本位币。某期期初的汇率为 \$1=¥7.4，期末汇率为 \$1=¥7.0，报告期平均汇率为 \$1=¥7.2。乙公司取得投资时的汇率为 \$1=¥7.3。对乙公司期末财务报表的折算如表 7-2 和表 7-3 所示。

表 7-2   利润表（简表）   金额单位：元

项目	原币金额（折算前）	折算汇率	人民币金额（折算后）
营业收入	5 000	7.2	36 000
减：营业成本	4 000	7.2	28 800
期间费用	300	7.2	2 160
营业利润	700		5 040
减：营业外支出	50	7.2	360
利润总额	650		4 680
减：所得税费用	250	7.2	1 800
净利润	400		2 880
减：利润分配	250	7.0	1 750
未分配利润	150		1 130

表 7-3   资产负债表（简表）   金额单位：元

资产	原币金额	折算汇率	人民币金额	负债及所有者权益	原币金额	折算汇率	人民币金额
货币资金	200	7.0	1 400	应付账款	550	7.0	3 850
应收账款	300	7.0	2 100	长期借款	650	7.0	4 550
存货	500	7.0	3 500	实收资本	800	7.3	5 840
长期投资	150	7.0	1 050	未分配利润	150		1 130
固定资产	1 000	7.0	7 000	折算损益			-320
合计	2 150		15 050		2 150		15 050

注："未分配利润"为利润表中的折算数额；"折算损益"为资产负债表的轧差平衡数。

2. 流动与非流动项目法

流动与非流动项目法（Current-Noncurrent Method）是将资产负债表的项目区分为流动性项目与非流动性项目两大类，将流动性项目按现行汇率折算，将非流动性项目按历史汇率折算的一种外币财务报表折算方法。流动性项目包括流动资产和流动负债，流动资产项目主要有现金、银行存款、应收账款和存货等；流动负债项目主要有应付账款、应付票据等。非流动性项目是指除了流动性项目以外的资产、负债项目，主要有长期投资、固定资产、无形资产、长期负债和所有者权益等项目。这种方法的具体内容包括以下几点。

（1）资产负债表项目。

流动资产和流动负债项目按报表编制日的现行汇率折算；非流动性项目按资产取得或负债发生时的历史汇率折算；未分配利润项目为利润表上利润分配后折算的未分配利润的数额。

（2）利润表项目。

除了折旧费用和摊销费用按其相关资产取得时的历史汇率折算外，其他收入和费用项目均按会计报告期内的平均汇率折算，利润分配按期末汇率折算。

【例7-15】沿用上例资料，假设非流动性项目取得时的汇率均为\$1=¥7.3，则在流动与非流动项目法下，对乙公司期末财务报表的折算如表7-4和表7-5所示。

表7-4　　　　　　　　　　　　　利润表（简表）　　　　　　　　　　　　　金额单位：元

项目	原币金额（折算前）	折算汇率	人民币金额（折算后）
营业收入	5 000	7.2	36 000
减：营业成本	4 000		28 810
其中：折旧费用	100	7.3	730
其他费用	3 900	7.2	28 080
期间费用	300	7.2	2 160
营业利润	700		5 030
减：营业外支出	50	7.2	360
利润总额	650		4 670
减：所得税费用	250	7.2	1 800
净利润	400		2 870
减：利润分配	250	7.0	1 750
未分配利润	150		1 120

表7-5　　　　　　　　　　　　　资产负债表（简表）　　　　　　　　　　　　金额单位：元

资产	原币金额	折算汇率	人民币金额	负债及所有者权益	原币金额	折算汇率	人民币金额
货币资金	200	7.0	1 400	应付账款	550	7.0	3 850
应收账款	300	7.0	2 100	长期借款	650	7.3	4 745
存货	500	7.0	3 500	实收资本	800	7.3	5 840
长期投资	150	7.3	1 095	未分配利润	150		1 120
固定资产	1 000	7.3	7 300	折算损益			-160
合计	2 150		15 395		2 150		15 395

注："未分配利润"为利润表中的折算数额；"折算损益"为资产负债表的轧差平衡数。

3. 货币与非货币项目法

货币与非货币项目法（Monetary-Nonmonetary Method）是将资产负债表中的项目区分为货币性和非货币性项目两大类，将货币性项目按现行汇率折算，将非货币性项目按历史汇率折算的一种外币财务报表折算方法。货币性项目是指企业持有的货币资金和将以固定或可确定的金额收取的资产或者偿付的负债。货币性项目包括货币性资产和货币性负债。货币性资产主要有库存现金、银行存款、应收账款、应收票据、其他应收款和长期应收款等；货币性负债主要有短期借款、应付账款、应付票据、其他应付款、长期借款、应付债券和长期应付款等。非货币性项目是指除货币性项目以外的项目，包括存货、长期股权投资、固定资产、无形资产等。这种方法的具体内容包括以下几点。

（1）资产负债表项目。

货币性项目按现行汇率折算；非货币性项目按其取得或发生时的历史汇率折算；未分配利润项目为利润表上利润分配后折算的未分配利润的数额。

（2）利润表项目。

折旧费用、摊销费用和销售成本按其相关资产取得时的历史汇率折算；其他收入和费用项目均按会计报告期内的平均汇率折算；利润分配按期末汇率折算。

【例 7-16】沿用【例 7-14】资料，假设非货币性项目取得时的汇率均为$1=¥7.3，则在货币与非货币项目法下，对乙公司期末财务报表的折算如表 7-6 和表 7-7 所示。

表 7-6   利润表（简表）   金额单位：元

项目	原币金额（折算前）	折算汇率	人民币金额（折算后）
营业收入	5 000	7.2	36 000
减：营业成本	4 000		29 060
其中：折旧费用	100	7.3	730
销货成本	2 500	7.3	18 250
其他费用	1 400	7.2	10 080
期间费用	300	7.2	2 160
营业利润	700		4 780
减：营业外支出	50	7.2	360
利润总额	650		4 420
减：所得税费用	250	7.2	1 800
净利润	400		2 620
减：利润分配	250	7.0	1 750
未分配利润	150		870

注："销货成本"的计算过程应为，期初存货（按上年度第四季度的平均汇率折算）+本期购货（按本年平均汇率折算）-期末存货（按本年度第四季度的平均汇率折算）。本例为简便起见，假设汇率均为$1=¥7.3。

表 7-7   资产负债表（简表）   金额单位：元

资产	原币金额	折算汇率	人民币金额	负债及所有者权益	原币金额	折算汇率	人民币金额
货币资金	200	7.0	1 400	应付账款	550	7.0	3 850
应收账款	300	7.0	2 100	长期借款	650	7.0	4 550
存货	500	7.3	3 650	实收资本	800	7.3	5 840
长期投资	150	7.3	1 095	未分配利润	150		870
固定资产	1 000	7.3	7 300	折算损益			435
合计	2 150		15 545		2 150		15 545

注："未分配利润"为利润表中的折算数额；"折算损益"为资产负债表的轧差平衡数。

4. 时态法

时态法（Temporal Method）又称时间量度法，是针对资产负债表项目的计量方法和时间的不同，而选择不同汇率进行折算的一种外币财务报表折算方法。这种方法的理论依据是，外币折算实际上是用一种新的货币单位对财务报表进行重新表述的过程，在这一过程中，不能改变被计量项目的属性，而只能改变计量单位。因此，报表各项目应按其计量日的实际汇率进行折算。这种方法的具体内容包括以下几点。

（1）资产负债表项目。

对于现金、应收和应付以及长期负债项目，均按现行汇率折算；对于其他项目，如果在原公司报表上是以历史成本计价的，则按历史汇率折算，如果在原公司报表上是以现行成本计价的，则按现行汇率折算；对于所有者权益项目，按发生时的历史汇率折算；未分配利润项目为利润表上利润分配后折算的未分配利润的数额。

（2）利润表项目。

折旧费用和摊销费用按有关资产取得时的历史汇率折算；其他项目均按平均汇率折算；利润分配按期末汇率折算。

【例7-17】沿用【例7-14】资料，假设固定资产是按历史成本计量的，且其取得时的汇率为$1=¥7.3，其他项目均按现行成本计量。则在时态法下，对乙公司期末财务报表的折算如表7-8和表7-9所示。

表7-8　　　　　　　　　　　　　　　　利润表（简表）　　　　　　　　　　　　　　　金额单位：元

项目	原币金额（折算前）	折算汇率	人民币金额（折算后）
营业收入	5 000	7.2	36 000
减：营业成本	4 000	7.2	28 800
期间费用	300	7.2	2 160
营业利润	700		5 040
减：营业外支出	50	7.2	360
利润总额	650		4 680
减：所得税费用	250	7.2	1 800
净利润	400		2 880
减：利润分配	250	7.0	1 750
未分配利润	150		1 130

表7-9　　　　　　　　　　　　　　　　资产负债表（简表）　　　　　　　　　　　　　金额单位：元

资产	原币金额	折算汇率	人民币金额	负债及所有者权益	原币金额	折算汇率	人民币金额
货币资金	200	7.0	1 400	应付账款	550	7.0	3 850
应收账款	300	7.0	2 100	长期借款	650	7.0	4 550
存货	500	7.0	3 500	实收资本	800	7.3	5 840
长期投资	150	7.0	1 050	未分配利润	150		1 130
固定资产	1 000	7.3	7 300	折算损益			-20
合计	2 150		15 350		2 150		15 350

注："未分配利润"为利润表中的折算数额；"折算损益"为资产负债表的轧差平衡数。

5. 外币报表折算方法的比较

在上述4种方法中，对利润表项目的折算方法基本上是相同的，而对资产负债表项目的折算方法有较大的差异。各种外币报表折算方法的比较如表7-10所示。

表 7-10 外币财务报表折算方法比较

项目	流动与非流动法	货币与非货币项目法	时态法	现行汇率法
现金	C	C	C	C
应收账款	C	C	C	C
存货				
按成本	C	H	H	C
按市价	C	H	C	C
投资				
按成本	H	H	H	C
按市价	H	H	C	C
固定资产	H	H	H	C
其他资产	H	H	H	C
应付账款	C	C	C	C
长期负债	H	C	C	C
股本	H	H	H	H
留存利润	※	※	※	※

注：C——现行汇率；H——历史汇率；※——轧算的平衡数字。

7.3.3 我国外币财务报表的折算

根据我国现行的会计准则的规定，企业在将境外经营通过合并、权益法核算等纳入本企业的财务报表中时，需要将企业境外经营的财务报表折算为以企业记账本位币反映的财务报表。在这一折算过程中，企业应遵循下列规定。

1. 资产负债表项目

资产负债表中的资产、负债项目，采用资产负债表日的即期汇率折算，所有者权益项目除"未分配利润"项目外，其他项目均采用发生时的即期汇率折算。也就是说，将资产和负债项目全部按照资产负债表日的现行汇率折算，对于所有者权益项目（"未分配利润"除外）均按照权益发生时的历史汇率折算。

2. 利润表项目

利润表中的收入和费用项目，采用交易发生日的即期汇率折算或即期汇率的近似汇率折算。当汇率波动不大时，可以采用年度平均汇率等作为交易日汇率的近似值。

3. 报表折算差额

产生的外币财务报表折算差额，在编制合并财务报表时，应在合并资产负债表中"其他综合收益"项目列示。外币报表折算差额为以记账本位币反映的净资产减去以记账本位币反映的实收资本、资本公积、累计盈余公积及累计未分配利润后的余额。

由此可见，我国外币财务报表的折算实质上采用的是现行汇率法。

【例 7-18】甲公司的记账本位币为人民币，该公司在境外有一子公司 A 公司，A 公司的记账本位币为美元。根据合同约定，甲公司拥有 A 公司 70%的股权，并能够对 A 公司的财务和经营政策施加重大影响。A 公司的有关资料如下。

20×7年12月31日的汇率为1美元=7.7元人民币，20×7年的平均汇率为1美元=7.6元人民币，实收资本、资本公积发生日的即期汇率为1美元=8元人民币。20×6年12月31日的股本为500万美元，折算为人民币为4 000万元；累计盈余公积为50万美元，折算为人民币为405万元，累计未分配利润为120万美元，折算为人民币为972万元，甲公司和A公司均在年末提取盈余公积，A公司当年提取的盈余公积为70万美元。

对A公司的财务报表的折算过程及结果如表7-11、表7-12和表7-13所示。

表7-11　　　　　　　　　　　　　　　利润表（简表）

编制单位：A公司　　　　　　　　　　　　20×7年度

项目	期末数（万美元）	折算汇率	折算后金额（万元）
一、营业收入	2 000	7.6	15 200
减：营业成本	1 500	7.6	11 400
税金及附加	40	7.6	340
管理费用	100	7.6	760
财务费用	10	7.6	76
加：投资收益	30	7.6	228
二、营业利润	380	—	2 888
加：营业外收入	40	7.6	304
减：营业外支出	20	7.6	152
三、利润总额	400	—	3 040
减：所得税费用	120	7.6	912
四、净利润	280	—	2 128
五、每股收益			
六、其他综合收益			
七、综合收益总额			

表7-12　　　　　　　　　　　　　　所有者权益变动表（简表）

编制单位：A公司　　　　　　　　　　　　20×7年度

项目	实收资本 美元（万美元）	折算汇率	人民币（万元）	盈余公积 美元（万美元）	折算汇率	人民币（万元）	未分配利润 美元（万美元）	人民币（万元）	外币报表折算差额（万元）	所有者权益合计 人民币（万元）
一、本年年初余额	500	8	4 000	50		405	120	972		5 377
二、本年增减变动金额										
（一）净利润							280	2 128		2 128
（二）其他综合收益										-190
其中：外币报表折算差额									-190	-190
（三）利润分配										
提取盈余公积				70	7.6	532	-70	-532		0
三、本年年末余额	500	8	4 000	120		937	330	2 568	-190	7 315

表7-13　　　　　　　　　　　　　资产负债表（简表）

编制单位：A公司　　　　　　　　　　20×7年12月31日

资产	期末数（万美元）	折算汇率	人民币数（万元）	负债和所有者权益	期末数（万美元）	折算汇率	人民币数（万元）
流动资产：				负债：			
货币资金	190	7.7	1 463	短期借款	45	7.7	346.5
应收账款	190	7.7	1 463	应付账款	285	7.7	2 194.5
存货	240	7.7	1 848	其他流动负债	110	7.7	847
其他流动资产	200	7.7	1 540	流动负债合计	440	—	3 388
流动资产合计	820	—	6 314	非流动负债：			
非流动资产：				长期借款	140	7.7	1 078
长期应收款	120	7.7	924	应付债券	80	7.7	616
固定资产	550	7.7	4 235	其他非流动负债	90	7.7	693
在建工程	80	7.7	616	非流动负债合计	310	—	2 387
无形资产	100	7.7	770	负债合计	750	—	5 775
其他非流动资产	30	7.7	231	所有者权益：			
非流动资产合计	880	—	6 776	实收资本	500	8	4 000
				盈余公积	120		937
				未分配利润	330		2 568
				外币报表折算差额			-190
				所有者权益合计	950		7 315
资产总计	1 700		13 090	负债及所有者权益总计	1 700		13 090

思考题

1. 什么是记账本位币？如何确定记账本位币？
2. 什么是外币交易？
3. 什么是外币折算？什么是汇兑差额？
4. 如何选择折算汇率对外币交易进行初始确认与计量？
5. 如何确认期末的汇兑损益？

练习题

第7章

第8章 企业合并

【学习目标】

- 熟悉企业合并的概念；
- 了解企业合并的方式及合并的类型；
- 掌握同一控制下和非同一控制下企业合并的基本核算原理；
- 掌握商誉的会计处理；
- 重点掌握同一控制下的企业合并和非同一控制下的企业合并的具体会计处理方法

【思维导图】

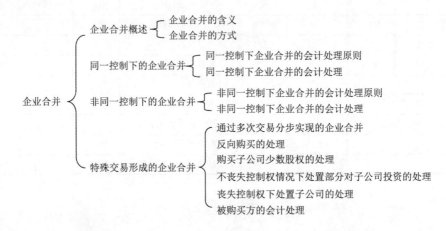

8.1 企业合并概述

8.1.1 企业合并的含义

1. 企业合并的定义

我国《企业会计准则第 20 号——企业合并》（CAS20）第二条对企业合并的定义是：企业合并是指将两个或两个以上单独的企业合并形成一个报告主体的交易或事项。

2. 企业合并的界定

从会计角度，交易是否构成企业合并，进而是否能够按照企业合并准则进行会计处理，主要应关注以下两个方面。

（1）被购买方是否构成业务。

企业合并的结果通常是一个企业取得了对一个或多个业务的控制权。即，要形成会计意

知识链接

业务的概念

上的"企业合并",前提是被购买的资产或资产、负债的组合要形成"业务"。

（2）交易发生前后是否涉及对标的业务控制权的转移。

从企业合并的定义看，是否形成企业合并，除要看取得的资产或资产、负债组合是否构成业务之外，还要看有关交易或事项发生前后，是否引起报告主体的变化。报告主体的变化产生于控制权的变化。

企业合并的结果有以下两种。一是形成一个法人会计主体——企业。企业合并形成一个企业的，被合并方必须能够成为合并方的"业务"，否则不属于企业合并。二是形成一个非法人会计主体——企业集团。企业合并形成一个企业集团，是指合并后双方仍然保留法人资格，而且形成母子公司的关系。企业集团是由母子公司构成的会计主体，它本身不是法人，但其成员（即母公司或子公司）都是法人。

8.1.2　企业合并的方式

企业的合并方式及类型不同，其会计处理也有所区别。企业合并可以从不同的角度进行分类。

1.　按照合并前后合并方的法律主体形式是否发生变化进行分类

企业合并按照法律形式划分可分为控股合并、吸收合并和新设合并。

（1）控股合并。

合并方（或购买方，下同）通过企业合并交易或事项取得对被合并方（或被购买方，下同）的控制权，企业合并后能够通过所取得的股权等主导被合并方的生产经营决策并自被合并方的生产经营活动中获益，合并方、被合并方在企业合并后仍维持各自独立的法人资格继续经营的，为控股合并。

在控股合并的情况下，控股公司称为母公司，被控股公司称为子公司，两家公司之间形成了母子公司关系，并且形成了以母公司为中心的，由母子公司组成的企业集团。从合并财务报表角度，形成了报告主体的变化。

（2）吸收合并。

吸收合并又称兼并，合并方（或购买方）通过企业合并取得被合并方（或被购买方）的全部净资产，合并后注销被合并方（或被购买方）的法人资格，被合并方（或被购买方）原持有的资产、负债，在合并后成为合并方（或购买方）的资产、负债。合并结果是形成单个企业。

（3）新设合并。

新设合并又称创立合并，是指两个或两个以上的企业合并组成一个新的企业，参与合并的原企业均解散不复存在的合并类型。新设合并的结果是新设企业作为保留下来的单一经济主体和法律主体处理其会计实务。合并结果是形成单个企业，企业合并的实质是控制权的转移。

2.　按照参与合并的双方合并前后最终控制方是否变化进行分类

按照合并双方合并前后是否同属于同一方或相同的多方最终控制，企业合并分为同一控制下的企业合并和非同一控制下的企业合并。

（1）同一控制下的企业合并。

同一控制下的企业合并，是指参与合并的企业在合并前后均受同一方或相同的多方最终控制且该控制并非暂时性的。

同一控制下的企业合并，实际是一方从母公司手中取得另一方的半数以上股权。合并双方的合并行为不完全是自愿进行和完成的，这种合并不能算作交易，只是一个对合并各方资产、负债进行重新组合的经济事项，可将其看作是两个或多个参与合并企业权益的重新整合。

（2）非同一控制下的企业合并。

非同一控制下的企业合并，是指参与合并各方在合并前后不受同一方或相同的多方最终控制的合并交易，即除属于同一控制下的企业合并的情况以外其他的企业合并。

非同一控制下的企业合并是非关联企业之间的合并，而且这种合并以市价为基础，确定的合并价格相对公允，属于合并各方自愿进行的购买交易。因此，非同一控制下的企业合并实质上是一种交易，其结果是合并方购买了被合并方的净资产或取得股权，拥有了被合并方的控制权。非同一控制下的企业合并，在购买日取得对其他参与合并企业控制权的一方为合并方，也可称为购买方，参与合并的其他企业为被合并方，也可称为被购买方。

8.2 同一控制下企业合并

同一控制下的企业合并一定程度上并不会造成构成企业集团整体的经济利益流入和流出，最终控制方在合并前后实际控制的经济资源并没有发生变化。同一控制下的企业合并，在合并日取得对其他参与合并企业控制权的一方称为合并方，参与合并的其他企业称为被合并方。

8.2.1 同一控制下企业合并的会计处理原则

同一控制下企业合并的会计处理，是从合并方出发，确定合并方在合并日对于企业合并事项应进行的会计处理。合并日，是指合并方实际取得对被合并方控制权的日期。合并方为合并所支付的代价，称为合并对价。支付合并对价的方式有三种：支付资产（现金资产+非现金资产）、承担负债和发行股票。

微视频

权益结合法

同一控制下企业合并，采用权益结合法进行会计处理。权益结合法认为，合并的实质是股东权益的联合，而不是交易。

根据《企业会计准则第20号——企业合并》的规定，同一控制下的企业合并其会计处理应遵循以下原则。

（1）合并方在企业合并中取得的资产和负债，应当按照合并日在被合并方的账面价值计量。合并方取得的净资产账面价值与支付的合并对价账面价值(或发行股份面值总额)的差额，应当调整资本公积;资本公积不足冲减的，调整留存收益。

（2）同一控制下的企业合并中，被合并方采用的会计政策与合并方不一致的，合并方在合并日应当按照企业会计政策对被合并方的财务报表相关项目进行调整，在此基础上按照本准则规定确认。

（3）合并方为进行企业合并发生的各项直接相关费用，包括为进行企业合并而支付的审计费用、评估费用、法律服务费用等，应当于发生时计入管理费用。

为企业合并发行的债券或承担其他债务支付的手续费、佣金等，应当计入所发行债券及其他债务的初始计量金额。企业合并中发行权益性证券发生的手续费、佣金等费用，应当抵减权益性证券溢价收入，溢价收入不足冲减的，冲减留存收益。

（4）企业合并形成母子公司关系的，母公司应当编制合并日的合并资产负债表、合并利润表和合并现金流量表。

合并资产负债表中被合并方的各项资产、负债，应当按其账面价值计量。因被合并方采用的会计政策与合并方不一致，按照本准则规定进行调整的，应当以调整后的账面价值计量。

合并利润表应当包括参与合并各方自合并当期期初至合并日所发生的收入、费用和利润。被合并方在合并前实现的净利润，应当在合并利润表中单列项目反映。

8.2.2　同一控制下企业合并的会计处理

同一控制下的企业合并，因合并方式不同，会计处理也不相同。

1. 同一控制下的控股合并

在同一控制下的企业合并中，合并方在合并后取得对被合并方生产经营决策的控制权，并且被合并方在企业合并后仍然继续经营的，合并方在合并日涉及两个方面的问题：一是对于因该项企业合并形成的对被合并方的长期股权投资的确认和计量问题；二是合并日合并财务报表的编制问题。

（1）长期股权投资的确认和计量。

按照《企业会计准则第 2 号——长期股权投资》的规定，同一控制下企业合并形成的长期股权投资，合并方应在合并日按照被合并方所有者权益在最终控制方合并财务报表中的账面价值的份额作为形成长期股权投资的初始投资成本，借记"长期股权投资"科目，按享有被投资单位已宣告但尚未发放的现金股利或利润，借记"应收股利"或"应收利润"科目，按支付的合并对价的账面价值，贷记有关资产或借记有关负债科目，以支付现金、非现金资产方式进行的，该初始投资成本与支付的现金、非现金资产的差额，相应调整资本公积（资本溢价或股本溢价），资本公积（资本溢价或股本溢价）的余额不足冲减的，相应调整盈余公积和未分配利润；以发行权益性证券方式进行的企业合并，长期股权投资的初始投资成本与所发行股份的面值总额之间的差额，应调整资本公积（资本溢价或股本溢价），资本公积（资本溢价或股本溢价）的余额不足冲减的，相应调整盈余公积和未分配利润。合并方为企业合并发生的审计、法律服务、评估咨询等中介费用以及其他相关管理费用，应当于发生时计入当期损益。

控股合并方式下形成长期股权投资的后续计量采用成本法核算，采用成本法核算的长期股权投资应当按照初始投资成本计价。追加或收回投资应当调整长期股权投资的成本。被投资单位宣告分派的现金股利或利润，应当确认为当期投资收益。

（2）合并日合并财务报表的编制。

同一控制下的企业合并形成母子公司关系的，合并方一般应在合并日编制合并财务报表，反映于合并日形成的报告主体的财务状况、视同该主体一直存在产生的经营成果等。

编制合并日的合并财务报表时，一般包括合并资产负债表、合并利润表及合并现金流量表。

① 合并资产负债表。被合并方的有关资产、负债应以其账面价值并入合并财务报表（合

并方与被合并方采用的会计政策不同的，应按照合并方的会计政策，对被合并方有关资产、负债的账面价值进行调整）。这里的账面价值是指被合并方的资产、负债（包括最终控制方收购被合并方而形成的商誉）在最终控制方财务报表中的账面价值。合并方与被合并方在合并日及以前期间发生的交易，应作为内部交易进行抵销。

【例8-1】A、B公司为P公司控制下的两家子公司。A公司于20×7年3月10日自母公司P处取得B公司100%的股权，合并后，B公司仍维持其独立法人资格继续经营。为进行该项企业合并，A公司发行了1 500万股本公司普通股（每股面值1元）作为对价。假定A、B公司采用的会计政策相同。合并日，A公司及B公司的所有者权益构成如表8-1所示。

表8-1 　　　　　　　　　　　　A公司及B公司的所有者权益资料　　　　　　　　　　　单位：万元

A公司		B公司	
项目	金额	项目	金额
股本	9 000	股本	1 500
资本公积	2 500	资本公积	500
盈余公积	2 000	盈余公积	1 000
未分配利润	5 000	未分配利润	2 000
合计	18 500	合计	5 000

A公司在合并日应进行的账务处理如下。

借：长期股权投资　　　　　　　　　　　　　50 000 000
　　贷：股本　　　　　　　　　　　　　　　15 000 000
　　　　资本公积　　　　　　　　　　　　　35 000 000

进行上述处理后，A公司在合并日编制合并资产负债表时，对于企业合并前B公司实现的留存收益中归属于合并方的部分（3 000万元）应自A公司资本公积（资本溢价或股本溢价）转入留存收益。本例中，A公司在确认对B公司的长期股权投资以后，其资本公积的账面余额为6 000（2 500 +3 500）万元，假定其中资本溢价或股本溢价的金额为4 500万元。在合并工作底稿中，应编制以下调整分录。

借：资本公积　　　　　　　　　　　　　　　30 000 000
　　贷：盈余公积　　　　　　　　　　　　　10 000 000
　　　　未分配利润　　　　　　　　　　　　20 000 000

② 合并利润表。合并方在编制合并日的合并利润表时，应包含合并方及被合并方自合并当期期初至合并日实现的净利润，双方在当期所发生的交易，应当按照合并财务报表的有关原则进行抵销。例如，同一控制下的企业合并发生于20×7年3月31日，合并方当日编制合并利润表时，应包括合并方及被合并方自20×7年1月1日至20×7年3月31日实现的净利润。为了帮助企业的会计信息使用者了解合并利润表中净利润的构成，发生同一控制下企业合并的当期，合并方在合并利润表中的"净利润"项下应单列"其中：被合并方在合并前实现的净利润"项目，反映因同一控制下企业合并规定的编表原则，导致由于该项企业合并自被合并方在合并当期带入的损益情况。

合并日合并现金流量表的编制与合并利润表的编制原则相同。

2. 同一控制下的吸收合并

在同一控制下的吸收合并中，合并方主要涉及合并日取得被合并方资产、负债入账价值的确定，以及合并中取得有关净资产的入账价值与支付的合并对价账面价值之间差额的处理。

（1）合并中取得资产、负债入账价值的确定。

合并方对同一控制下吸收合并中取得的资产、负债应当按照相关资产、负债在被合并方的原账面价值入账。其中，对于合并方与被合并方在企业合并前采用的会计政策不同的，在将被合并方的相关资产和负债并入合并方的账簿和报表进行核算之前，首先应基于重要性原则，统一被合并方的会计政策，即应当按照合并方的会计政策对被合并方的有关资产、负债的账面价值进行调整后，以调整后的账面价值确认。

（2）合并差额的处理。

合并方在确认了合并中取得的被合并方的资产和负债的入账价值后，以发行权益性证券方式进行的该类合并，所确认的净资产入账价值与发行股份面值总额的差额，应计入资本公积（资本溢价或股本溢价），资本公积（资本溢价或股本溢价）的余额不足冲减的，相应依次冲减盈余公积和未分配利润；以支付现金、非现金资产方式进行的该类合并，所确认的净资产入账价值与支付的现金、非现金资产账面价值的差额，相应调整资本公积（资本溢价或股本溢价），资本公积（资本溢价或股本溢价）的余额不足冲减的，应依次冲减盈余公积和未分配利润。

【例 8-2】20×7 年 6 月 30 日，P 公司向 S 公司的股东定向增发 1 000 万股普通股（每股面值为 1 元，市价为 10.85 元）对 S 公司进行吸收合并，并于当日取得 S 公司净资产。当日，P 公司、S 公司资产、负债情况如表 8-2 所示。

表 8-2　　　　　　　　　　　　　　资产负债表（简表）

20×7 年 6 月 30 日　　　　　　　　　　　　　　　　　　　　单位：万元

项目	P 公司	S 公司	
	账面价值	账面价值	公允价值
资产：			
货币资金	4 312.50	450	450
存货	6 200	255	450
应收账款	3 000	2 000	2 000
长期股权投资	5 000	2 150	3 800
固定资产	7 000	3 000	5 500
无形资产	4 500	500	1 500
商誉	0	0	0
资产总计	30 012.50	8 355	13 700
负债和所有者权益：			
短期借款	2 500	2 250	2 250
应付账款	3 750	300	300
其他应付款	375	300	300
负债合计	6 625	2 850	2 850
实收资本（股本）	7 500	2 500	
资本公积	5 000	1 500	
盈余公积	5 000	500	
未分配利润	5 887.50	1 005	
所有者权益合计	23 387.50	5 505	10 850
负债和所有者权益总计	30 012.50	8 355	

合并日 S 公司具体的账簿资料如表 8-3 所示。

表 8-3   合并日 S 公司具体的账簿资料   单位：元

账户名称	借方余额	账户名称	借方余额（账面价值）	公允价值
库存现金	3 500	原材料	400 000	900 000
银行存款	2 696 500	库存商品	1 560 000	2 960 000
其他货币资金	1 800 000	生产成本	568 000	618 000
		周转材料	22 000	22 000
合计	4 500 000	合计	2 550 000	4 500 000

在本例中，假定 P 公司和 S 公司为同一集团内两家全资子公司，合并前其共同的母公司为 A 公司。该项合并中参与合并的企业在合并前及合并后均受 A 公司最终控制，该合并为同一控制下的企业合并。自 6 月 30 日开始，P 公司能够对 S 公司净资产实施控制，该日即为合并日。

因合并后 S 公司失去其法人资格，P 公司应确认合并中取得的 S 公司的各项资产和负债，假定 P 公司与 S 公司在合并前采用的会计政策相同。P 公司对该项合并应进行的账务处理如下。

借：库存现金   3 500

     银行存款   2 696 500

     其他货币资金   1 800 000

     原材料   400 000

     库存商品   1 560 000

     生产成本   568 000

     周转材料   22 000

     应收账款   20 000 000

     长期股权投资   21 500 000

     固定资产   30 000 000

     无形资产   5 000 000

    贷：短期借款   22 500 000

        应付账款   3 000 000

        其他应付款   3 000 000

        股本   10 000 000

        资本公积   45 050 000

3. 合并方为进行企业合并发生的有关费用的处理

合并方为进行企业合并发生的有关费用，指合并方为进行企业合并发生的各项直接相关费用，如为进行企业合并支付的审计费用、进行资产评估的费用以及有关的法律咨询费用等。

同一控制下企业合并进行过程中发生的各项直接相关的费用，应于发生时费用化计入当期损益。借记"管理费用"等科目，贷记"银行存款"等科目。但以下两种情况除外。

（1）以发行债券方式进行的企业合并，与发行债券相关的佣金、手续费等应按照《企业会计准则第 22 号——金融工具确认和计量》的规定进行核算，即该部分费用的处理应遵照金融工具准则的原则，将有关的费用应计入负债的初始计量金额中。其中，债券如为折价发行的，该部分费用应增加折价的金额；债券如为溢价发行的，则该部分费用应减少溢价的金额。

（2）发行权益性证券作为合并对价的，与所发行权益性证券相关的佣金、手续费等应按照《企业会计准则第 37 号——金融工具列报》的规定进行核算，即与发行权益性证券相关的费用，不管其是否与企业合并直接相关，均应自所发行权益性证券的发行收入中扣减，在权益性工具发行有溢价的情况下，自溢价收入中扣除，在权益性证券发行无溢价或溢价金额不足以扣减的情况下，应当冲减盈余公积和未分配利润。

企业专设的购并部门发生的日常管理费用，如果该部门的设置并不是与某项企业合并直接相关，而是企业的一个常设部门，其设置的目的是寻找相关的购并机会等，维持该部门日常运转的有关费用，不属于与企业合并直接相关的费用，应当于发生时费用化计入当期损益。

8.3
非同一控制下的企业合并

非同一控制下的企业合并，是参与合并的一方购买另一方或多方的交易，与企业购买其他资产的交易基本相同，其会计处理采用购买法。

微视频

购买法

8.3.1　非同一控制下企业合并的会计处理原则

购买法要求按公允价值反映被购买企业的资产、负债项目，并按公允价值体现在购买企业的账户和合并后的资产负债表中。所取得的净资产的公允价值与购买成本之间的差额表现为购买企业的商誉。因此，非同一控制下的企业合并的会计处理，主要涉及购买方及购买日的确定、企业合并成本的确定、合并中取得各项可辨认资产、负债的确认和计量以及合并差额的处理等。

知识链接

各国会计界对合并商誉的会计处理

1. 确定购买方

采用购买法核算企业合并的首要前提是确定购买方。购买方是指在企业合并中取得对另一方或多方控制权的一方。合并中一方取得了另一方半数以上有表决权股份的，除非有明确的证据表明该股份不能形成控制，一般认为取得控股权的一方为购买方。某些情况下，即使一方没有取得另一方半数以上有表决权的股份，但存在以下情况时，一般也可认为其获得了对另一方的控制权。

（1）通过与其他投资者签订协议，实质上拥有被购买企业半数以上表决权。

【情景示例 1】A 公司拥有 B 公司 40%的表决权资本，C 公司拥有 B 公司 30%的表决权资本。A 公司与 C 公司达成协议，C 公司在 B 公司的权益由 A 公司代表。在这种情况下，A 公司实质上拥有 B 公司 70%表决权资本的控制权，在 B 公司的章程等没有特别规定的情况下，表明 A 公司实质上控制 B 公司。

（2）按照法律或协议等的规定，具有主导被购买企业财务和经营决策的权力。

【情景示例 2】A 公司拥有 B 公司 45 %的表决权资本，同时，根据法律或协议规定，A 公司可以决定 B 公司的财务和生产经营等政策，达到对 B 公司的财务和经营政策实施控制。

（3）有权任免被购买企业董事会或类似权力机构绝大多数成员。这种情况是指虽然投资企业拥有被投资单位 50%或以下的表决权资本，但根据章程、协议等有权任免被投资单位董事会或类似机构的绝大多数成员，以达到实质上控制的目的。

（4）在被购买企业董事会或类似权力机构具有绝大多数投票权。这种情况是指，虽然投资企业拥有被投资单位 50%或以下的表决权资本，但能够控制被投资单位董事会等类似权力机构的会议，从而能够控制其财务和经营政策，达到对被投资单位的控制。

2. 确定购买日

购买日是购买方获得对被购买方控制权的日期，即企业合并交易进行过程中，发生控制权转移的日期。同时满足了以下条件时，一般可认为实现了控制权的转移，形成购买日。

（1）企业合并合同或协议已获股东大会等内部权力机构通过，如对于股份有限公司，其内部权力机构一般指股东大会。

（2）按照规定，合并事项需要经过国家有关主管部门审批的，已获得相关部门的批准。

（3）参与合并各方已办理了必要的财产权交接手续。作为购买方，其通过企业合并无论是取得对被购买方的股权还是被购买方的全部净资产，能够形成与取得股权或净资产相关的风险和报酬的转移，一般需办理相关的财产权交接手续，从而从法律上保障有关风险和报酬的转移。

（4）购买方已支付了购买价款的大部分（一般应超过 50%），并且有能力支付剩余款项。

（5）购买方实际上已经控制了被购买方的财务和经营政策，并享有相应的收益和风险。

企业合并涉及一次以上交换交易的，例如通过逐次取得股份分阶段实现合并，企业应于每一交易日确认对被投资企业的各单项投资。“交易日”是指合并方或购买方在自身的账簿和报表中确认对被投资单位投资的日期。在分步实现的企业合并中，购买日是指按照有关标准判断购买方最终取得对被购买企业控制权的日期。

【情景示例3】A 企业于 20×7 年 10 月 20 日取得 B 公司 30%的股权（假定能够对被投资单位施加重大影响），在取得股权相关的风险和报酬发生转移的情况下，A 企业应确认对 B 公司的长期股权投资。在已经拥有 B 公司 30%股权的基础上，A 企业又于 20×8 年 12 月 8 日取得 B 公司 30%的股权，在其持股比例达到 60%的情况下，假定于当日开始能够对 B 公司实施控制，则 20×8 年 12 月 8 日为第二次购买股权的交易日，同时因在当日能够对 B 公司实施控制，20×8 年 12 月 8 日为企业合并的购买日。

3. 确定企业合并成本

企业合并成本包括购买方为进行企业合并支付的现金或非现金资产、发行或承担的债务、发行的权益性证券等在购买日的公允价值。

在某些情况下，当企业合并合同或协议中规定视未来或有事项的发生，购买方通过发行额外证券、支付额外现金或其他资产等方式追加合并对价，或者要求返还之前已经支付的对价，购买方应当将合并协议约定的或有对价作为企业合并转移对价的一部分，按照其在购买日的公允价值计入企业合并成本。根据《企业会计准则第 22 号——金融工具确认和计量》《企业会计准则第 37 号——金融工具列报》以及其他相关准则的规定，或有对价符合金融负债或权益工具定义的，购买方应当将拟支付的或有对价确认为一项负债或权益；符合资产定义并满足资产确认条件的，购买方应当将符合合并协议约定条件的、对已支付的合并对价中可收回部分的权利确认为一项资产。

非同一控制下企业合并中发生的与企业合并直接相关的费用，包括为进行合并而发生的会计审计费用、法律服务费用、咨询费用等，与同一控制下企业合并进行过程中发生的有关费用处理相一致，计入管理费用。这里所称合并中发生的各项直接相关费用，不包括与为进行企业合并发行的权益性证券或发行的债务相关的手续费、佣金等，该部分费用应比照本章关于同一控制下企业合并中类似费用的原则处理，即应抵减权益性证券的溢价发行收入或是计入所发行债务的初始确认金额。

4. 企业合并成本在取得的可辨认资产和负债之间的分配

在非同一控制下的企业合并中，通过企业合并交易，购买方无论是取得对被购买方生产经营决策的控制权还是取得被购买方的全部净资产，从本质上看，取得的均是对被购买方净资产的控制权。视合并方式的不同，在控股合并的情况下，购买方在其个别财务报表中应确认所形成的对被购买方的长期股权投资，该长期股权投资所代表的是购买方对合并中取得的被购买方各项资产、负债享有的份额，具体体现在合并财务报表中应列示的有关资产、负债；在吸收合并的情况下，合并中取得的被购买方各项可辨认资产、负债等直接体现为购买方账簿及个别财务报表中的资产、负债项目。

（1）购买方在企业合并中取得的被购买方各项可辨认资产和负债，要作为本企业的资产、负债（或合并财务报表中的资产、负债）进行确认，在购买日，应当满足资产、负债的确认条件。有关的确认条件如下。

① 合并中取得的被购买方的各项资产（无形资产除外），其所带来的未来经济利益预期能够流入企业且公允价值能够可靠计量的，应单独作为资产确认；

② 合并中取得的被购买方的各项负债（或有负债除外），履行有关的义务预期会导致经济利益流出企业且公允价值能够可靠计量的，应单独作为负债确认。

（2）企业合并中取得的无形资产的确认。

在非同一控制下的企业合并中，购买方在对企业合并中取得的被购买方资产进行初始确认时，应当对被购买方拥有的但在财务报表中未确认的无形资产进行充分辨认和合理判断，满足下列条件之一的应确认为无形资产。

① 源于合同性权利或其他法定权利；

② 能够从被购买方中分离或者划分出来，并能单独或与相关合同、资产和负债一起，用于出售、转移、授予许可租赁或交换。

企业合并中取得的单独确认的无形资产，一般是按照合同或法律产生的权利，某些并非产生于合同或法律规定的无形资产，需要区别于商誉单独确认的条件是能够对其进行区分，即能够区别于被购买企业的其他资产并且能够单独出售、转让、出租等。应区别于商誉单独确认的无形资产一般包括：商标、版权以及与其相关的许可协议、特许权，分销权等类似权利、专利技术、专有技术等。

（3）对于购买方在企业合并时可能需要代被购买方承担的或有负债，在其公允价值能够可靠计量的情况下，应作为合并中取得的负债单独确认。

企业合并中对于或有负债的确认条件，与企业在正常经营过程中因或有事项需要确认负债的条件不同，在购买日，可能相关的或有事项导致经济利益流出企业的可能性还比较小，但其公允价值能够合理确定的情况下，即需要作为合并中取得的负债确认。

（4）企业合并中取得的资产、负债在满足确认条件后，应以其公允价值计量。

对于被购买方在企业合并之前已经确认的商誉和递延所得税项目，购买方在对企业合并成本进行分配、确认合并中取得可辨认资产和负债时不应予以考虑。

在按照规定确定了合并中应予确认的各项可辨认资产、负债的公允价值后，其计税基础与账面价值不同形成暂时性差异的，应当按照所得税会计准则的规定确认相应的递延所得税资产或递延所得税负债。

5. 购买方对合并商誉（或负商誉）的确认

随着企业合并活动越来越频繁，合并中出现的会计问题也越来越多。在诸多问题中，合并商誉历来就是难点问题。企业在合并过程中"购买成本与被购买企业可辨认净资产公允价值的差额"将形成商誉，而这个差额是正数的时候，被称为正商誉，如果这个差额是负数，则称其为负商誉。

在企业合并中，合并报表中要反映合并商誉，而对于如何处理合并商誉，各国会计界在理论上有不同的理解，在实务上也存在着很大的区别。

我国《企业会计准则第 20 号——企业合并》第三章第十三条规定：购买方在购买日应当对合并成本进行分配，按照本准则第十四条的规定确认所取得的被购买方各项可辨认资产、负债及或有负债。

① 购买方对合并成本大于合并中取得的被购买方可辨认净资产公允价值份额的差额应确认为商誉。视企业合并方式的不同，在控股合并的情况下，该差额是指在合并财务报表中应予列示的商誉，即长期股权投资的成本与购买日按照持股比例计算确定应享有被购买方可辨认净资产公允价值份额之间的差额；在吸收合并的情况下，该差额是购买方在其账簿及个别财务报表中应确认的商誉。

商誉在确认以后，持有期间不要求摊销。企业应当按照《企业会计准则第 8 号——资产减值》的规定对其价值进行测试，按照账面价值与可收回金额孰低的原则计量，对于可收回金额低于账面价值的部分，计提减值准备，有关减值准备在提取以后，不能够转回。

② 企业合并成本小于合并中取得的被购买方可辨认净资产公允价值份额的部分（负商誉），应计入合并当期损益中的营业外收入。

在该种情况下，购买方首先要对合并中取得的资产、负债的公允价值、作为合并对价的非现金资产或发行的权益性证券等的公允价值进行复核，如果复核结果表明所确定的各项资产和负债的公允价值确定是恰当的，应将企业合并成本低于取得的被购买方可辨认净资产公允价值份额之间的差额，计入合并当期的营业外收入，并在会计报表附注中予以说明。

在吸收合并的情况下，上述企业合并成本小于合并中取得的被购买方可辨认净资产公允价值份额的差额，应计入购买方合并当期的个别利润表；在控股合并的情况下，上述差额应体现在购买方合并当期的合并利润表中，不影响购买方的个别利润表。

6. 企业合并成本或有关可辨认资产、负债公允价值无法合理确定的情况

对于非同一控制下的企业合并，如果在购买日或合并当期期末，因各种因素影响无法合理确定企业合并成本或合并中取得有关可辨认资产、负债公允价值的，在合并当期期末，购买方应以暂时确定的价值为基础对企业合并交易或事项进行核算。之后取得进一步信息表明有关资产、负债公允价值与暂时确定的价值不同的，应分别按以下情况进行处理。

（1）购买日后 12 个月内对有关价值量的调整

在合并当期期末以暂时确定的价值对企业合并进行处理的情况下，自购买日算起 12 个月

内取得进一步的信息表明，需对原暂时确定的企业合并成本或所取得的资产、负债的暂时性价值进行调整的，应视同在购买日发生，即应进行追溯调整，同时对以暂时性价值为基础提供的比较报表信息，也应进行相关的调整。

【情景示例 4】 A 企业于 20×7 年 9 月 20 日对 B 公司进行吸收合并，合并中取得的一项固定资产不存在活跃市场，为确定其公允价值，A 企业聘请了有关的资产评估机构对其进行评估。至 A 企业 20×7 年财务报告对外报出时，A 企业尚未取得评估报告。A 企业在其 20×7 年财务报告中对该项固定资产暂估的价值为 90 万元，预计使用年限为 5 年，净残值为 0，按照年限平均法计提折旧。在该项企业合并中，A 企业确认商誉 360 万元。假定 A 企业不编制中期财务报告。

20×8 年 4 月，A 企业取得了资产评估报告，确认该项固定资产的价值为 135 万元，则 A 企业应视同在购买日确定的该项固定资产的公允价值为 135 万元，相应调整 20×7 年财务报告中确认的商誉价值（调减 45 万元）及利润表中的折旧费用（调增 3 个月的折旧费 2.25 万元）。

（2）超过规定期限后的价值量调整

自购买日算起 12 个月以后对企业合并成本或合并中取得的可辨认资产、负债价值的调整，应当按照《企业会计准则第 28 号——会计政策、会计估计变更和会计差错更正》的原则进行处理，即应视为会计差错更正，在调整相关资产、负债账面价值的同时，应调整所确认的商誉或是计入合并当期利润表中的金额，以及相关资产的折旧、摊销等。

7. 购买日合并财务报表的编制

非同一控制下的企业合并中形成母子公司关系的，购买方一般应于购买日编制合并资产负债表，反映其于购买日开始能够控制的经济资源情况。在合并资产负债表中，合并中取得的被购买方各项可辨认资产、负债应以其在购买日的公允价值计量，长期股权投资的成本大于合并中取得的被购买方可辨认净资产公允价值份额的差额，体现为合并财务报表中的商誉；长期股权投资的成本小于合并中取得的被购买方可辨认净资产公允价值份额的差额，应计入合并当期损益。因购买日不需要编制合并利润表，该差额体现在合并资产负债表上，应调整合并资产负债表的盈余公积和未分配利润。

8.3.2 非同一控制下企业合并的会计处理

1. 非同一控制下的控股合并的会计处理

非同一控制下的企业合并，购买方所涉及的会计处理问题主要是两个方面：一是购买日因进行企业合并形成的对被购买方的长期股权投资初始投资成本的确定，该成本与作为合并对价支付的有关资产账面价值之间差额的处理；二是购买日合并财务报表的编制。

在非同一控制下的企业合并中，购买方取得对被购买方控制权的，在购买日应当按照确定的企业合并成本（不包括应自被投资单位收取的现金股利或利润），作为形成的对被购买方长期股权投资的初始投资成本，借记"长期股权投资"科目，按享有被投资单位已宣告但尚未发放的现金股利或利润，借记"应收股利"科目，按支付合并对价的账面价值，贷记有关资产或借记有关负债科目，按发生的直接相关费用，借记"管理费用"，贷记"银行存款"等科目。

购买方为取得对被购买方的控制权，以支付非货币性资产为对价的，有关非货币性资产在购买日的公允价值与其账面价值的差额，应作为资产的处置损益，计入合并当期的利润表。其中，以库存商品等作为合并对价的，应按库存商品的公允价值，贷记"主营业务收入"科目，并同时结转相关的成本。

【例8-3】20×7年6月30日，P公司向S公司的股东定向发行1 000万股普通股（每股面值1元，市场价格为8.75元），取得了S公司70%的股权，实现了非同一控制下的控股合并。沿用【例8-2】的数据资料。当日，P公司、S公司资产、负债情况如表8-2所示。计算合并中应确认的合并商誉，并编制购买方于购买日的合并资产负债表时的调整及抵销分录。

（1）确认长期股权投资，会计分录如下。

借：长期股权投资   8 750

  贷：股本   1 000

    资本公积——股本溢价   7 750

（2）计算确定商誉，会计分录如下。

假定S公司除已确认资产外，不存在其他需要确认的资产及负债，则P公司首先计算合并中应确认的合并商誉：

$$\frac{合并}{商誉}=\frac{企业合}{并成本}-合并中取得被购买方可辨认净资产公允价值份额=8\ 750-10\ 850\times70\%=1\ 155（万元）$$

（3）将S公司可辨认资产、负债的账面价值调整为公允价值，会计分录如下。

借：存货   195

  长期股权投资   1 650

  固定资产   2 500

  无形资产   1 000

  贷：资本公积   5 345

（4）编制抵销分录如下。

借：实收资本   2 500

  资本公积   6 845

  盈余公积   500

  未分配利润   1 005

  商誉   1 155

  贷：长期股权投资   8 750

    少数股东权益   3 255

2. 非同一控制下的吸收合并

非同一控制下的吸收合并，购买方在购买日应当将合并中取得的符合确认条件的各项资产、负债，按其公允价值确认为本企业的资产和负债；作为合并对价的有关非货币性资产在购买日的公允价值与其账面价值的差额，应作为资产的处置损益计入合并当期的利润表；确定的企业合并成本与所取得的被购买方可辨认净资产公允价值的差额，视情况分别确认为商誉或是作为企业合并当期的损益计入利润表。其具体处理原则与非同一控制下的控股合并类似，不同点在于在非同一控制下的吸收合并中，取得的可辨认资产和负债是作为个别报表中的项目列示，产生的商誉也是作为购买方账簿及个别财务报表中的资产列示。

【例8-4】沿用【例8-2】的资料。20×7 年 6 月 30 日，P 公司向 S 公司的股东定向增发 1 000 万股普通股（每股面值为 1 元，市价为 10.85 元）对 S 公司进行吸收合并，并于当日取得 S 公司净资产。当日，P 公司、S 公司资产、负债情况如表 8-2 所示，合并日 S 公司具体的账簿资料如表 8-3 所示。

本例中假定 P 公司和 S 公司此次合并为非同一控制下的吸收合并。自 6 月 30 日开始，P 公司能够对 S 公司净资产实施控制，该日即为合并日。

因合并后 S 公司失去其法人资格，P 公司应确认合并中取得的 S 公司的各项资产和负债，并以 S 公司的各项资产和负债的公允价值反映。假定 P 公司与 S 公司在合并前采用的会计政策相同。P 公司对该项合并应进行的账务处理如下。

借：库存现金		3 500
银行存款		2 696 500
其他货币资金		1 800 000
原材料		900 000
库存商品		2 960 000
生产成本		618 000
周转材料		22 000
应收账款		20 000 000
长期股权投资		38 000 000
固定资产		55 000 000
无形资产		15 000 000
贷：短期借款		22 500 000
应付账款		3 000 000
其他应付款		3 000 000
股本		10 000 000
资本公积		98 500 000

8.4 特殊交易形成的企业合并

在企业合并中可能出现一些特殊交易，比如通过多次交易分步实现的企业合并，"反向购买"形成的企业合并等。

8.4.1 通过多次交易分步实现的企业合并

企业合并如果并非通过一次交换交易实现，而是通过多次交换交易分步实现的，则企业在每一单项交易发生时，应确认对被投资单位的投资。投资企业在持有被投资单位的部分股权后，通过增加持股比例等达到对被投资单位形成控制的，购买方应当区分个别财务报表和合并财务报表分别进行会计处理。

1. 个别财务报表

（1）同一控制下的企业合并。

通过多次交易分步实现同一控制下的企业合并，合并日按照取得被合并方所有者权益账面价值的份额，作为长期股权投资的初始投资成本，合并日长期股权投资初始投资成本，与达到合并前的长期股权投资账面价值加上合并日取得股份新支付对价的账面价值之和的差额，调整资本公积（资本溢价或股本溢价），资本公积不足冲减的，冲减留存收益。合并日之前持有的被合并方的股权涉及其他综合收益的也直接转入资本公积（资本溢价或股本溢价），并按以下原则进行会计处理。

① 合并方与合并日之前持有的被合并方的股权投资，保持其账面价值不变。其中，合并日前持有的股权投资作为长期股权投资，并采用成本法核算的，为成本法核算下至合并日应有的账面价值；合并日前持有的股权投资作为长期股权投资并采用权益法核算的，为权益法核算下至合并日应有的账面价值；合并日前持有的股权投资作为金融资产并按公允价值计量的，为至合并日的账面价值。

② 这里所谓的被合并方账面所有者权益，是指被合并方的所有者权益相对于最终控制方而言的账面价值，如果被合并方本身编制合并财务报表的，被合并方的账面所有者权益的价值应当以企业合并财务报表为基础确定。

③ 如果通过多次交易实现同一控制下吸收合并的，按照同一控制下吸收合并相同的原则进行会计处理。

（2）非同一控制下的企业合并。

在个别财务报表中，购买方应当以购买日之前所持被购买方的股权投资的账面价值与购买日新增股权投资成本之和，作为该项投资的初始投资成本；购买日之前持有的被购买方的股权涉及其他综合收益的，应当在处置该项投资时将与其相关的其他综合收益转入当期投资收益。并按以下原则进行会计处理。

① 购买方于购买日之前持有的被购买方的股权投资，保持其账面价值不变，其中，购买日前持有的股权投资作为长期股权投资并采用成本法核算的，为成本法核算下至购买日应有的账面价值；购买日前持有的股权投资作为长期股权投资并采用权益法核算的，为权益法核算下自购买日应有的账面价值；购买日前持有的股权投资，作为金融资产并按公允价值计量的，为至购买日的账面价值。

② 追加的投资，按照购买日期支付对价的公允价值计量，并确认长期股权投资。购买方应当以购买日之前所持被购买方的股权投资的账面价值与购买日新增投资成本之和，作为该项投资的初始投资成本。

③ 购买方对于购买日之前持有的被购买方的股权投资涉及其他综合收益的，例如，购买方原持有的股权投资按照权益法核算时，被购买方持有的其他债权投资公允价值变动确认的其他综合收益，购买方按持股比例计算应享有的份额并确认为其他综合收益的部分，不予处理。待购买方出售被购买方股权时再按出售股权相对应的其他综合收益部分转入出售当期的损益。

④ 如果通过多次交易实现非同一控制下吸收合并的,按照与非同一控制下吸收合并相同的原则进行会计处理。

2. 合并财务报表

(1)同一控制下的企业合并。

多次交易分步实现的同一控制下的企业合并,合并日原所持股权采用权益法核算、按被投资单位实现净利润和原持股比例计算确认的损益、其他综合收益,以及其他净资产变动部分,在合并财务报表中予以冲回,即冲回原权益法下确认的损益和其他综合收益,并转入资本公积(资本溢价或股本溢价)。

合并方的财务报表比较数据追溯调整的期间应不早于双方处于最终控制方的控制之下孰晚的时间。

(2)非同一控制下企业合并。

在合并财务报表中,购买方对于购买日之前所持有的被购买方的股权,应当按照该股权在购买日的公允价值进行重新计量,并按以下原则处理。

① 购买方对于购买日之前所持有的被购买方的股权,应当按照该股权在购买日的公允价值进行重新计量,公允价值与其账面的差额计入当期投资收益。

② 购买日之前持有的被购买方的股权于购买日的公允价值,与购买日新购入股权所支付对价的公允价值之和,为合并财务报表中的合并成本。

③ 在按上述计算的合并成本的基础上,比较购买日被购买方可辨认净资产公允价值的份额,确定购买日应予确认的商誉,或者应计入发生当期损益的金额。

④ 购买方对于购买日之前持有的被购买方的股权涉及其他综合收益的,与其相关的其他综合收益应当转为购买日所属当期投资收益。

8.4.2 反向购买的处理

1. 反向购买的会计处理

非同一控制下的企业合并,以发行权益性证券交换股权的方式进行的,通常发行权益性证券的一方为购买方。但在某些企业合并中,发行权益性证券的一方因其生产经营决策在合并后被参与合并的另一方所控制的,发行权益性证券的一方虽然为法律上的母公司,但其为会计上的被购买方,该类企业合并通常称为"反向购买"。

【情景示例5】A公司为一家规模较小的上市公司,B公司为一家规模较大的公司。B公司拟通过收购A公司的方式达到上市目的,但该交易是通过A公司向B公司原股东发行普通股用以交换B公司原股东持有的对B公司股权方式实现。该项交易后,B公司原控股股东持有A公司50%以上股权,A公司持有B公司50%以上股权,A公司为法律上的母公司,B公司为法律上的子公司,但从会计角度,A公司为被购买方,B公司为购买方。

(1)企业合并成本。

在反向购买中,法律上的子公司(购买方,即会计上母公司)的企业合并成本,是指如果其以发行权益性证券的方式获取在合并后报告主体的股权比例应付出的合并对价,即应向法律上的母公司(被购买方,即会计上子公司)的股东发行的权益性证券数量与其公允价值计算的结果。

购买方的权益性证券在购买日存在公开报价的，通常应以公开报价作为其公允价值；购买方的权益性证券在购买日不存在可靠公开报价的，应参照购买方的公允价值和被购买方的公允价值两者之中有更为明显证据支持的一个作为基础，确定购买方假定应发行权益性证券的公允价值。

（2）合并财务报表的编制。

反向购买后，法律上的母公司应当遵从以下原则编制合并财务报表。

① 合并财务报表中，法律上子公司的资产、负债应以其在合并前的账面价值进行确认和计量。

② 合并财务报表中的留存收益和其他权益余额应当反映的是法律上子公司在合并前的留存收益和其他权益余额。

③ 合并财务报表中的权益性工具的金额应当反映法律上子公司合并前发行在外的股份面值，以及假定在确定该项企业合并成本过程中新发行的权益性工具的金额。但是，在合并财务报表中的权益结构应当反映法律上母公司的权益结构，即法律上母公司发行在外权益性证券的数量和种类。

④ 法律上母公司的有关可辨认资产、负债在并入合并财务报表时，应以其在购买日确定的公允价值进行合并，企业合并成本大于合并中取得的法律上母公司（被购买方）可辨认净资产公允价值的份额体现为商誉，小于合并中取得的法律上母公司（被购买方）可辨认净资产公允价值的份额确认为合并当期损益。

⑤ 合并财务报表的比较信息应当是法律上子公司的比较信息（即法律上子公司的前期合并财务报表）。

⑥ 法律上子公司的有关股东在合并过程中未将其持有的股份转换为对法律上母公司股份的，该部分股东享有的权益份额在合并财务报表中应作为少数股东权益列示。因法律上子公司的部分股东未将其持有的股份转换为法律上母公司的股权，其享有的权益份额仍仅限于对法律上子公司的部分，该部分少数股东权益反映的是少数股东按持股比例计算享有法律上子公司合并前净资产账面价值的份额。另外，对于法律上母公司的所有股东，虽然该项合并中其被认为被购买方，但其享有合并形成报告主体的净资产及损益，不应作为少数股东权益列示。

上述反向购买的会计处理原则仅适用于合并财务报表的编制。法律上母公司在该项合并中形成的对法律上子公司长期股权投资成本的确定，应当遵从《企业会计准则第2号——长期股权投资》的相关规定。

（3）每股收益的计算。

发生反向购买当期，用于计算每股收益的发行在外普通股加权平均数如下。

① 自当期期初至购买日，发行在外的普通股数量应假定为在该项合并中法律上母公司向法律上子公司股东发行的普通股数量。

② 自购买日至期末发行在外的普通股数量为法律上母公司实际发行在外的普通股股数。

反向购买后对外提供比较合并财务报表的，其比较前期合并财务报表中的基本每股收益，应以法律上子公司在每一比较报表期间归属于普通股股东的净损益，除以在反向购买中法律上母公司向法律上子公司股东发行的普通股股数来计算确定。

上述假定法律上子公司发行的普通股股数在比较期间内和自反向购买发生期间的期初至购买日之间未发生变化。如果法律上子公司发行的普通股股数在此期间发生了变动，计算每股收益时应适当考虑其影响，进行调整。

【例8-5】A上市公司于20×7年9月30日通过定向增发本企业普通股对B企业进行合并，取得B企业100%股权。假定不考虑所得税影响。A公司及B企业在合并前简化资产负债表如表8-4所示。

表8-4 A公司及B企业合并前资产负债表 单位：万元

项目	A公司	B企业
流动资产	3 000	4 500
非流动资产	21 000	60 000
资产总额	24 000	64 500
流动负债	1 200	1 500
非流动负债	300	3 000
负债总额	1 500	4 500
所有者权益		
股本	1 500	900
资本公积		
盈余公积	6 000	17 100
未分配利润	15 000	42 000
所有者权益总额	22 500	60 000

其他资料如下。

（1）20×7年9月30日，A公司通过定向增发本企业普通股，以2股换1股的比例自B企业原股东处取得了B企业全部股权。A公司共发行了1 800万股普通股以取得B企业全部900万股普通股。

（2）A公司普通股在20×7年9月30日的公允价值为20元，B企业每股普通股当日的公允价值为40元。A公司、B企业每股普通股的面值为1元。

（3）20×7年9月30日，A公司除非流动资产公允价值较账面价值高4 500万元以外，其他资产、负债项目的公允价值与其账面价值相同。

（4）假定A公司与B企业在合并前不存在任何关联方关系。

对于该项企业合并，虽然在合并中发行权益性证券的一方为A公司，但因其生产经营决策的控制权在合并后由B企业原股东控制，B企业应为购买方，A公司为被购买方。

（1）确定该项合并中B企业的合并成本。A公司在该项合并中向B企业原股东增发了1 800万股普通股，合并后B企业原股东持有A公司的股权比例为54.55%（1 800÷3 300），如果假定B企业发行本企业普通股在合并后主体享有同样的股权比例，则B企业应当发行的普通股股数为750（900÷54.55%-900）万股，B企业每股普通股当日的公允价值为40元，则其公允价值为30 000万元，企业合并成本为30 000万元。

（2）企业合并成本在可辨认资产、负债的分配如下。A公司20×7年9月30日合并资产负债表如表8-5所示。

企业合并成本 30 000

A公司可辨认资产、负债：

流动资产	3 000
非流动资产	25 500
流动负债	（1 200）
非流动负债	（300）
商誉	3 000

（3）每股收益。本例中假定B企业20×6年实现合并净利润1 800万元，20×7年A公司与B企业形成的主体实现合并净利润为3 450万元，自20×6年1月1日至20×7年9月30日，B企业发行在外的普通股股数未发生变化。

A公司20×7年基本每股收益：3 450÷（1 800×9÷12＋3 300×3÷12）=1.59（元）

在提供比较报表的情况下，比较报表中的每股收益应进行调整，A公司20×6年的基本每股收益=1 800÷1 800＝1（元）。

表8-5 　　　　　　　　　　A公司20×7年9月30日合并资产负债表　　　　　　　　　　单位：万元

项目	金额	项目	金额
流动资产	7 500	流动负债	2 700
非流动资产	85 500	非流动负债	3 300
商誉	3 000	负债总额	6 000
资产总额	96 000	所有者权益：	
		股本（3 300万股普通股）	1 650
		资本公积	29 250
		盈余公积	17 100
		未分配利润	42 000
		所有者权益总额	90 000

（4）在本例中，B企业的全部股东中假定只有其中的90%以原持有的对B企业股权换取了A公司增发的普通股。A公司应发行的普通股股数为1 620万股（900×90%×2）。企业合并后，B企业的股东拥有合并后报告主体的股权比例为51.92%（1 620÷3 120）。通过假定B企业向A公司发行本企业普通股在合并后主体享有同样的股权比例，在计算B企业须发行的普通股数量时，不考虑少数股权的因素，故B企业应当发行的普通股股数为750万股（900×90%÷51.92%－900×90%），B企业在该项合并中的企业合并成本为30 000万元[（1 560－810）×40]，B企业未参与股权交换的股东拥有B企业的股份为10%，享有B企业合并前净资产的份额为6 000万元，在合并财务报表中应作为少数股东权益列示。

2. 非上市公司购买上市公司股权实现间接上市的会计处理

非上市公司以所持有的对子公司投资等资产为对价取得上市公司的控制权，构成反向购买的，上市公司编制合并财务报表时应当区别以下情况处理。

（1）交易发生时，上市公司未持有任何资产负债或仅持有现金、交易性金融资产等不构成业务的资产或负债的，上市公司在编制合并财务报表时，购买企业应按照权益性交易的原则进行处理，不得确认商誉或计入当期损益。

（2）交易发生时，上市公司保留的资产、负债构成业务的，对于形成非同一控制下企业合并的，企业合并成本与取得的上市公司可辨认净资产公允价值份额的差额应当确认为商誉或是计入当期损益。

业务是指企业内部某些生产经营活动或资产负债的组合，该组合具有投入、加工处理过程和产出能力，能够独立计算其成本费用或所产生的收入等，目的在于为投资提供股利、降低成本或带来其他经济利益。有关资产或资产、负债的组合具备了投入和加工处理过程两个要素即可认为构成一项业务。对于取得的资产、负债组合是否构成业务，应当由企业结合实际情况进行判断。

非上市公司取得上市公司的控制权，构成反向购买的，上市公司在其个别财务报表中应当按照《企业会计准则第 2 号——长期股权投资》的相关规定确定取得资产的入账价值。上市公司的前期比较个别报表应为其自身个别报表。

8.4.3　购买子公司少数股权的处理

企业在取得对子公司的控制权，形成企业合并后，自子公司的少数股东处取得少数股东拥有的对该子公司全部或部分少数股权，该类交易或事项发生以后，应当遵循以下原则区别母公司个别财务报表以及合并财务报表两种情况进行处理。

1. 在母公司个别财务报表中的处理原则

母公司从子公司少数股东处新取得的长期股权投资应当按照原持有的股权投资账面价值加上新增投资成本之和，作为初始投资成本。

2. 在合并财务报表中的处理原则

购买子公司少数股权的交易日，母公司新取得的长期股权投资与按照新增持股比例计算应享有子公司自购买日（或合并日）开始持续计算的可辨认净资产份额之间的差额，应当调整合并财务报表中的资本公积（资本溢价或股本溢价），资本公积（资本溢价或股本溢价）的余额不足冲减的，调整留存收益。

【例 8-6】A 公司于 20×6 年 12 月 29 日以 20 000 万元取得对 B 公司 70%的股权，能够对 B 公司实施控制，形成非同一控制下的企业合并。20×7 年 12 月 25 日 A 公司又出资 7 500 万元自 B 公司的其他股东处取得 B 公司 20%的股权。本例中 A 公司与 B 公司及 B 公司的少数股东在相关交易发生前不存在任何关联方关系。

（1）20×6 年 12 月 29 日，A 公司在取得 B 公司 70%股权时，B 公司可辨认净资产公允价值总额为 25 000 万元。

（2）20×7 年 12 月 25 日，B 公司有关资产、负债的账面价值、自购买日开始持续计算的金额（对母公司的价值）如表 8-6 所示。

表 8-6　　　B 公司有关资产、负债的账面价值及自购买日开始持续计算的金额　　　单位：万元

项目	B 公司的账面价值	B 公司资产、负债自购买日开始持续计算的金额（对母公司的价值）
存货	1 250	1 250
应收款项	6 250	6 250
固定资产	10 000	11 500
无形资产	2 000	3 000
其他资产	5 500	8 000

续表

项目	B公司的账面价值	B公司资产、负债自购买日开始持续 计算的金额（对母公司的价值）
应付款项	1 500	1 500
其他负债	1 000	1 000
净资产	22 500	27 500

分析如下。

（1）确定A公司对B公司长期股权投资的成本。

20×6年12月29日为该非同一控制下企业合并的购买日，A公司取得对B公司长期股权投资的成本为20 000万元。

20×7年12月25日，A公司在进一步取得B公司20%的少数股权时，支付价款7 500万元。该项长期股权投资在20×7年12月25日的账面余额为27 500万元。

（2）编制合并财务报表时的处理。

① 商誉的计算。A公司取得对B公司70%股权时产生的商誉=20 000−25 000×70%=2 500（万元），在合并财务报表中应体现的商誉为2 500万元。

② 所有者权益的调整。在合并财务报表中，B公司的有关资产、负债应以其对母公司A的价值进行合并，即与新取得的20%股权相对应的被投资单位可辨认资产、负债的金额=27 500×20%=5 500（万元）。

因购买少数股权新增加的长期股权投资成本7 500万元与按照新取得的股权比例（20%）计算确定应享有子公司自购买日开始持续计算的可辨认净资产份额5 500万元之间的差额2 000万元，在合并资产负债表中应当调整所有者权益相关项目，首先调整资本公积（资本溢价或股本溢价），在资本公积（资本溢价或股本溢价）的金额不足冲减的情况下，调整留存收益。

8.4.4　不丧失控制权情况下处置部分对子公司投资的处理

企业如将对子公司部分股权出售，但出售后仍保留对被投资单位控制权，被投资单位仍为其子公司，出售股权的交易应区别母公司个别财务报表与合并财务报表分别处理。

1. 在母公司个别财务报表中的处理原则

母公司从个别财务报表角度，应作为长期股权投资的处置，确认有关处置损益。即出售股权取得的价款或对价的公允价值与所处置投资账面价值的差额，应作为投资收益或是投资损失计入处置投资当期母公司的个别利润表。

2. 在合并财务报表中的处理原则

在合并财务报表中，因出售部分股权后，母公司仍能够对被投资单位实施控制，被投资单位应当纳入母公司合并财务报表。在合并财务报表中，处置长期股权投资取得的价款（或对价的公允价值）与处置长期股权投资相对应享有子公司净资产的差额应当计入所有者权益（资本公积——资本溢价或股本溢价），资本公积（资本溢价或股本溢价）的余额不足冲减的，应当调整留存收益。

【例8-7】甲公司于20×6年2月20日取得乙公司80%股权，成本为8 600万元，购买日乙公司可辨认净资产公允价值总额为9 800万元。假定该项合并为非同一控制下企业合并，且按照税法规定该项合并为应税合并。20×8 年 1 月 2 日，甲公司将其持有的对乙公司长期股权投资其中的 25%对外出售，取得价款 2 600 万元。出售投资当日，乙公司自甲公司取得其 80%股权之日持续计算的应当纳入甲公司合并财务报表的可辨认净资产总额为12 000 万元。该项交易后，甲公司仍能够控制乙公司的财务和生产经营决策。

在本例中，甲公司出售部分对乙公司股权后，因仍能够对乙公司实施控制，该交易属于不丧失控制权情况下处置部分对子公司投资，甲公司应当区分个别财务报表和合并财务报表进行处理。

（1）甲公司个别财务报表，会计分录如下。

借：银行存款　　　　　　　　　　　　　　26 000 000
　　贷：长期股权投资　　　　　　　　　　　21 500 000
　　　　投资收益　　　　　　　　　　　　　 4 500 000

（2）甲公司合并财务报表中的处理如下。

出售股权交易日，在甲公司合并财务报表中，出售乙公司股权取得的价款 2 600 万元与所处置股权相对应乙公司净资产 2 400 万元之间的差额应当调整增加合并资产负债表中的资本公积。

8.4.5　丧失控制权情况下处置子公司的处理

企业因处置部分股权投资等原因丧失了对被投资方的控制权的，应当区分个别财务报表和合并财务报表进行相关会计处理。

1. 在母公司个别财务报表中的处理原则

在个别财务报表中，对于处置的股权应当按照长期股权投资的规定进行会计处理；同时，对于剩余股权应当按照其账面价值确认为长期股权投资或其他相关金融资产，处置后的剩余股权能够对原有子公司实施重大影响或形成对合营企业的权益性投资的，按有关成本法转为权益法的相关规定进行会计处理。

2. 在合并财务报表中的处理原则

在编制合并财务报表时，对于剩余股权，应当按照其在丧失控制权日的公允价值进行重新计量。处置股权取得的对价与剩余股权公允价值之和，减去按原持股比例计算应享有原有子公司自购买日或合并日开始持续计算的净资产的份额之间的差额，计入丧失控制权当期的投资收益，同时冲减商誉。与原有子公司股权投资相关的其他综合收益等，应当在丧失控制权时转为当期投资收益。

企业通过多次交易分步处置对子公司股权投资直至丧失控制权的，如果处置对子公司股权投资直至丧失控制权的各项交易属于一揽子交易的，应当将各项交易作为一项处置子公司并丧失控制权的交易进行会计处理；但是，在丧失控制权之前每一次处置价款与处置投资对应的享有该子公司净资产份额的差额，在合并财务报表中应当确认为其他综合收益，在丧失控制权时一并转入丧失控制权当期的损益。

处置对子公司股权投资的各项交易的条款、条件以及经济影响符合下列一种或多种情况，通常表明应将多次交易事项作为一揽子交易进行会计处理。

（1）这些交易是同时或者在考虑了彼此影响的情况下订立的；

（2）这些交易整体才能达成一项完整的商业结果；

（3）一项交易的发生取决于其他至少一项交易的发生；

（4）一项交易单独考虑时是不经济的，但是和其他交易一并考虑时是经济的。

思考题

1. 什么是企业合并？

2. 企业合并的方式有哪些？

3. 企业合并的合并费用如何处理？

4. 非同一控制下企业合并时如何确定合并商誉？

5. 同一控制下企业合并中取得资产、负债入账价值的如何确定？

6. 非同一控制下企业合并中取得资产、负债入账价值的如何确定？

练习题

第8章

合并财务报表 | 第9章

【学习目标】

- 了解合并财务报表的合并理念；
- 掌握合并财务报表合并范围的确定依据；
- 熟悉合并财务报表的编制程序；
- 掌握合并财务报表编制程序中有关调整和抵销分录的编制；
- 掌握合并日合并财务报表的编制方法；
- 掌握合并日后首期及连续各期合并财务报表的编制。

【思维导图】

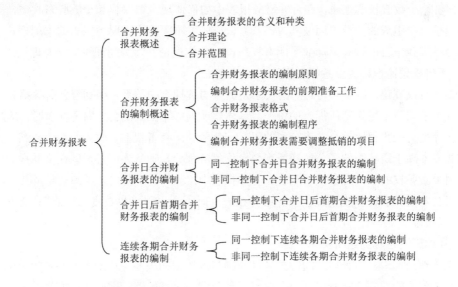

9.1

合并财务报表概述

9.1.1 合并财务报表的含义和种类

1. 合并财务报表的含义

合并财务报表，是指反映母公司和其全部子公司形成的企业集团（以下简称企业集团）整体财务状况、经营成果和现金流量的财务报表。

企业合并形成企业集团以后，母公司及其所属的子公司各自仍为独立的法人实体，因此仍应单独编制各自的财务报表。但是，作为企业集团，还应对外公开报告企业集团整体的会计信息，以便母公司及企业集团的投资者、债权人和其他报表使用者，了解企业集团整体的资源总量及其来源，了解企业集团整体对外交易的经营成果，所以企业集团还要编制合并财务报表。

2. 合并财务报表的种类

（1）按编制时间及目的不同进行分类。

合并财务报表按编制时间及目的进行分类，分为合并日合并财务报表和合并日后合并财务报表两类。合并日合并财务报表即控股权取得日当天编制的合并财务报表；合并日后合并财务报表即控股权取得日后的每一个资产负债表日编制的合并财务报表。

（2）按反映的具体内容不同进行分类。

合并财务报表按反映的具体内容不同分为：合并资产负债表、合并利润表、合并所有者权益变动表以及合并现金流量表。

9.1.2 合并财务报表的合并理论

在企业集团中，当子公司为母公司的非全资子公司，母公司拥有子公司的股份不足 100% 时，如何看待少数股权的性质，在合并财务报表中如何体现少数股权和少数股东收益，即如何看待由母子公司组成的企业集团及其内部联系，形成了不同的合并财务报表的编制理论。经过长期的会计实践，目前国际上形成了所有权理论、实体理论、母公司理论等合并理论。

1. 所有权理论也称为业主权益理论

依据所有权理论，母子公司之间的关系是拥有与被拥有的关系，编制合并财务报表的目的是为了向母公司股东报告其所拥有的资源。具体体现为：①在编制合并财务报表时，应当按照母公司实际拥有的股权比例合并子公司的资产、负债和所有者权益，收入、费用和利润，母公司的购买成本高于所获得的子公司净资产公允价值的部分，确认为商誉反映在合并报表中，属于子公司少数股权的资产及负债不包含在合并报表中；②母、子公司之间的交易及其未实现损益，按母公司的持股比例抵销；③合并财务报表上既不会出现"少数股东权益"，也不会存在"少数股东损益"。

2. 实体理论也称为经济实体理论

依据该理论，母、子公司之间的关系是控制与被控制的关系，而非拥有与被拥有的关系。母公司对子公司的控制意味着母公司有权支配子公司的全部资产，因此母、子公司组成的企业集团是一个经济实体。具体表现为：①合并时，子公司的所有资产、负债均以公允价值计量，在合并过程中产生的商誉由全体股东分享，子公司少数股东也享有商誉，而不仅仅是由母公司享有；②子公司中的少数股东权益，是企业集团股东权益的一部分，在资产负债表中应与母公司的权利权益并列；③合并净收益属于企业集团全体股东的收益，要在母公司和子公司的少数股东之间进行分配，合并净收益经过分配形成属于母公司的投资收益和属于少数股东的少数股东损益；④在编制合并财务报表时，所有内部交易产生的未实现利润，无论顺流交易还是逆流交易均应全额抵销。

3. 母公司理论

母公司理论是一种站在母公司股东角度，来看待母、子公司之间的控股合并关系的合并理论。母公司理论主张从母公司股东的角度来编制合并财务报表，将合并财务报表视为母公司财务报表的延伸，将少数股权视为负债，少数股东损益视为费用。具体表现为：①子公司中的少数股东权益作为资产负债表中的负债项目列示；②少数股东在子公司当年净收益中应享有的收益份额作为合并利润表中的费用项目列示；③对子公司的同一资产项目采用双重计价，属于母公司的权益部分按公允价值计价，而属于少数股东权益的部分仍按历史成本计价，合并商誉与子公司持少数股权的股东无关；④公司间交易未实现利润在顺流交易时要全额抵销，在逆流交易时应按母公司所享有的权益比例抵销。

我国《企业会计准则第 33 号——合并财务报表》准则体现了母公司理论与经济实体理论的结合，即有的地方体现了母公司理论，有的地方体现了经济实体理论，具体表现在：①商誉的计量采用母公司理论，即只反映属于母公司的部分，不反应属于少数股东的商誉；②合并利润采用经济实体理论，即合并净利润归属母公司股东，子公司实现的净利润要在母公司和子公司的少数股东之间进行分配，少数股东损益作为减项但不是费用；③少数股东权益是合并股东权益的一部分，在资产负债表中应与母公司的权益并列；④公司间的内部交易所发生的未实现损益，采用经济实体理论，即无论是顺流交易还是逆流交易均应当全额抵销。

9.1.3 合并财务报表的合并范围

合并范围是指可纳入合并财务报表的企业范围。正确确定合并范围是编制合并财务报表的重要前提，对完善合并会计理论体系避免合并财务报表实务中的主观随意性，提高合并财务报表信息的相关性都具有重要意义。

1. 合并范围的确定

根据《企业会计准则第 33 号——合并财务报表》，合并财务报表的合并范围应当以控制为基础予以确定。确定合并范围的核心内容应准确把握以下几个关键词：控制、投资性主体。

2. 控制的判定

控制是指投资方拥有对被投资方的权力，通过参与被投资方的相关活动而享有可变回报，并且有能力运用对被投资方的权力影响其回报金额。

判定控制三要素包括：投资方拥有对被投资方的权力；因参与被投资方的相关活动而享有可变回报；有能力运用对被投资方的权力影响其回报金额。当且仅当投资方具备上述三要素时，才能表明投资方能够控制被投资方。

微视频

合并财务报表
——控制

（1）投资方拥有对被投资方的权力。

投资方拥有对被投资方的权力是判断控制的第一要素。投资方需要通过识别被投资方并评估其设立目的和设计，识别被投资方的相关活动以及对相关活动进行决策的机制，确定投资方及涉入被投资方的其他方拥有的与被投资方相关的权利等，以确定投资方当前是否有能力主导被投资方的相关活动。在评估投资方拥有对被投资方的权力时，主要通过以下三个步骤。

① 评估被投资方的设立目的和设计。

当判断对被投资方的控制时，投资方应考虑被投资方的设立目的及设计，以明确哪些是相关活动、相关活动的决策机制、谁拥有现时能力主导这些活动，以及谁从这些活动中获得可变回报。了解被投资方的设立目的和设计有助于了解每个投资方的目的，即：投资方为何参与被投资方的相关活动，参与了哪些活动。这一步骤贯穿控制判断的始终。评估的结果有以下几种。

第一种情形，被投资方的设计安排表明表决权是判断控制的决定因素。当对被投资方的控制是通过持有其一定比例表决权或是潜在表决权的方式时，在不存在其他改变决策的安排的情况下，主要根据通过行使表决权来决定被投资方的财务和经营政策的情况判断控制。例如，在不存在其他因素时，通常持有半数以上表决权的投资方控制被投资方，但是，当章程或其他协议存在某些特殊约定（如被投资方相关活动的决策需要三分之二以上表决权比例通过）时，拥有半数以上但未达到约定比例等并不意味着能够控制被投资方。

第二种情形，被投资方的设计安排表明表决权不是判断控制的决定因素。当表决权仅与被投资方的日常行政管理活动有关，不能作为判断控制被投资方的决定性因素，被投资方的相关活动可能由其他合同安排规定时，投资方应结合被投资方设计产生的风险和收益、被投资方转移给其他投资方的风险和收益，以及投资方面临的风险和收益等一并判断是否控制被投资方。

需要强调的是，在判断控制的各环节都需要考虑被投资方的设立目的和设计。

【情景示例1】A企业对非关联方B公司的一家全资子公司C公司增资，增资完成后，A企业持有C公司60%的股权及表决权，B公司持有C公司40%的股权及表决权。根据协议，B公司将在3年后以固定价格回购A企业持有的C公司股权。C公司是专门建造一个大型资产并用于租赁的项目公司，其建造期为5年，A企业增资的时候，C公司的资产已经建造了2年。

在本例中，被投资方的业务活动是用5年的时间建造一个大型资产，之后以租金的方式取得回报。A企业增资的时候，C公司的资产建造已经开始，很可能许多与建造事项有关的重要事项的决策已完成，当A企业的经营期限结束并将持有的C公司股份以固定价格出售给B公司时，C公司刚刚完成建造活动，尚未开始产生回报。在这种情况下，A企业并不能主导C公司的相关活动，而且A企业也无法通过参与C公司活动取得可变回报，A企业是通过B公司回购股权来收回其投资成本并取得收益的。因此，即使A企业拥有半数以上的表决权，也不能控制被投资方C公司。

② 识别被投资方的相关活动及其决策机制。

被投资方为经营目的而从事众多活动，但这些活动并非都是相关活动。a.相关活动是对被投资方的回报产生重大影响的活动。识别被投资方相关活动的目的是确定投资方对被投资方是否拥有权力。不同企业的相关活动可能是不同的，应当根据企业的行业特征、业务特点、发展阶段、市场环境等具体情况来进行判断，这些活动可能包括但不限于下列活动：商品或劳务的销售和购买；金融资产的管理；资产的购买和处置；研究与开发；融资活动。对许多企业而言，经营和财务活动通常会对其回报产生重大影响。b.被投资方的决策机制，投资方是否拥有权力，不仅取决于被投资方的相关活动，还取决于对相关活动进行决策的方式。例如，对被投资方的经营、融资等活动作出决策（包括编制预算）的方式，任命被投资方的关键管理人员、给付薪酬及终止劳动合同关系的决策方式等。相关活动一般由企业章程、协议中约定的权力机构（如股东会、董事会）来决策，特殊情况下，相关活动也可能根据合同协议约定等由其他主体决策，如专门设置的管理委员会等。有限合伙企业的相关活动可能由合伙人大会决策，也可能由普通合伙人或者投资管理公司等决策。

③ 确定投资方拥有的与被投资方相关的权力。

通常情况下，当被投资方从事一系列对其回报产生显著影响的经营及财务活动，且需要就这些活动连续地进行实质性决策时，表决权或类似权利本身或者结合其他安排，将赋予投资方拥有权力。但在一些情况下，表决权不能对被投资方回报产生重大影响（如表决权可能仅与日常行政活动有关），被投资方的相关活动由一项或多项合同安排决定。投资方拥有的与被投资方相关的权力有以下5种情形。

第一种情形，投资方拥有多数表决权的权力。表决权是对被投资方经营计划、投资方案、年度财务预算方案和决算方案、利润分配方案和弥补亏损方案、内部管理机构的设置、聘任或解聘公司经理及确定其报酬、公司的基本管理制度等事项进行表决而持有的权利。表决权比例通常与其出资比例或持股比例是一致的，但公司章程另有规定的除外。

通常情况下，当被投资方的相关活动由持有半数以上表决权的投资方决定，或者主导被投资方相关活动的管理层多数成员（管理层决策由多数成员表决通过）由持有半数以上表决权的投资方聘任时，无论该表决权是否行使，持有被投资方过半数表决权的投资方拥有对被投资方的权力，但下述两种情况除外。

第一种情况是存在其他安排赋予被投资方的其他投资方拥有对被投资方的权力。例如，存在赋予其他方拥有表决权或实质性潜在表决权的合同安排，且该其他方不是投资方的代理人时，投资方不拥有对被投资方的权力。

第二种情况是投资方拥有的表决权不是实质性权利。例如，有确凿证据表明，由于客观原因无法获得必要的信息或存在法律法规的障碍，投资方虽持有半数以上表决权但无法行使该表决权时，该投资方不拥有对被投资方的权力。

投资方在判断是否拥有对被投资方的权力时，应当仅考虑与被投资方相关的实质性权利，包括自身所享有的实质性权利以及其他方所享有的实质性权利。

【情景示例2】投资方持有一份将于25天后结算的远期股权购买合同，该合同赋予投资方行权后能够持有被投资方的多数表决权股份。另外，能够对被投资方相关活动进行决策的最早时间是30天后才能召开的特别股东大会。其他投资方不能对被投资方相关活动现行的政策作出任何改变。

本例中，虽然投资方持有的远期股权购买合同25天后才能结算，不是当前可执行的权利，但是由于股东大会最早召开的时间在30天后，晚于远期合同的可行权日(25天后)，在投资方执行远期合同之前，没有其他任何一方可以改变与被投资方的相关活动有关的决策。因此，虽然该权利当前不可执行，但仍然为一项实质性权利。

对于投资方拥有的实质性权利，即便投资方并未实际行使，也应在评估投资方是否对被投资方拥有权力时予以考虑。

第二种情形，投资方持有被投资方半数或以下表决权，但通过与其他表决权持有人之间的协议能够控制半数以上表决权。该类协议安排需确保投资方能够主导其他表决权持有人的表决，即，其他表决权持有人按照投资方的意愿进行表决，而不是投资方与其他表决权持有人协商并根据双方协商一致的结果进行表决。

第三种情形，投资方拥有多数表决权但没有权力。确定持有半数以上表决权的投资方是否拥有权力，关键在于该投资方现时是否有能力主导被投资方的相关活动。当其他投资方现时有权力能够主导被投资方的相关活动，且其他投资方不是投资方的代理人时，投资方就不拥有对被投资方的权力。当表决权不是实质性权利时，即使投资方持有被投资方多数表决权，也不拥有对被投资方的权力。例如，被投资方相关活动被政府、法院、管理人、接管人、清算人或监管人等其他方主导时，投资方虽然持有多数表决权，但也不可能主导被投资方的相关活动。被投资方自行清算的除外。

第四种情形，持有被投资方半数或半数以下表决权。持有半数或半数以下表决权的投资方（或者虽持有半数以上表决权，但表决权比例仍不足以主导被投资方相关活动的投资方，本部分以下同），应综合考虑下列事实和情况，以判断其持有的表决权与相关事实和情况相结合是否赋予投资方拥有对被投资方的权力。

① 投资方持有的表决权份额相对于其他投资方持有的表决权份额的大小，以及其他投资方持有表决权的分散程度。

② 投资方和其他投资方持有的潜在表决权。潜在表决权是获得被投资方表决权的权利，例如，可转换工具、可执行认股权证、远期股权购买合同或其他期权所产生的权利。

③ 其他合同安排产生的权利。投资方可能通过持有的表决权和其他决策权相结合的方式使其当前能够主导被投资方的相关活动。例如，合同安排赋予投资方能够聘任被投资方董事会或类似权力机构多数成员，这些成员能够主导董事会或类似权力机构对相关活动的决策。

④ 其他相关事实或情况。如果根据上述第（1）项至第（3）项所列因素尚不足以判断投资方是否控制被投资方，根据《企业会计准则第33号——合并财务报表》第十六条，应综合考虑投资方享有的权利、被投资方以往表决权行使情况及下列事实或情况进行判断。

第一，投资方是否能够任命或批准被投资方的关键管理人员，这些关键管理人员能够主导被投资方的相关活动。

第二，投资方是否能够出于自身利益决定或者否决被投资方的重大交易。

第三，投资方是否能够控制被投资方董事会等类似权力机构成员的任命程序，或者从其他表决权持有人手中获得代理投票权。

第四，投资方与被投资方的关键管理人员或董事会等类似权力机构中的多数成员是否存在关联关系（例如，被投资方首席执行官与投资方首席执行官为同一人）。

第五，投资方与被投资方之间是否存在特殊关系。在评价投资方是否拥有对被投资方的权力时，应当适当考虑这种特殊关系的影响，这种特殊关系可能为投资方享有权力提供了证据。

例如，被投资方依赖于投资方提供经营活动所需的大部分资金，投资方为被投资方的大部分债务提供了担保，被投资方在关键服务、技术、供应或原材料方面依赖于投资方，投资方掌握了诸如专利权、商标等对被投资方经营而言至关重要的资产，被投资方依赖于投资方为其提供具备与被投资方经营活动相关专业知识等的关键管理人员等，则表明投资方与被投资方之间存在特殊关系。

【情景示例3】 A公司持有B公司48%有表决权股份，剩余股份由分散的小股东持有，所有小股东单独持有的有表决权股份均未超过1%，且他们之间或其中一部分股东均未达成进行集体决策的协议。

本例中，在判断A公司是否拥有对B公司的权力时，由于A公司虽然持有的B公司有表决权的股份(48%)不足50%，但是，根据其他股东持有股份的相对规模及其分散程度，且其他股东之间未达成集体决策协议等情况，可以判断A公司拥有对B公司的权力。

第五种情形，权力来自表决权之外的其他权利。投资方对被投资方的权力通常来自表决权，但有时，投资方对一些主体的权力不是来自表决权，而是由一项或多项合同安排决定的。例如，证券化产品、资产支持融资工具、部分投资基金等结构化主体。结构化主体，是指在确定其控制方时没有将表决权或类似权利作为决定因素而设计的主体。主导该主体相关活动的依据通常是合同安排或其他安排形式。有关结构化主体的判断见《企业会计准则第41号——在其他主体中权益的披露》。

由于主导结构化主体的相关活动不是来自表决权（或类似权利），而是由合同安排决定，这无形中加大了投资方有关是否拥有对该类主体权力的判断难度。

（2）因参与被投资方的相关活动而享有可变回报。

判断投资方是否控制被投资方的第二项基本要素是，因参与被投资方的相关活动而享有可变回报。可变回报是不固定的并可能随被投资方业绩而变动的回报。投资方在判断其享有被投资方的回报是否变动以及如何变动时，应当根据合同安排的实质，而不是法律形式。例如，投资方持有固定利率的交易性债券投资时，虽然利率是固定的，但该利率取决于债券违约风险及债券发行方的信用风险，因此，固定利率也可能属于可变回报。再如，管理被投资方资产获得的固定管理费也属于可变回报，因为管理者是否能获得此回报依赖于被投资方是否能够产生足够的收益用于支付该固定管理费。投资方应当在综合考虑所有相关事实和情况的基础上对是否控制被投资方进行判断。一旦相关事实和情况的变化导致对控制定义所涉及的相关要素发生变化，投资方应当进行重新评估。

（3）有能力运用对被投资方的权力影响其回报金额。

判断控制的第三项基本要素是，有能力运用对被投资方的权力影响其回报金额。只有当投资方不仅拥有对被投资方的权力，通过参与被投资方的相关活动而享有可变回报，并且有能力运用对被投资方的权力来影响其回报的金额时，投资方才控制被投资方。因此，拥有决策权的投资方在判断是否控制被投资方时，需要考虑其决策行为是以主要责任人（即，实际决策人）的身份进行还是以代理人的身份进行。此外，在其他方拥有决策权时，投资方还需要考虑其他方是否是以代理人的身份代表该投资方行使决策权。

① 实质性权利是指持有人在对相关活动进行决策时有实际能力行使的可执行权利。判断一项权利是否为实质性权利，应当综合考虑所有相关因素，包括权利持有人行使该项权利是否存在财务、价格、条款、机制、信息、运营、法律法规等方面的障碍；当权利由多方持有或者行权需要多方同意时，是否存在实际可行的机制使得这些权利持有人在其愿意的情况下能够一致行权；权利持有人能否从行权中获利等。

在某些情况下，其他方享有的实质性权利有可能会阻止投资方对被投资方的控制。这种实质性权利既包括提出议案以供决策的主动性权利，也包括对已提出议案作出决策的被动性权利。仅享有保护性权利的投资方不拥有对被投资方的权力。

② 保护性权利是指仅为了保护权利持有人利益却没有赋予持有人对相关活动决策权的一项权利。保护性权利通常只能在被投资方发生根本性改变或某些例外情况发生时才能够行使，它既没有赋予其持有人对被投资方拥有权力，也不能阻止其他方对被投资方拥有权力。

除非有确凿证据表明其不能主导被投资方相关活动，下列情况表明投资方对被投资方拥有权力：投资方持有被投资方半数以上的表决权的；投资方持有被投资方半数或以下的表决权，但通过与其他表决权持有人之间的协议能够控制半数以上表决权的。

3. 控制的持续评估

控制的评估是持续的。当环境或情况发生变化时，投资方需要评估控制的三项基本要素中的一项或多项是否发生了变化。如果有任何事实或情况表明控制的三项基本要素中的一项或多项发生了变化，投资方应重新评估对被投资方是否具有控制。

（1）如果对被投资方的权力的行使方式发生变化，该变化必须反映在投资方对被投资方权力的评估中。例如，决策机制的变化可能意味着投资方不再通过表决权主导相关活动，而是由协议或者合同等其他安排赋予其他方主导相关活动的现时权利。

（2）某些事件即使不涉及投资方，也可能导致该投资方获得或丧失对被投资方的权力。例如，其他方以前拥有的能阻止投资方控制被投资方的决策权到期失效，则可能使投资方因此而获得权力。

（3）投资方应考虑因其参与被投资方相关活动而承担的可变回报风险敞口的变化带来的影响。例如，如果拥有权力的投资方不再享有可变回报（如与业绩相关的管理费合同到期），则该投资方将由于不满足控制三要素中的第二要素而丧失对被投资方的控制。

（4）投资方还应考虑其作为代理人或主要责任人的判断是否发生了变化。投资方与其他方之间整体关系的变化可能意味着原为代理人的投资方不再是代理人；反之亦然。例如，如果投资方或其他方的权利发生了变化，投资方应重新评估其代理人或主要责任人的身份。投资方有关控制的判断结论，或者初始评估其是主要责任人或代理人的结果，不会仅因为市场情况的变化（如因市场情况的变化导致被投资方的可变回报发生变化）而变化，除非市场情况的变化导致控制三要素中的一项或多项发生了变化，或者导致主要责任人与代理人之间的关系发生变化。

9.1.4　纳入合并范围的特殊情况——对被投资方可分割部分的控制

投资方通常应当对是否控制被投资方整体进行判断。但在少数情况下，如果有确凿证据表明同时满足下列条件并且符合相关法律法规规定的，投资方应当将被投资方的一部分(以下简称"该部分")视为被投资方可分割部分，进而判断是否控制该部分。

（1）该部分的资产是偿付该部分负债或该部分其他权益的唯一来源，不能用于偿还该部分以外的被投资方的其他负债。

（2）除与该部分相关的各方外，其他方不享有与该部分资产相关的权利，也不享有与该部分资产剩余现金流量相关的权利。

因此，实质上该部分的所有资产、负债及相关权益均与被投资方的其他部分相隔离，即：该部分的资产产生的回报不能由该部分以外的被投资方其他部分使用，该部分的负债也不能用该部分以外的被投资方资产偿还。

如果被投资方的一部分资产和负债及相关权益满足上述条件，构成可分割部分，则投资方应当基于控制的判断标准确定其是否能够控制该可分割部分，包括考虑该可分割部分的相关活动及其决策机制，投资方是否有能力主导可分割部分的相关活动并据以从中取得可变回报等。如果投资方控制该可分割部分，则应将其进行合并。此时，其他方在考虑是否控制并合并被投资方时，应仅对被投资方的剩余部分进行评估，不包括该可分割部分。

9.1.5　合并范围的豁免——投资性主体

1. 豁免规定

母公司应当将其全部子公司（包括母公司所控制的被投资单位可分割部分、结构化主体）纳入合并范围。但是，如果母公司是投资性主体，则只应将那些为投资性主体的投资活动提供相关服务的子公司纳入合并范围，其他子公司不应予以合并。母公司对其他子公司的投资应当按照公允价值计量且其变动计入当期损益。

母公司应当将其全部子公司（包括母公司所控制的单独主体）纳入合并财务报表的合并范围。

2. 投资性主体的认定

投资主体是指从事投资活动，具有一定资金来源，享有投资收益的权、责、利三权统一体。当母公司同时满足下列条件时，该母公司属于投资性主体。

（1）该公司是以向投资者提供投资管理服务为目的，从一个或多个投资者处获取资金；

（2）该公司的唯一经营目的，是通过资本增值、投资收益或两者兼有而让投资者获得回报；

（3）该公司按照公允价值对几乎所有投资的业绩进行考量和评价。

3. 投资性主体的特征

母公司属于投资性主体的，通常情况下应当符合下列所有特征。

（1）拥有一个以上投资；

（2）拥有一个以上投资者；

（3）投资者不是该主体的关联方；

（4）其所有者权益以股权或类似权益方式存在。

投资性主体的母公司本身不是投资性主体，则应当将其控制的全部主体，包括那些通过投资性主体所间接控制的主体，纳入合并财务报表范围。

9.1.6　母公司和子公司的认定

企业集团是由母公司和其全部子公司构成的。母公司和子公司是相互依存的，有母公司必然存在子公司，同样，有子公司必然存在母公司。《企业会计准则第 33 号——合并财务报表》（以下简称合并报表准则）对母公司和子公司进行了定义。

1. 母公司

母公司是指有一个或一个以上子公司的企业（或主体，下同）。从母公司的定义可以看出，母公司要求同时具备以下两个条件。

一是必须有一个或一个以上的子公司，即必须满足合并报表准则所规定的控制要求，能够决定另一个企业的财务和经营政策，并能据以从另一个企业的经营活动中获取利益的权力。母公司可以只控制一个子公司，也可以同时控制多个子公司。

二是母公司可以是企业，如《中华人民共和国公司法》（以下简称《公司法》）所规范的股份有限公司、有限责任公司，也可以是非企业形式但形成会计主体的其他组织，如基金等。

2. 子公司

子公司是指被母公司控制的企业。从子公司的定义可以看出，子公司也要求同时具备以下两个条件。

一是作为子公司必须被母公司控制，并且只能由一个母公司控制，不可能也不允许被两个或多个母公司同时控制。被两个或多个公司共同控制的被投资单位是合营企业，而不是子公司。

二是子公司可以是企业，如《公司法》所规范的股份有限公司、有限责任公司，也可以是非企业形式但形成会计主体的其他组织，如基金以及信托项目等特殊目的主体等。

9.2 | 合并财务报表的编制

9.2.1　合并财务报表的编制原则

合并财务报表作为财务报表，必须符合财务报表编制的一般原则和基本要求，这些基本要求包括真实可靠、内容完整、重要性等。但合并财务报表不同于个别财务报表，合并财务报表反映的是由多个主体组成的企业集团的财务状况、经营成果和现金流量等会计信息。因此合并财务报表编制除遵循会计报表编制的一般原则和要求外，还应遵循以下原则和要求。

1. 合并财务报表每期均以个别会计报表为基础编制

企业集团并非独立的法律主体和会计实体，其本身不设账户和账簿，因此合并财务报表不是直接根据母公司与子公司的账簿编制。合并财务报表是根据母公司和子公司所提供的个别财务报表的数据运用编制抵销分录和工作底稿的特殊方法编制的。

2. 一体性原则，即应将母子公司组成的企业集团看作一个会计主体

合并财务报表反映的是企业集团的财务状况和经营成果，反映的是由多个法人企业组成的一个会计主体的财务状况。在编制合并财务报表时，应当将母公司和所有纳入合并范围的子公司作为整体来看待，视为一个会计主体。应当从企业集团这一整体的角度考虑母公司和子公司发生的经营活动。因此在编制合并财务报表时，对于母公司与子公司以及子公司相互之间发生的经济业务，视同同一会计主体之下的不同核算单位的内部业务。

3. 重要性原则，并非全部的内部交易都要抵销，对于影响非常小的可以忽略

与个别财务报表相比，合并财务报表涉及多个法人主体，涉及的经营活动范围很广。母公司与子公司经营活动往往跨越不同行业界限，有时母公司与子公司经营活动甚至相差很大。在编制合并财务报表时，必须强调重要性原则的运用。母公司与子公司、子公司相互之间发生的经济业务，对于整个企业集团财务状况和经营成果影响不大时，为简化合并手续也应根据重要性原则进行取舍，可以不编制抵销分录而直接编制合并财务报表。

9.2.2　编制合并财务报表的前期准备工作

合并财务报表的编制涉及多个子公司，为了使编制的合并财务报表准确、全面地反映企业集团的真实情况，必须做好一系列的前期准备工作，主要包括以下几个方面。

1. 统一母、子公司的会计政策

会计政策是编制财务报表的基础。统一母公司和子公司的会计政策是保证母、子公司财务报表各项目反映内容一致的基础。只有在财务报表各项目反映内容一致的情况下，才能对其进行加总，编制合并财务报表。因此，在编制合并财务报表前，应统一要求子公司所采用的会计政策与母公司保持一致。对一些境外子公司，由于所在国或地区法律、会计政策等方面的原因，确实无法使其采用的会计政策与母公司所采用的会计政策保持一致的，则应当要求其按照母公司所采用的会计政策，重新编报财务报表，也可以由母公司根据自身所采用的会计政策对境外子公司报送的财务报表进行调整，以重编或调整编制的境外子公司的财务报表，作为编制合并财务报表的基础。

中国境内企业设在境外的子公司在境外发生的交易或事项，因受法律法规限制等境内不存在或交易不常见、企业会计准则未作出规范的，可以将境外子公司已经进行的会计处理结果，在符合基本准则的原则下，按照国际财务报告准则进行调整后，并入境内母公司合并财务报表的相关项目。

2. 统一母、子公司的资产负债表日及会计期间

母公司和子公司的个别财务报表只有在反映财务状况的日期和反映经营成果的会计期间都一致的情况下，才能进行合并。为了编制合并财务报表，必须统一企业集团内母公司和所有子公司的资产负债表日和会计期间，使子公司的资产负债表日和会计期间与母公司的资产负债表日和会计期间保持一致，以便于子公司提供相同资产负债表日和会计期间的财务报表。

对于境外子公司，由于当地法律限制确实不能与母公司财务报表决算日和会计期间一致的，母公司应当按照自身的资产负债表日和会计期间对子公司的财务报表进行调整，以调整后的子公司财务报表为基础编制合并财务报表，也可以要求子公司按照母公司的资产负债表日和会计期间另行编制报送其个别财务报表。

3. 对子公司以外币表示的财务报表进行折算

对母公司和子公司的财务报表进行合并，其前提必须是母、子公司个别财务报表所采用的货币计量单位一致。外币业务比较多的企业应该遵循外币折算准则有关选择记账本位币的相关规定，在符合准则规定的基础上，确定是否采用某一种外币作为记账本位币。在将境外经营纳入合并范围时，应该按照外币折算准则的相关规定进行处理。

4. 收集编制合并财务报表的相关资料

合并财务报表以母公司和其子公司的财务报表以及其他有关资料为依据，由母公司合并有关项目的数额编制。为编制合并财务报表，母公司应当要求子公司及时提供下列有关资料。

（1）子公司相应期间的财务报表；

（2）采用的与母公司不一致的会计政策及其影响金额；

（3）与母公司不一致的会计期间的说明；

（4）与母公司及与其他子公司之间发生的所有内部交易的相关资料，包括但不限于内部购销交易、债权债务、投资及其产生的现金流量和未实现内部销售损益的期初、期末余额及变动情况等资料；

（5）子公司所有者权益变动和利润分配的有关资料；

（6）编制合并财务报表所需要的其他资料。

9.2.3 合并财务报表格式

合并财务报表格式通常在个别财务报表基础上，增加反映集团相应会计信息的项目。

1. 合并资产负债表的格式

合并资产负债表格式与个别资产负债表的格式基本相同，（1）在"无形资产"项目之下增加了"商誉"项目；（2）在所有者权益项目下增加"归属于母公司所有者权益合计""少数股东权益"和"外币报表折算差额"项目。合并资产负债表格式如表 9-1 所示。

表 9-1　　　　　　　　　　　　合并资产负债表　　　　　　　　　　　　会合 01 表

编制单位：××公司　　　　　　　　　　　　　年　月　日　　　　　　　　　　　　单位：万元

资产	期末余额	年初余额	负债和所有者权益（或股东权益）	期末余额	年初余额
流动资产：			流动负债：		
货币资金			短期借款		
交易性金融资产			交易性金融负债		
应收票据			应付票据		
应收账款			应付账款		
应收款项融资			预收款项		
预付款项			合同负债		
其他应收款			应付职工薪酬		
存货			应交税费		
合同资产			其他应付款		
持有待售资产			持有待售负债		
一年内到期的非流动资产			一年内到期的非流动负债		
其他流动资产			其他流动负债		
流动资产合计			流动负债合计		
非流动资产：			非流动负债：		
债权投资			长期借款		
其他债权投资			应付债券		
长期应收款			租赁负债		
长期股权投资			长期应付款		
其他权益工具投资			预计负债		
其他非流动金融资产			递延所得税负债		
投资性房地产			非流动负债合计		
固定资产			负债合计		
在建工程			所有者权益（或股东权益）：		
使用权资产			实收资本（或股本）		
无形资产			其他权益工具		
研发支出			资本公积		
商誉			其他综合收益		
长期待摊费用			盈余公积		
递延所得税资产			未分配利润		
其他非流动资产			外币报表折算差额		
非流动资产合计			归属于母公司所有者权益合计		
			少数股东权益		
			所有者权益合计		
资产总计			负债和所有者权益总计		

2. 合并利润表的基本格式

合并利润表与个别利润表的格式基本相同，（1）在"净利润"项目下增加"归属于母公司股东的净利润"和"少数股东损益"两个项目；（2）在"综合收益总额"项目下增加了"归属于母公司所有者的综合收益总额"和"归属于少数股东的综合收益总额"两个项目。合并利润表的一般格式如表 9-2 所示。

表 9-2　　　　　　　　　　　　　合并利润表　　　　　　　　　　　　　会合 02 表

编制单位：A 公司　　　　　　　　　　　　　　　20×8 年度　　　　　　　　　　　　　　　单位：万元

项目	本期金额	上期金额
一、营业总收入		
其中：营业收入		
二、营业总成本		
其中：营业成本		
税金及附加		
销售费用		
管理费用		
研发费用		
财务费用		
其中：利息费用		
利息收入		
资产减值损失		
信用减值损失		
加：其他收益		
投资收益（损失以"-"号列示）		
其中：对联营企业和合营企业的投资收益		
净敞口套期收益（损失以"-"号填列）		
公允价值变动损益（损失以"-"号填列）		
资产处置损益（损失以"-"号填列）		
三、营业利润（亏损以"-"号填列）		
加：营业外收入		
减：营业外支出		
四、利润总额（亏损总额以"-"号填列）		
减：所得税费用		
五、净利润（净亏损以"-"号填列）		
（一）按经营持续性分类		
1. 持续经营净利润（净亏损以"-"号填列）		
2. 终止经营净利润（净亏损以"-"号填列）		
（二）按所有权归属分类		
1. 少数股东损益（净亏损以"-"号填列）		
2. 归属于母公司股东的净利润（净亏损以"-"号填列）		
六、其他综合收益的税后净额		
归属于母公司所有者的其他综合收益的税后净额		
以后将重分类进损益的其他综合收益		
其中：权益法核算的在被投资单位以后将重分类进损益的其他综合收益中所享有的份额		
归属于少数股东的其他综合收益的税后净额		
七、综合收益总额		
归属于母公司所有者的综合收益总额		
归属于少数股东的综合收益总额		
八、每股收益		
（一）基本每股收益		
（二）稀释每股收益		

3. 合并现金流量表的格式

合并现金流量表是综合反映母公司及其所有子公司组成的企业集团在一定会计期间现金和现金等价物流入和流出的报表。现金流量表作为一张主要报表已经为世界上一些主要国家的会计事务所采用，合并现金流量表的编制也成为各国会计实务的重要内容。

合并现金流量表的具体格式如表 9-3 所示。

合并现金流量表补充资料，既可以以母公司和所有子公司的个别现金流量表为基础，在抵销母公司与子公司、子公司相互之间发生的内部交易对合并现金流量表的影响后进行编制，也可以直接根据合并资产负债表和合并利润表进行编制。

表 9-3　　　　　　　　　　　　　　合并现金流量表　　　　　　　　　　　　会合 03 表

编制单位：××公司　　　　　　　　　　　　年度　　　　　　　　　　　　　　单位：万元

项目	本期金额	上期金额
一、经营活动产生的现金流量：		
销售商品、提供劳务收到的现金		
收到的税费返还		
收到的其他与经营活动有关的现金		
经营活动现金流入小计		
购买商品、接受劳务支付的现金		
支付给职工以及为职工支付的现金		
支付的各项税费		
支付其他与经营活动有关的现金		
经营活动现金流出小计		
经营活动产生的现金流量净额		
二、投资活动产生的现金流量：		
收回投资所收到的现金		
取得投资收益所收到的现金		
处置固定资产、无形资产和其他长期资产所收回的现金净额		
处置子公司及其他营业单位收到的现金净额		
收到的其他与投资活动有关的现金		
投资活动现金流入小计		
购建固定资产、无形资产和其他长期资产所支付的现金		
投资支付的现金		
取得子公司及其他营业单位支付的现金净额		
支付的其他与投资活动有关的现金		
投资活动现金流出小计		
投资活动产生的现金流量净额		
三、筹资活动产生的现金流量：		
吸收投资所收到的现金		
其中：子公司吸收少数股东投资收到的现金		
取得借款收到的现金		
发行债券收到的现金		
收到的其他与筹资活动有关的现金		
筹资活动现金流入小计		
偿还债务所支付的现金		
分配股利、利润或偿付利息支付的现金		
其中：子公司支付给少数股东的股利、利润		
支付其他与筹资活动有关的现金		
筹资活动现金流出小计		
筹资活动产生的现金流量净额		
四、汇率变动对现金及现金等价物的影响		
五、现金及现金等价物净增加额：		
加：期初现金及现金等价物余额		
六、期末现金及现金等价物余额		

4. 合并所有者权益变动表的格式

合并所有者权益变动表的格式与个别所有者权益变动表的格式基本相同。所不同的只是在子公司存在少数股东的情况下，合并所有者权益变动表增加"少数股东权益"栏目，用于反映少数股东权益变动的情况。合并所有者权益变动表的一般格式如表 9-4 所示。

表9-4

合并所有者权益变动表（简表）

编制单位：A公司　　　　　　　　　　　　　　　　　年度

会合04表

单位：万元

项目	本期金额								上年金额							
	归属于母公司所有者权益						少数股东权益	所有者权益合计	归属于母公司所有者权益						少数股东权益	所有者权益合计
	实收资本（或股本）	资本公积	其他综合收益	盈余公积	未分配利润	小计			实收资本（或股本）	资本公积	其他综合收益	盈余公积	未分配利润	小计		
一、上年年末余额																
加：会计政策变更																
前期差错更正																
二、本年年初余额																
三、本年增减变动金额（减少以"-"号填列）																
（一）综合收益总额																
（二）所有者投入和减少资本																
1. 所有者投入的资本																
2. 股份支付计入所有者权益的金额																
3. 其他																
（三）利润分配																
1. 提取盈余公积																
2. 对所有者（或股东）的分配																
3. 其他																
（四）所有者权益内部结转																
1. 资本公积转增资本（或股本）																
2. 盈余公积转增资本（或股本）																
3. 盈余公积弥补亏损																
4. 其他																
四、本年年末余额																

9.2.4　合并财务报表的编制程序

合并财务报表的编制是一项极为复杂的工作，不仅涉及本企业会计业务和财务报表，而且还涉及纳入合并范围的子公司的会计业务和财务报表。为了使合并财务报表的编制工作有条不紊，必须按照一定的程序有步骤地进行。合并财务报表编制的一般程序如下。

1. 设置合并工作底稿

合并工作底稿的作用是为合并财务报表的编制提供基础。在合并工作底稿中，对母公司和纳入合并范围的子公司的个别财务报表各项目的数额进行汇总、调整和抵销处理，最终计算得出合并财务报表各项目的合并数。合并工作底稿的基本格式如表9-5所示。

表 9-5　　　　　　　　　　　　　合并日合并工作底稿　　　　　　　　　　　　　　单位：万元

项目	母公司	子公司	合计数	调整分录		抵销分录		少数股东权益	合并数
				借方	贷方	借方	贷方		
资产负债表项目									
……									
……									
……									
利润表项目									
……									
……									
……									
所有者权益变动表项目									
……									
……									
……									
……									

2. 将个别财务报表的数据过入合并工作底稿

将母公司和纳入合并范围的子公司的个别资产负债表、个别利润表、个别现金流量表及所有者权益变动表各项目的数据过入合并工作底稿，并在合并工作底稿中对母公司和子公司个别财务报表各项目的数据进行加总，计算得出个别资产负债表、个别利润表、个别现金流量表及个别所有者权益变动表各项目合计数额。

3. 编制调整分录和抵销分录

将母公司与子公司、子公司相互之间发生的经济业务对个别财务报表有关项目的影响进行调整抵销处理。编制调整分录与抵销分录，进行调整抵销处理是合并财务报表编制的关键和主要内容，其目的在于将因会计政策及计量基础的差异对个别财务报表的影响进行调整，以及将个别财务报表各项目的加总数据中重复的因素等予以抵销或调整等。

微视频

合并财务报表
——编制抵销分录

4. 计算合并财务报表各项目的合并金额

在母公司和纳入合并范围的子公司个别财务报表项目加总金额的基础上，分别计算合并财务报表中各资产项目、负债项目、所有者权益项目、收入项目和费用项目等的合并金额。其计算方法如下。

（1）资产类项目，其合并金额根据该项目加总的金额，加上该项目调整分录与抵销分录有关的借方发生额，减去该项目调整分录与抵销分录有关的贷方发生额计算确定。

（2）负债类和所有者权益类项目，其合并金额根据该项目加总的金额，减去该项目调整分录与抵销分录有关的借方发生额，加上该项目调整分录与抵销分录有关的贷方发生额计算确定。

（3）有关收入、收益、利得类项目，其合并金额根据该项目加总的金额，减去该项目调整分录与抵销分录的借方发生额，加上该项目调整分录与抵销分录的贷方发生额计算确定。

（4）有关成本费用、损失类项目和有关利润分配的项目，其合并金额根据该项目加总的金额，加上该项目调整分录与抵销分录的借方发生额，减去该项目调整分录与抵销分录的贷方发生额计算确定。

（5）"专项储备"和"一般风险准备"项目由于既不属于实收资本（或股本）、资本公积，也与留存收益、未分配利润不同，在长期股权投资与子公司所有者权益相互抵销后，应当按归属于母公司所有者的份额予以恢复。

5. 填列合并财务报表

根据合并工作底稿中计算出的资产、负债、所有者权益、收入、成本费用类以及现金流量表中各项目的合并金额，填列生成正式的合并财务报表。合并所有者权益变动表也可以根据合并资产负债表和合并利润表进行编制。

9.2.5 编制合并财务报表需要调整抵销的项目

1. 编制合并资产负债表需要调整抵销的项目

合并资产负债表是以母公司和纳入合并范围的子公司的个别资产负债表为基础编制的。对于企业集团内部发生的经济业务，从发生内部经济业务的企业来看，发生经济业务的两方都在其个别财务报表中进行了反映。

【情景解析】例如，企业集团母公司与子公司之间发生的赊购赊销业务，对于赊销企业来说，在其个别利润表中反映了这笔内部交易的营业收入、营业成本以及营业利润，并在其个别资产负债表中反映为应收账款；而对于赊购企业来说，在内部购入的存货未实现对外销售的情况下，则在其个别资产负债表中反映为存货和应付账款。

在这种情况下，资产、负债和所有者权益类各项目的加总金额中，必然包含有重复计算的因素。作为反映企业集团整体财务状况的合并资产负债表，必须将这些重复计算的因素予以扣除，对这些重复的因素进行抵销处理。这些需要扣除的重复因素，就是合并财务报表编制时需要进行抵销处理的项目。

编制合并资产负债表时需要进行抵销处理的主要有以下几项。

（1）母公司对子公司股权投资项目与子公司所有者权益（或股东权益）项目；

（2）母公司与子公司、子公司相互之间发生内部债权债务项目；存货项目，即内部购进存货价值中包含的未实现内部销售损益；

（3）固定资产项目（包括固定资产原价和累计折旧项目），即内部购进固定资产价值中包含的未实现内部销售损益；

（4）无形资产项目，即内部购进无形资产价值包含的未实现内部销售损益。

2. 编制合并利润表和合并所有者权益变动表需要调整抵销的项目

合并利润表和合并所有者权益变动表是以母公司和纳入合并范围的子公司的个别利润表和个别所有者权益变动表为基础编制的。利润表和所有者权益变动表作为以单个企业为会计主体进行会计核算的结果，它从母公司本身或从子公司本身，反映一定会计期间经营成果的形成及其分配情况。在以其个别利润表及个别所有者权益变动表为基础计算的收益和费用等项目的加总数额中，也必然包含有重复计算的因素，在编制合并利润表和合并所有者权益变动表时也需要将这些重复的因素予以扣除。

编制合并利润表和合并所有者权益变动表时需要进行抵销处理的主要有以下几项。

（1）内部销售收入和内部销售成本项目；

（2）内部投资收益项目，包括内部利息收入与利息支出项目、内部股份投资收益项目；

（3）资产减值损失、信用减值损失项目，即与内部交易相关的内部应收账款、存货、固定资产、无形资产等项目的资产减值损失与信用减值损失以及资产处置损益等；

（4）纳入合并范围的子公司利润分配项目。

3. 编制合并现金流量表需要调整抵销的项目

合并现金流量表是综合反映母公司及其子公司组成的企业集团在一定会计期间现金流入、现金流出数额，以及其增减变动情况的财务报表。合并现金流量表以母公司和子公司的现金流量表为基础，在抵销母公司与子公司、子公司相互之间发生内部交易对合并现金流量表的影响后，由母公司编制。

在以母公司和子公司个别现金流量表为基础编制合并现金流量表时，需要进行抵销的内容主要有以下几项。

（1）母公司与子公司、子公司相互之间当期以现金投资或收购股权增加的投资所产生的现金流量应当抵销。当母公司从子公司中购买其持有的其他企业的股票时，由此所产生的现金流量，在购买股权方的母公司的个别现金流量表中，表现为"投资活动产生的现金流量"中的"投资支付的现金"的增加，而在出售股权方的子公司的个别现金流量表中则表现为"投资活动产生的现金流量"中的"收回投资收到的现金"的增加。在母公司对子公司投资的情况下，其所产生的现金流量表在母公司的个别现金流量表中表现为"投资活动产生的现金流量"中的"投资支付的现金"的增加，而在接受投资的子公司个别现金流量表中则表现为"筹资活动产生的现金流量"中的"吸收投资收到的现金"的增加。因此，编制合并现金流量表时将其予以抵销。

（2）母公司与子公司、子公司相互之间当期取得投资收益收到的现金，应当与分配股利、利润或偿付利息支付的现金相互抵销。母公司对子公司投资以及子公司之间进行投资分配现金股利或利润时，由此所产生的现金流量，在股利或利润支付方的个别现金流量表中表现为"筹资活动产生的现金流量"中的"分配股利、利润或偿付利息支付的现金"的增加，而在收到股利或利润方的个别现金流量表中则表现为"投资活动产生的现金流量"中的"取得投资收益收到的现金"的增加，为此，在编制合并现金流量表时必须将其予以抵销。

（3）母公司与子公司、子公司相互之间以现金结算债权与债务所产生的现金流量应当抵销。以现金结算内部债权债务，对于债权方来说表现为现金的流入，而对于债务方来说则表现为现金的流出。在现金结算的债权与债务属于母公司与子公司、子公司相互之间内部销售商品和提供劳务所产生的情况下，从其个别现金流量表来说，在债权方的个别现金流量表中表现为"销售商品、提供劳务收到的现金"的增加；而在债务方的个别现金流量表中则表现为"购买商品、接受劳务支付的现金"的增加。在编制合并现金流量表时必须将由此所产生的现金流量予以抵销。在现金结算的债权与债务属于内部往来所产生的情况下，在债权方的个别现金流量表中表现为"收到的其他与经营活动有关的现金"的增加，在债务方的个别现金流量表中表现为"支付的其他与经营活动有关的现金"的增加，在编制合并现金流量表时由此所产生的现金流量也必须将其予以抵销。

（4）母公司与子公司、子公司相互之间当期销售商品所产生的现金流量应当抵销。母公司与子公司、子公司相互之间当期销售商品在没有形成固定资产、在建工程、无形资产等资产的情况下，该内部销售商品所产生的现金流量，在销售方的个别现金流量表中表现为"销售商品、提供劳务收到的现金"的增加，而在购买方的个别现金流量表中则表现为"购买商品、接受劳务支付的现金"的增加。而在母公司与子公司、子公司相互之间当期销售商品形成固定资产、工程物资、在建工程、无形资产等资产的情况下，该内部销售商品所产生的现金流量，在购买方的个别现金流量表中表现为"购建固定资产、无形资产和其他长期资产所支付的现金"的增加。为此，在编制合并现金流量表时必须将由此所产生的现金流量予以抵销。

（5）母公司与子公司、子公司相互之间处置固定资产、无形资产和其他长期资产收回的现金净额，应当与购建固定资产、无形资产和其他长期资产支付的现金相互抵销。内部处置固定资产时，由于处置固定资产等所产生的现金流量，对于处置方个别现金流量表来说，表现为"处置固定资产、无形资产和其他长期资产收回的现金净额"的增加；对于购置该资产的接受方来说，在其个别现金流量表中表现为"购置固定资产、无形资产和其他长期资产支付的现金"的增加。故在编制合并现金流量表时必须将由此所产生的现金流量予以抵销。

（6）母公司与子公司、子公司相互之间当期发生的其他内部交易所产生的现金流量应当抵销。合并现金流量表的编制与个别现金流量表相比，一个特殊的问题就是在子公司为非全资子公司的情况下，涉及子公司与其少数股东之间的现金流入和现金流出的处理，主要有以下情形。

第一种情形，对于子公司与少数股东之间发生的现金流入和现金流出，从整个企业集团来看，也影响到其整体的现金流入和流出数量的增减变动，必须在合并现金流量表中予以反映。子公司与少数股东之间发生的影响现金流入和现金流出的经济业务包括：少数股东对子公司增加权益性投资、少数股东依法从子公司中抽回权益性投资、子公司向其少数股东支付现金股利或利润等。为了便于企业集团合并财务报表使用者了解掌握企业集团现金流量的情况，有必要将与子公司少数股东之间的现金流入和现金流出的情况单独予以反映。

第二种情形，对于子公司的少数股东增加在子公司中的权益性投资，在合并现金流量表中应当在"筹资活动产生的现金流量"之下的"吸收投资收到的现金"项目下"其中：子公司吸收少数股东投资收到的现金"项目反映。

第三种情形，对于子公司向少数股东支付现金股利或利润，在合并现金流量表中应当在"筹资活动产生的现金流量"之下的"分配股利、利润或偿付利息支付的现金"项目下"其中：子公司支付给少数股东的股利、利润"项目反映。

第四种情形，对于子公司的少数股东依法抽回在子公司中的权益性投资，在合并现金流量表中应当在"筹资活动产生的现金流量"之下的"支付其他与筹资活动有关的现金"项目反映。

在企业合并当期，母公司购买子公司及其他营业单位支付对价中以现金支付的部分与子公司及其他营业单位在购买日持有的现金和现金等价物应当相互抵销，区别以下两种情况分别处理。

（1）子公司及其他营业单位在购买日持有的现金和现金等价物小于母公司支付对价中以现金支付的部分，按减去子公司及其他营业单位在购买日持有的现金和现金等价物后的净额在"取得子公司及其他营业单位支付的现金净额"项目反映，应编制的抵销分录为：借记"取得子公司及其他营业单位支付的现金净额"项目，贷记"年初现金及现金等物价余额"项目。

（2）子公司及其他营业单位在购买日持有的现金和现金等价物大于母公司支付对价中以现金支付的部分，按减去子公司及其他营业单位在购买日持有的现金和现金等价物后的净额在"收到其他与投资活动有关的现金"项目反映，应编制的抵销分录为：借记"取得子公司及其他营业单位支付的现金净额"项目和"收到其他与投资活动有关的现金"项目，贷记"年初现金及现金等价物余额"项目。

9.3 | 合并日合并财务报表的编制

控股合并后在编制合并财务报表时，应将各子公司区分为同一控制下企业合并中取得的子公司和非同一控制下企业合并中取得的子公司两类。

9.3.1 同一控制下合并日合并财务报表的编制

根据现行企业会计准则，母公司在合并日需要编制合并日的合并资产负债表和合并期初至合并日的合并利润表及合并现金流量表等合并财务报表。母公司在将购买取得子公司股权登记入账后，在编制合并日资产负债表时，只需将对子公司长期股权投资与子公司所有者权益中母公司所拥有的份额相抵销。合并过程中发生的审计、评估和法律服务等相关费用计入管理费用。

1. 同一控制下企业合并的处理原则

（1）合并方在合并中确认取得的被合并方的资产、负债仅限于被合并方账面上原已确认的资产和负债，合并中不产生新的资产和负债。

（2）合并方在合并中取得的被合并方各项资产、负债应维持其在被合并方的原账面价值不变。

（3）合并方在合并中取得的净资产的入账价值相对于为进行企业合并支付的对价账面价值之间的差额，不作为资产的处置损益，不影响合并当期利润表，有关差额应调整所有者权益相关项目，不涉及商誉。

（4）对于同一控制下的控股合并，合并方在编制合并财务报表时，应视同合并后形成的报告主体自最终控制方开始实施控制时一直是一体化存续下来的，参与合并各方在合并以前期间实现的留存收益应体现为合并财务报表中的留存收益。

2. 同一控制下合并日合并财务报表编制前的准备工作

（1）子公司项目公司提供必要的材料。

在编制合并财务报表时，子公司除了应向母公司提供自身财务报表外，还应当向母公司提供下列资料：①采用的与母公司不一致的会计政策及影响金额；②与母公司不一致的会计期间的说明；③与母公司、其他子公司之间发生的所有内部交易资料；④所有者权益变动的有关资料；⑤编制合并财务报表所需的其他资料。

（2）统一母公司财务报表的会计期间。

母公司为了编制合并财务报表，应当要求子公司的财务报表所涵盖的会计期间与母公司保持一致，以便于统一企业集团内部各企业财务报表所涵盖的会计期间。对于境外子公司，由于受到当地法律限制，不能与境内母公司的会计期间保持一致的，可以要求子公司按母公司的会计期间编制个别财务报表，以满足编制合并财务报表的要求。

（3）统一母、子公司的会计政策。

母公司应当统一子公司所采用的会计政策，使子公司采用的会计政策与母公司保持一致。子公司所采用的会计政策与母公司不一致的，应当按照母公司的会计政策对子公司的财务报表进行必要的调整，或者要求子公司按照母公司的会计政策另行编报财务报表。

（4）对以外币表示的子公司的财务报表进行折算。

对于境外子公司以外币表示的财务报表，母公司应当将这种境外子公司的财务报表折算为按母公司记账本位币反映的财务报表，并据以编制合并财务报表。

3. 同一控制下的抵销分录

母公司取得子公司控制权的业务已经分别在母、子公司的会计处理以及个别会计报表中反映。母公司对子公司的股权投资，在母公司反映为资产（如银行存款等）的减少，长期股权投资的增加，而子公司接受这一投资时则反映为资产和实收资本同时增加。但是，从企业集团整体来看，该项股权投资并不会引起整个企业集团的资产、负债和所有者权益的增减变动，因此，在编制合并会计报表时应当在母公司和子公司个别会计报表数据简单相加的基础上，将母公司对子公司股权投资项目与子公司所有者权益项目予以抵销。做抵销处理时，应当区分母公司对子公司投资情况编制以下抵销分录。

（1）在全资子公司情况下，抵销分录如下。

借：股本（实收资本）

资本公积

盈余公积

未分配利润

贷：长期股权投资

（2）在非全资子公司情况下，长期股权投资和子公司股东权益中属于母公司的份额的抵销，并确认少数股东权益，抵销分录如下。

借：股本（实收资本）

资本公积

盈余公积

未分配利润

贷：长期股权投资

少数股东权益

4. 同一控制下合并日合并财务报表编制

（1）合并日以支付货币资金的方式取得全资子公司时合并财务报表编制。

同一控制下以企业合并方式取得子公司的股权时，合并方确认为长期股权投资，合并方应在合并日按照被合并方所有者权益在最终控制方合并财务报表中的账面价值的份额作为形成长期股权投资的初始投资成本，借记"长期股权投资"科目，按享有被投资单位已宣告但尚未发放的现金股利或利润，借记"应收股利"或"应收利润"科目，按支付的合并对价的账面价值，贷记有关资产或借记有关负债科目，以支付现金、非现金资产方式进行的，该初始投资成本与支付的现金、非现金资产的差额，相应调整资本公积（资本溢价或股本溢价），资本公积（资本溢价或股本溢价）的余额不足冲减的，相应调整盈余公积和未分配利润；以发行权益性证券方式进行的，长期股权投资的初始投资成本与所发行股份的面值总额之间的差额，应调整资本公积（资本溢价或股本溢价），资本公积（资本溢价或股本溢价）的余额不足冲减的，相应调整盈余公积和未分配利润。合并方为企业合并发生的审计、法律服务、评估咨询等中介费用以及其他相关管理费用，应当于发生时计入当期损益。

【例9-1】甲公司20×8年1月1日以38 600万元的价格取得A公司100%的股权，A公司净资产的公允价值为35 000万元。甲公司在购买A公司过程中发生审计、评估和法律服务等相关费用120万元。上述价款均以银行存款支付。甲公司与A公司均为同一控制下的企业。A公司采用的会计政策与甲公司一致。具体资料如表9-6所示。

表9-6 　　　　　　　　　　　　甲公司与A公司个别资产负债表

20×7年12月31日 　　　　　　　　　　　　　　　　　单位：万元

项目	甲公司	A公司
资产：		
货币资金	41 300	800
交易性金融资产	700	400
应收票据	0	0
应收账款	2 000	1 000
存货	20 000	8 600
其他债权投资		200
债权投资	6 000	
固定资产	60 000	20 000
无形资产	35 000	16 000
资产总计	165 000	47 000
负债及股东权益：		
应付票据	800	400
应付账款	1400	1 000
应付职工薪酬	800	600
应付债券	30 000	8 000
长期借款	22 000	5 000
负债合计	55 000	15 000
股本	100 000	20 000
资本公积	4 000	8 000
盈余公积	3 200	1 200
未分配利润	2 800	2 800
股东权益合计	110 000	32 000
负债及股东权益总计	165 000	47 000

合并日，A公司股东权益总额为32 000万元，其中股本为20 000万元，资本公积为8 000万元，盈余公积为1 200万元，未分配利润为2 800万元；甲公司股本为100 000万元，资本公积为4 000万元，盈余公积为3 200万元，未分配利润为2 800万元。甲公司对A公司长期股权投资的初始投资成本为32 000万元。购买该股权过程中发生的审计、评估等相关费用直接计入当期损益，即计入当期管理费用。

① 合并日，甲公司应做的会计处理如下。

借：长期股权投资——A公司　　　　　　　　　32 000
　　管理费用　　　　　　　　　　　　　　　　　120
　　资本公积　　　　　　　　　　　　　　　　4 000
　　盈余公积　　　　　　　　　　　　　　　　2 600
　　贷：银行存款　　　　　　　　38 720（38 600+120）

在本例中，对于甲公司为购买A公司所发生的审计及评估等费用实际上已支付给会计事务所等中介机构，不属于甲公司与A公司所构成的企业集团内部交易，不涉及抵销处理的问题。

② 编制合并日合并资产负债表时，甲公司应当进行如下抵销处理。

借：股本　　　　　　　　　　　　　　　　　20 000
　　资本公积　　　　　　　　　　　　　　　8 000
　　盈余公积　　　　　　　　　　　　　　　1 200
　　未分配利润　　　　　　　　　　　　　　2 800
　　贷：长期股权投资　　　　　　　　　　32 000

③ 合并工作底稿的编制如表9-7所示。

表9-7　　　　　　甲公司与A公司合并日合并工作底稿　　　　　　单位：万元

项目	甲公司	A公司	合计数	抵销分录		合并数
				借方	贷方	
资产：						
货币资金	2 580	800	3 380			3 380
交易性金融资产	700	400	1 100			1 100
应收票据	0	0	0			0
应收账款	2 000	1 000	3 000			3 000
存货	20 000	8 600	28 600			28 600
其他债权投资	0	200	200			200
长期股权投资	32 000		32 000		② 32 000	0
债权投资	6 000		6 000			6 000
固定资产	60 000	20 000	80 000			80 000
无形资产	35 000	16 000	51 000			51 000
资产总计	158 280	47 000	205280			173 280
负债及股东权益：						
应付票据	800	400	1 200			1 200
应付账款	1400	1 000	2 400			2 400
应付职工薪酬	800	600	1 400			1 400
应付债券	30 000	8 000	38 000			38 000
长期借款	22 000	5 000	27 000			27 000
负债合计	55 000	15 000	70 000			70 000
股本	100 000	20 000	120 000	② 20 000		100 000
资本公积	0	8 000	8 000	② 8 000		0
盈余公积	600	1 200	1 800	② 1 200		600
未分配利润	2 680	2 800	5 480	② 2 800		2 680
股东权益合计	103 280	32 000	135280			103 280
负债及股东权益总计	158 280	47 000	205280			173 280

注：合并日甲公司合并过程中发生的审计、评估等相关费用直接计入当期损益，即计入当期管理费用，因此甲公司未分配利润2 800-120=2 680（万元）。

④ 根据合并工作底稿编制合并财务报表（略）。

【例9-2】沿用【例9-1】的资料，假设甲公司20×8年1月1日以31 000万元的价格取得A公司100%的股权，甲公司对A公司长期股权投资的初始投资成本为32 000万元。具体资料如表9-6所示。

① 合并日，甲公司应做的会计处理如下。

借：长期股权投资——A公司   32 000

  管理费用   120

  贷：银行存款   31 120（31 000+120）

    资本公积   1 000

在本例中，对于甲公司为购买A公司所发生的审计及评估等费用实际上已支付给会计事务所等中介机构，不属于甲公司与A公司所构成的企业集团内部交易，不涉及抵销处理的问题。

② 编制合并日合并资产负债表时，甲公司应当进行如下抵销处理。

借：股本   20 000

  资本公积   8 000

  盈余公积   1 200

  未分配利润   2 800

  贷：长期股权投资   32 000

③ 合并工作底稿的编制（略）。

④ 编制合并财务报表（略）。

（2）合并日以支付货币资金的方式取得非全资子公司时合并财务报表编制。

【例9-3】沿用【例9-1】的资料，假设甲公司20×8年1月1日以28 600万元的价格取得A公司80%的股权，具体资料见表9-6。

合并后，甲公司在A公司股东权益中所拥有的份额为25 600万元。甲公司对A公司长期股权投资的初始投资成本为25 600万元。

① 合并日，甲公司应做的会计处理如下。

借：长期股权投资——A公司   25 600

  管理费用   120

  资本公积   2 000

  盈余公积   1 000

  贷：银行存款   28 720（28 600+120）

在本例中，对于甲公司为购买A公司所发生的审计及评估等费用实际上已支付给会计事务所等中介机构，不属于甲公司与A公司所构成的企业集团内部交易，不涉及抵销处理的问题。

② 编制合并日合并资产负债表时，甲公司应当进行如下抵销处理。

借：股本   20 000

  资本公积   8 000

  盈余公积   1 200

  未分配利润   2 800

  贷：长期股权投资   25 600

    少数股东权益   6 400

③ 合并工作底稿的编制（略）。

④ 编制合并财务报表（略）。

【例9-4】沿用【例9-1】的资料，假设甲公司20×8年1月1日以24 600万元的价格取得A公司80%的股权，具体资料见表9-6。

合并后，甲公司在A公司股东权益中所拥有的份额为25 600万元。甲公司对A公司长期股权投资的初始投资成本为25 600元。

① 合并日，甲公司应做的会计处理如下。

借：长期股权投资——A公司　　　　　　　　　　25 600

　　管理费用　　　　　　　　　　　　　　　　　　120

　　贷：银行存款　　　　　　　　　　　　　　　　24 720（24 600+120）

　　　　资本公积　　　　　　　　　　　　　　　　1 000

在本例中，对于甲公司为购买A公司所发生的审计及评估等费用实际上已支付给会计事务所等中介机构，不属于甲公司与A公司所构成的企业集团内部交易，不涉及抵销处理的问题。

② 编制合并日合并资产负债表时，甲公司应当进行如下抵销处理。

借：股本　　　　　　　　　　　　　　　　　　　20 000

　　资本公积　　　　　　　　　　　　　　　　　　8 000

　　盈余公积　　　　　　　　　　　　　　　　　　1 200

　　未分配利润　　　　　　　　　　　　　　　　　2 800

　　贷：长期股权投资　　　　　　　　　　　　　　25 600

　　　　少数股东权益　　　　　　　　　　　　　　6 400

③ 合并工作底稿的编制（略）。

④ 编制合并财务报表（略）。

（3）合并日以定向增发公司普通股票的方式取得全资子公司时合并财务报表的编制。

发行权益性证券作为合并对价的，与所发行权益性证券相关的佣金、手续费等应按照《企业会计准则第 37 号——金融工具列报》的规定进行核算。即与发行权益性证券相关的费用，不管其是否与企业合并直接相关，均应自所发行权益性证券的发行收入中扣减，在权益性工具发行有溢价的情况下，自溢价收入中扣除，在权益性证券发行无溢价或溢价金额不足以扣减的情况下，应当冲减盈余公积和未分配利润。

【例9-5】20×8年1月1日甲公司以定向增发公司普通股票的方式购买取得A公司100%的股权。甲公司定向增发普通股股票10 000万股，每股面值1元，市场价格每股2.95元。合并日，A公司净资产的公允价值为35 000万元。甲公司与A公司均为同一控制下的企业。A公司采用的会计政策与甲公司一致。具体资料如表9-6所示。

① 合并日，甲公司应做的会计处理如下。

借：长期股权投资——A公司　　　　　　　　　　32 000

　　贷：股本　　　　　　　　　　　　　　　　　　10 000

　　　　资本公积　　　　　　　　　　　　　　　　22 000

② 编制合并日合并资产负债表时，甲公司应当进行如下抵销处理。

借：股本	20 000
资本公积	8 000
盈余公积	1 200
未分配利润	2 800
贷：长期股权投资`	32 000

【例9-6】20×8年1月1日甲公司以定向增发公司普通股票的方式购买取得A公司100%的股权。甲公司定向增发普通股股票40 000万股，每股面值1元，市场价格每股2.95元。合并日，A公司净资产的公允价值为35 000万元。甲公司与A公司均为同一控制下的企业。A公司采用的会计政策与甲公司一致。具体资料见表9-6。

① 合并日，甲公司应做的会计处理如下。

借：长期股权投资——A公司	32 000
资本公积	4 000
盈余公积	3 200
未分配利润	800
贷：股本	40 000

② 编制合并日合并资产负债表时，甲公司应当进行如下抵销处理。

借：股本	20 000
资本公积	8 000
盈余公积	1 200
未分配利润	2 800
贷：长期股权投资	32 000

（4）合并日以定向增发公司普通股票的方式取得非全资子公司时合并财务报表编制。

【例9-7】20×8年1月1日甲公司以定向增发公司普通股票的方式购买取得A公司80%的股权。甲公司定向增发普通股股票10 000万股，每股面值1元，市场价格每股2.95元。合并日，A公司净资产的公允价值为35 000万元。甲公司与A公司均为同一控制下的企业。A公司采用的会计政策与甲公司一致。具体资料见表9-6。

合并后，甲公司在A公司股东权益中所拥有的份额为25 600万元。甲公司对A公司长期股权投资的初始投资成本为25 600万元。

① 合并日，甲公司应做的会计处理如下。

借：长期股权投资——A公司	25 600
贷：股本	10 000
资本公积	15 600

② 编制合并日合并资产负债表时，甲公司应当进行如下抵销处理。

借：股本	20 000
资本公积	8 000
盈余公积	1 200
未分配利润	2 800
贷：长期股权投资	25 600
少数股东权益	6 400

【例9-8】 20×8年1月1日甲公司以定向增发公司普通股票的方式购买取得A公司80%的股权。甲公司定向增发普通股股票30 000万股，每股面值1元，市场价格每股2.95元。合并日，A公司净资产的公允价值为35 000万元。甲公司在购买A公司过程中发生审计、评估和法律服务等相关费用120万元。上述价款均以银行存款支付。甲公司与A公司均为同一控制下的企业。A公司采用的会计政策与甲公司一致。具体资料见表9-6。

合并后，甲公司在A公司股东权益中所拥有的份额为25 600万元。甲公司对A公司长期股权投资的初始投资成本为25 600万元。

① 合并日，甲公司应做的会计处理如下。

借：长期股权投资——A 公司　　　　　　　　25 600
　　资本公积　　　　　　　　　　　　　　　　4 000
　　盈余公积　　　　　　　　　　　　　　　　　400
　　贷：股本　　　　　　　　　　　　　　　　　　　30 000

在本例中，对于甲公司为购买A公司所发生的审计及评估等费用实际上已支付给会计事务所等中介机构，不属于甲公司与A公司所构成的企业集团内部交易，不涉及抵销处理的问题。

② 编制合并日合并资产负债表时，甲公司应当进行如下抵销处理。

借：股本　　　　　　　　　　　　　　　　　20 000
　　资本公积　　　　　　　　　　　　　　　　8 000
　　盈余公积　　　　　　　　　　　　　　　　1 200
　　未分配利润　　　　　　　　　　　　　　　2 800
　　贷：长期股权投资　　　　　　　　　　　　　　　25 600
　　　　少数股东权益　　　　　　　　　　　　　　　6 400

9.3.2　非同一控制下购买日合并财务报表的编制

根据现行企业会计准则，非同一控制下取得子公司时，母公司在购买日需要编制购买日的合并资产负债表。

1. 非同一控制下企业合并的处理原则

非同一控制下的企业合并，是参与合并的一方购买另一方或多方的交易，与企业购买其他资产的交易基本相同，其会计处理采用购买法。

购买法要求按公允价值反映被购买企业的资产、负债项目，并按公允价值体现在购买企业的账户和合并后的资产负债表中，所取得的净资产的公允价值与购买成本之间的差额表现为购买企业的商誉。因此，非同一控制下的企业合并的会计处理，主要涉及购买方及购买日的确定、企业合并成本的确定、合并中取得各项可辨认资产、负债的确认和计量以及合并差额的处理。

2. 非同一控制下合并日合并财务报表编制前的准备工作

（1）子公司项目公司提供必要的材料。

在编制合并财务报表时，子公司除了应向母公司提供自身财务报表外，还应当向母公司提供下列资料：①采用的与母公司不一致的会计政策及影响金额；②与母公司不一致的会计期间的说明；③与母公司、其他子公司之间发生的所有内部交易资料；④所有者权益变动的有关资料；⑤编制合并财务报表所需的其他资料。

（2）统一母公司财务报表的会计期间。

母公司为了编制合并财务报表应当要求子公司的财务报表所涵盖的会计期间与母公司保持一致，以便于统一企业集团内部各企业财务报表所涵盖的会计期间。对于境外子公司，由于受到当地法律限制，不能与境内母公司的会计期间保持一致的，可以要求子公司按母公司的会计期间编制个别财务报表，以满足编制合并财务报表的要求。

（3）统一母、子公司的会计政策。

母公司应当统一子公司所采用的会计政策，使子公司采用的会计政策与母公司保持一致。子公司所采用的会计政策与母公司不一致的，应当按照母公司的会计政策对子公司的财务报表进行必要的调整，或者要求子公司按照母公司的会计政策另行编报财务报表。

（4）对以外币表示的子公司的财务报表进行折算。

对于境外子公司以外币表示的财务报表，母公司应当将这种境外子公司的财务报表折算为按母公司记账本位币反映的财务报表，并据以编制合并财务报表。

3. 按公允价值对非同一控制下取得子公司的财务报表进行调整

在非同一控制下，因企业合并取得的子公司各项可辨认资产、负债及或有负债应当以公允价值在合并财务报表中列示。在编制合并财务报表时，由于子公司对外提供的财务报表仍然是以各项资产和负债原来的账面价值为基础编制的，为此，母公司要编制购买日的合并财务报表时，必须按照购买日子公司资产、负债的公允价值对子公司财务报表项目进行调整，但这一调整是通过在合并工作底稿中编制调整分录进行的。

当购买日子公司的资产公允价值大于账面价值，负债公允价值小于账面价值时，编制调整分录如下。

借：固定资产
　　存货
　　应收账款等
　　应付债券等
　　贷：资本公积

当购买日子公司的资产公允价值小于账面价值，负债公允价值大于账面价值时，编制调整分录如下。

借：资本公积
　　贷：固定资产
　　　　存货
　　　　应收账款等
　　　　应付债券等

4. 母公司长期股权投资与母公司拥有子公司所有者权益的份额抵销处理

经过上述按公允价值对子公司财务报表调整处理后，在编制购买日的合并资产负债表时，需要将母公司对子公司长期股权投资与子公司所有者权益中所拥有的份额予以抵销，母公司对非同一控制下取得的子公司长期股权投资进行账务处理时，母公司是按子公司资产、负债公允价值确定其在子公司所有者权益中所拥有的份额，合并成本超过这一金额的差额则作为合并商誉处理。在非全资子公司的情况下，不属于母公司所有者的份额，在抵销处理时，应当注意的是，母公司在子公司所有者权益中所拥有的份额是按资产和负债的公允价值为基础计算的，也是按公允价值进行抵销的，少数股东权益也是按资产和负债的公允价值为基础计算、调整后的金额确定的。

抵销分录如下。

借：股本（实收资本）

资本公积

盈余公积

未分配利润

商誉（借方差额）

贷：长期股权投资

少数股东权益

盈余公积

未分配利润（贷方差额，母公司购买日不编制合并利润表，故不能使用利润表项目的营业外收入）

5. 非同一控制下合并日合并财务报表编制

（1）合并日以支付货币资金的方式取得全资子公司时合并财务报表的编制。

非同一控制下的企业合并中，购买方取得对被购买方控制权的，在购买日应当按照确定的企业合并成本（不包括应自被投资单位收取的现金股利或利润），作为形成的对被购买方长期股权投资的初始投资成本，借记"长期股权投资"科目，按享有被投资单位已宣告但尚未发放的现金股利或利润，借记"应收股利"科目，按支付合并对价的账面价值，贷记有关资产或借记有关负债科目，按发生的直接相关费用，借记"管理费用"，贷记"银行存款"等科目，按合并成本与享有被购买方净资产公允价值的份额的差额，贷记"营业外收入"或借记"商誉"等科目。

微视频

非同一控制下购买日
合并财务报表编制

购买方为取得对被购买方的控制权，以支付非货币性资产为对价的，有关非货币性资产在购买日的公允价值与其账面价值的差额，应作为资产的处置损益，计入合并当期的利润表。其中，以库存商品等作为合并对价的，应按库存商品的公允价值，贷记"主营业务收入"科目，并同时结转相关的成本。

【例9-9】甲公司20×8年1月1日以280万元的价格取得乙公司100%的股权，乙公司净资产的公允价值为226万元。甲公司在购买乙公司过程中发生审计、评估和法律服务等相关费用12万元。上述价款均以银行存款支付。甲公司与乙公司均为非同一控制下的企业。乙公司采用的会计政策与甲公司一致。购买日甲、乙公司资产负债表资料如表9-8所示。

表 9-8   甲公司与乙公司个别资产负债表

20×7年12月31日   单位：万元

项目	甲公司	乙公司（账面价值）	乙公司（公允价值）
资产：			
货币资金	3 300 000	181 000	181 000
交易性金融资产	185 000	28 000	28 000
应收票据	0	0	0
应收账款	1 300 000	111 000	111 000
存货	840 000	230 000	220 000
其他债权投资		20 000	20 000
债权投资	640 000		
固定资产	1 560 000	2 100 000	2 000 000
无形资产	1 815 000	1 130 000	1 230 000
资产总计	9 640 000	3 800 000	
负债及股东权益：			
应付票据	218 000	124 000	
应付账款	160 000	113 000	
应付职工薪酬	132 000	123 000	
应付债券	980 000	1 160 000	1 170 000
长期借款	140 000	0	
负债合计	1 630 000	1 520 000	
股本	6 400 000	1 600 000	
资本公积	430 000	320 000	
盈余公积	531 000	300 000	
未分配利润	649 000	60 000	
股东权益合计	8 010 000	2 280 000	
负债及股东权益总计	9 640 000	3 800 000	

① 甲公司对乙公司长期股权投资的初始投资成本为280万元，乙公司可辨认净资产的公允价值226万元。购买该股权过程中发生的审计、评估等相关费用直接计入当期损益，即计入当期管理费用。合并日，甲公司应做的会计处理如下。

借：长期股权投资——A 公司   2 800 000

     管理费用   120 000

     贷：银行存款   2 920 000

② 计算确定商誉。

在本例中，甲公司的投资成本大于子公司可辨认净资产的公允价值，在合并财务报表中要按照投资成本与子公司可辨认净资产的公允价值的差额去确认合并商誉。

$$\text{合并商誉} = \text{企业合并成本} - \text{合并中取得被购买方可辨认净资产公允价值份额}$$

$$=280-226×100\%=54（万元）$$

③ 编制调整分录。

将乙公司可辨认净资产的账面价值调整为公允价值，会计处理如下。

借：资本公积   20 000

     无形资产   100 000

     贷：存货   10 000

固定资产		100 000
应付债券		10 000

在本例中，对于甲公司为购买乙公司所发生的审计及评估等费用实际上已支付给会计事务所等中介机构，不属于甲公司与乙公司所构成的企业集团内部交易，不涉及抵销处理的问题。

④ 编制抵销分录。

编制合并日合并资产负债表时，甲公司应当进行以下抵销处理。

借：股本		1 600 000
资本公积		300 000
盈余公积		300 000
未分配利润		60 000
商誉		540 000
贷：长期股权投资		2 800 000

⑤ 合并工作底稿的编制。

控股合并完成后，母、子公司购买日合并工作底稿如表9-9所示。

表9-9　　　　　　　　　　甲公司与乙公司购买日合并工作底稿　　　　　　　　　　单位：万元

项目	甲公司	乙公司	合计数	调整、抵销分录		合并数
				借方	贷方	
资产：						
货币资金	380 000	181 000	561 000			561 000
交易性金融资产	185 000	28 000	213 000			213 000
应收票据	0	0	0			0
应收账款	1 300 000	111 000	1 411 000			1 411 000
存货	840 000	230 000	1 070 000		③ 10 000	1 060 000
其他债权投资		20 000	20 000			20 000
长期股权投资	2 800 000	0	2 800 000		④ 2 800 000	0
商誉				④ 540 000		540 000
债权投资	640 000		640 000			640 000
固定资产	1 560 000	2 100 000	3 660 000		③ 100 000	3 560 000
无形资产	1 815 000	1 130 000	2 945 000	③ 100 000		3 045 000
资产总计	9 520 000	3 800 000	13 320 000			1 105 000
负债及股东权益：						
应付票据	218 000	124 000	342 000			342 000
应付账款	160 000	113 000	273 000			273 000
应付职工薪酬	132 000	123 000	255 000			255 000
应付债券	980 000	1 160 000	2 140 000		③ 10 000	2 150 000
长期借款	140 000		140 000			140 000
负债合计	1 630 000	1 520 000	3 150 000			3 160 000
股本	6 400 000	1 600 000	8 000 000	④ 1 600 000		6 400 000
资本公积	430 000	320 000	750 000	③ 20 000 ④ 300 000		430 000
盈余公积	531 000	300 000	831 000	④ 300 000		531 000
未分配利润	529 000	60 000	589 000	④ 60 000		529 000
股东权益合计	7 890 000	2 280 000	10 170 000			7 890 000
负债及股东权益总计	9 520 000	3 800 000	13 320 000			11 050 000

注：购买日甲公司购买乙公司过程中发生的审计、评估等相关费用直接计入当期损益，即计入当期管理费用，因此甲公司未分配利润为649 000-120 000=529 000。

⑥ 根据合并工作底稿编制合并财务报表（略）。

【例9-10】甲公司20×8年1月1日以160万元的价格取得乙公司80%的股权，乙公司可辨认净资产的公允价值为226万元。甲公司在购买乙公司过程中发生审计、评估和法律服务等相关费用12万元。上述价款均以银行存款支付。甲公司与乙公司均为非同一控制下的企业。乙公司采用的会计政策与甲公司一致，其他资料和【例9-9】相同。

① 甲公司对乙公司长期股权投资的初始投资成本为160万元，乙公司可辨认净资产的公允价值226万元。购买该股权过程中发生的审计、评估等相关费用直接计入当期损益，即计入当期管理费用。合并日，甲公司应做的会计处理如下。

借：长期股权投资——A公司　　　　　1 600 000

　　管理费用　　　　　　　　　　　　 120 000

　　贷：银行存款　　　　　　　　　　　　　1 720 000

② 计算确定商誉。

在本例中，甲公司的投资成本小于子公司可辨认净资产的公允价值，在合并财务报表中要按照投资成本与子公司可辨认净资产的公允价值的差额去确认合并商誉（本例中形成了负商誉）。

$$\text{合并商誉} = \text{企业合并成本} - \text{合并中取得被购买方可辨认净资产的公允价值的份额}$$

$$=160-226×80\%=-20.8（万元）$$

③ 编制调整分录。

将乙公司可辨认净资产的账面价值调整为公允价值，会计处理如下。

借：资本公积　　　　　　　　　　　　 20 000

　　无形资产　　　　　　　　　　　　 100 000

　　贷：存货　　　　　　　　　　　　　　 10 000

　　　　固定资产　　　　　　　　　　　　100 000

　　　　应付债券　　　　　　　　　　　　 10 000

将甲公司长期股权投资与乙公司的所有者权益类项目抵销的分录。

④ 编制抵销分录。

编制合并日合并资产负债表时，甲公司应当进行以下抵销处理。

借：股本　　　　　　　　　　　　　　1 600 000

　　资本公积　　　　　　　　　　　　 300 000

　　盈余公积　　　　　　　　　　　　 300 000

　　未分配利润　　　　　　　　　　　　 60 000

　　贷：长期股权投资　　　　　　　　　　1 600 000

　　　　少数股东权益　　　　　　　　　　 452 000

　　　　盈余公积　　　　　　　　　　　　 20 800

　　　　未分配利润　　　　　　　　　　　187 200

⑤ 合并工作底稿的编制。

控股合并完成后，母、子公司购买日合并工作底稿如表9-10所示。

表 9-10 甲公司与乙公司购买日合并工作底稿 单位：万元

项目	甲公司	乙公司	合计数	调整、抵销分录 借方	调整、抵销分录 贷方	合并数
资产：						
货币资金	1 580 000	181 000	1 761 000			1 761 000
交易性金融资产	185 000	28 000	213 000			213 000
应收票据	0	0	0			0
应收账款	1 300 000	111 000	1 411 000			1 411 000
存货	840 000	230 000	1 070 000		③ 10 000	1 060 000
长期股权投资	1 600 000	0	1 600 000		④ 1 600 000	0
商誉	0	0	0			0
其他债权投资		20 000	20 000			20 000
债权投资	640 000		640 000			640 000
固定资产	1 560 000	2 100 000	3 660 000		③ 100 000	3 560 000
无形资产	1 815 000	1 130 000	2 945 000	③ 100 000		3 045 000
资产总计	9 520 000	3 800 000	13 320 000			11 710 000
负债及股东权益：						
应付票据	218 000	124000	342 000			342 000
应付账款	160 000	113000	273 000			273 000
应付职工薪酬	132 000	123 000	255 000			255 000
应付债券	980 000	1 160 000	2 140 000		③ 10 000	2 150 000
长期借款	140 000		140 000			140 000
负债合计	1 630 000	1 520 000	3 150 000			3 160 000
股本	6 400 000	1 600 000	8 000 000	④ 1 600 000		6 400 000
资本公积	430 000	320 000	750 000	③ 20 000 ④ 300 000		430 000
盈余公积	531 000	300 000	831 000	④ 300 000	④ 20 800	551 800
未分配利润	529 000	60 000	589 000	④ 60 000	④ 187 200	716 200
少数股东权益					④ 452 000	452 000
负债及股东权益总计	9 520 000	3 800 000	13 320 000			11 710 000

注：购买日甲公司购买乙公司过程中发生的审计、评估等相关费用直接计入当期损益，即计入当期管理费用，因此甲公司未分配利润为 649 000-120 000=529 000 元；本期因甲公司的投资成本小于子公司可辨认净资产的公允价值，合并时形成了合并负商誉 208 000 元，计入营业外收入，反映在合并工作底稿里盈余公积增加 20 800 元，未分配利润增加 187 200 元。

⑥ 根据合并工作底稿编制合并财务报表（略）。

（2）合并日以定向增发公司普通股票的方式取得子公司时合并财务报表的编制。

【例9-11】甲公司20×8年1月1日以定向增发公司普通股票的方式，购买取得A公司70%的股权。甲公司定向增发普通股股票10 000万股（每股面值为1元），甲公司普通股股票面值每股为1元，市场价格每股为2.95元。甲公司并购A公司属于非同一控制下的企业合并，假定不考虑甲公司增发该普通股股票所发生的审计、评估以及发行等相关的费用。

A公司在购买日股东权益总额为32 000万元，其中股本为 20 000万元，资本公积为8 000万元，盈余公积为1 200万元，未分配利润为2 800万元。A公司购买日应收账款账面价值为3 920万元，公允价值为3 820万元；存货的账面价值为20 000万元，公允价值为21 100万元；固定资产账面价值为18 000万元，公允价值为21 000万元。购买日股东权益公允价值总额为36 000万元。

① 甲公司将购买取得A公司70%的股权作为长期股权投资入账，其会计处理如下。

借：长期股权投资——A公司　　　　　　　　　　29 500
　　贷：股本　　　　　　　　　　　　　　　　　　　　　10 000
　　　　资本公积　　　　　　　　　　　　　　　　　　　19 500

② 编制购买日的合并资产负债表时，将A公司资产和负债的评估增值或减值分别调增或调减相关资产和负债项目的金额。在合并工作底稿中调整分录如下。

借：存货　　　　　　　　　　　　　　　　　　　1 100
　　固定资产　　　　　　　　　　　　　　　　　　3 000
　　贷：应收账款　　　　　　　　　　　　　　　　　　　100
　　　　资本公积　　　　　　　　　　　　　　　　　　4 000

③ 基于资产和负债的公允价值对A公司财务报表调整后，有关计算如下。

甲公司合并成本=2.95×10 000=29 500（万元）

A公司调整后的股东权益总额=32 000+4 000=36 000（万元）

合并商誉=29 500-36 000×70%=4 300（万元）

少数股东权益=36 000×30%=10 800（万元）

借：股本　　　　　　　　　　　　　　　　　　　20 000
　　资本公积　　　　　　　　　　　　　　　　　12 000（8 000+4 000）
　　盈余公积　　　　　　　　　　　　　　　　　　1 200
　　未分配利润　　　　　　　　　　　　　　　　　2 800
　　商誉　　　　　　　　　　　　　　　　　　　　4 300
　　贷：长期股权投资——A公司　　　　　　　　　　　29 500
　　　　少数股东权益　　　　　　　　　　　　　　　　10 800

④ 编制合并工作底稿（略）。

9.4 合并日后首期合并财务报表的编制

　　股权取得日后首期合并财务报表编制时需要抵销的分录主要包括：子公司所有者权益项目与母公司长期股权投资项目相抵销；母公司当年投资收益与各子公司当年利润分配项目相抵销；母公司与子公司以及子公司之间的内部往来和内部交易事项相抵销。具体来讲，同一控制下的企业合并和非同一控制下的企业合并的抵销调整分录会有差异。同一控制下的企业合并，因合并方在合并中取得的被合并方各项资产、负债应维持其在被合并方的原账面价值不变，所以不需要编制子公司的可辨认资产、负债及或有负债由账面价值转换为公允价值的调整分录；不需要编制子公司资产评估增值转回或摊销的调整分录；不需要根据子公司已实现的账面净利润调整为以公允价值口径计算的当期净利润；不需要编制递延所得税资产或递延所得税负债的暂时性差异的转回的分录。

9.4.1 同一控制下合并日后首期合并财务报表的编制

编制合并日后合并财务报表时，一般首先将母公司对子公司长期股权投资由成本法核算的结果调整成为权益法核算的结果，使母公司对子公司长期股权投资项目反映在其子公司所有者权益中所拥有的权益变动情况；其次，将母公司对子公司长期股权投资项目与子公司所有者权益项目等内部交易相关的项目进行抵销处理，将内部交易对个别财务报表的影响予以抵销；最后，在编制合并工作底稿的基础上，编制合并财务报表。

1. 按权益法调整对子公司的长期股权投资

合并财务报表应当以母公司和其子公司的财务报表为基础，根据其他有关资料，按照权益法调整对子公司的长期股权投资后，由母公司编制。合并报表准则也允许企业直接在对子公司的长期股权投资采用成本法核算的基础上编制合并财务报表，但是所生成的合并财务报表应当符合合并报表准则的相关规定。

在合并工作底稿中，按权益法调整对子公司的长期股权投资时，应按照《企业会计准则第2 号——长期股权投资》所规定的权益法进行调整。在确认应享有子公司净损益的份额时，对于属于同一控制下的企业合并形成的长期股权投资，可以直接以该子公司的净利润进行确认，但是该子公司的会计政策或会计期间与母公司不一致的，仍需要对净利润进行调整。

在合并工作底稿中编制的调整分录为：对于当期该子公司实现净利润，按母公司应享有的份额，借记"长期股权投资"项目，贷记"投资收益"项目；对于当期该子公司发生的净亏损，按母公司应分担的份额，借记"投资收益"项目，贷记"长期股权投资""长期应收款"等项目；对于当期收到的净利润或现金股利，借记"投资收益"项目，贷记"长期股权投资"项目。

对于子公司除净损益以外所有者权益的其他变动，按母公司应享有的份额，借记"长期股权投资"项目，贷记"其他综合收益"项目。

2. 母公司对子公司长期股权与子公司所有者权益中所拥有的份额予以抵销

在合并工作底稿中，按照上述权益法核算的要求对长期股权投资的金额进行调整，长期股权投资的金额正好反映母公司在子公司所有者权益中所拥有的份额。

编制合并财务报表时，首先必须将母公司对子公司长期股权与子公司所有者权益中所拥有的份额予以抵销，根据母公司在子公司所有者权益中拥有的份额的多少不同，可以将子公司分为全资子公司和非全资子公司。对于非全资子公司则要将长期股权投资与子公司所有者权益中母公司所拥有的金额进行抵销，不属于母公司的份额即属于子公司少数股东的权益，应将其转为少数股东权益。

母公司对子公司长期股权投资与所拥有的子公司所有者权益的份额相互抵销，其抵销分录如下。

借：股本
　　资本公积
　　其他综合收益
　　盈余公积
　　未分配利润

贷：长期股权投资

少数股东权益

3. 将对子公司的投资收益与子公司当年利润分配相抵销

子公司在实现利润时，在子公司个别报表上确认了利润分配，也相应的计提了盈余公积，向股东分配股利（或利润），并形成子公司年末未分配利润。由于母公司对子公司的投资已调整为按权益法核算，所以在母公司的账上也会确认对子公司的投资收益：这部分投资收益与母公司利润合并一起，母公司再次进行了提取盈余公积、向股东分配股利（或利润），同时形成未分配利润。从集团的角度来看，对同一笔投资收益，母、子公司都进行了处理，那就相当于重复一次，母公司认为子公司的那次处理在集团角度是多余的，所以在编合并报表时要予以抵销。从单一企业来讲，当年实现的净利润加上年初未分配利润是企业利润分配的来源，企业对其进行分配，提取盈余公积，向股东分配股利以及留待以后年度的未分配利润（未分配利润可以理解为将这部分利润分配到下一个会计年度）等，则是利润分配的去向。而子公司当年实现的净利润，可以分为两部分：一部分属于母公司所有，即母公司的投资收益；另一部分则属于少数股东所有，即少数股东本期收益。为了使合并财务报表反映母公司股东权益变动的情况及财务状况，必须将母公司投资收益、少数股东收益和期初未分配利润与子公司当年利润分配以及未分配利润的金额相抵销，使合并财务报表反映母公司股东权益变动的情况。其抵销分录如下：

借：投资收益

少数股东损益

未分配利润——年初

贷：提取盈余公积

向股东分配利润

未分配利润——年末

4. 企业集团内部交易的抵销处理

要编制合并财务报表，还必须将母公司与子公司之间的内部交易，对其个别财务报表的影响予以抵销。内部交易是指在母公司与其所有子公司组成的企业集团范围内，母公司与子公司、子公司相互之间发生的交易。合并财务报表是以母公司和子公司的个别财务报表为基础编制的。个别财务报表则是以单个企业为会计主体进行会计核算的结果，它从母公司本身或子公司本身的角度对自身的财务状况、经营成果等进行反映。因此，对于内部交易，从发生内部交易的企业来看，发生交易的各方都在其个别财务报表中进行了反映。集团公司的内部交易事项应从集团这一整体的角度进行考虑，即将它们视为同一会计主体的内部业务处理，在母公司及子公司个别会计报表的基础上予以抵销，以消除它们对个别会计报表的影响，保证以个别会计报表为基础编制的合并会计报表能够正确反映企业集团的财务状况和经营成果。

第一类，内部商品交易的抵销处理。

企业集团母公司与子公司之间发生的购销业务，对于销售企业来说，确认营业收入、结转营业成本、计算营业利润，同时在其个别资产负债表中反映为一项银行存款增加或应收账款增加；对于购买企业来说，在内部购入的存货未实现对外销售的情况下，则在其个别资产负债表中反映为存货增加和银行存款减少或应付账款增加。在这种情况下，在资产、负债和所有者权益类各项目的加总金额中，必然包含重复计算的项目。作为反映企业集团整体财务状况的合并资产负债表，必须将这些重复计算的项目予以扣除，对这些重复的项目进行抵销处理。这些需要扣除的重复项目，就是合并财务报表编制时需要进行抵销处理的项目。

（1）首期编制合并财务报表时未实现内部销售损益的抵销处理。

① 当年内部购入的存货，当年全部对集团外销售时的抵销处理。

集团内部存货交易的买方至报告期期末已将该存货全部售出企业集团，虽然不存在未实现内部销售损益的抵销问题，但存在着集团内部销售收入、销售成本重复报告问题。因此，编制抵销分录时，按企业销售该商品的收入，借记"营业收入"项目，按照购买企业购买该商品的成本，贷记"营业成本"项目。

【例9-12】A公司、B公司为同一集团下的母、子公司，当年A公司销售商品给B公司，售价为100万元，成本80万元，毛利率20%，增值税税率为13%。B公司购入该产品后全部对外售出，售价200万元。应编制抵销分录如下：

借：营业收入　　　　　　　　　　　　　　100

　　贷：营业成本　　　　　　　　　　　　　　100

② 当期购进，当期全部未实现对外销售。

在内部购销活动中，销售企业将集团内部销售作为收入确认并计算销售利润。而购买企业则是以支付购货的价款作为其成本入账；在本期内未实现对外销售而形成期末存货时，其存货价值中也相应地包括两部分内容：一部分为真正的存货成本（即销售企业销售该商品的成本）；另一部分为销售企业的销售毛利（即其销售收入减去销售成本的差额）。对于期末存货价值中包括的这部分销售毛利，从企业集团整体来看，并不是真正实现的利润。因为从整个企业集团来看，集团内部企业之间的商品购销活动实际上相当于一个企业内部物资调拨活动，既不会实现利润，也不会增加商品的价值。因此将期末存货价值中包括的这部分销售企业作为利润确认的部分，称之为未实现内部销售损益。如果合并财务报表将母公司与子公司财务报表中的存货简单相加，则会虚增存货成本。因此，在编制合并资产负债表时，应当将存货价值中包含的未实现内部销售损益予以抵销。在编制抵销分录时，按照企业销售该商品的收入。借记"营业收入"项目；按照销售企业销售该商品的成本，贷记"营业成本"项目；按照当期期末存货价值中包含的未实现内部销售损益的金额，贷记"存货"项目。

【例9-13】A公司、B公司为同一集团下的母子公司，当年A公司销售商品给B公司，售价为100万元，成本80万元，毛利率20%，增值税税率为13%。B公司购入该产品后一直没有卖出。

应编制抵销分录如下。

借：营业收入　　　　　　　　　　　　　　100

　　贷：营业成本　　　　　　　　　　　　　　80

　　　　存货　　　　　　　　　　　　　　　　20

③ 当期购进，当期部分实现对外销售，部分形成期末存货。

在这种情况下，内部购买的商品可以分解为两部分来理解：一部分为当期购进并全部实现对外销售；另一部分为当期购进但未实现对外销售而形成期末存货。在编制抵销分录时，应按照内部销售收入的金额，借记"营业收入"项目，贷记"营业成本"项目；同时按照期末内部购进形成的存货价值中包含的未实现内部销售损益的金额，借记"营业成本"项目，贷记"存货"项目。

【例9-14】A公司、B公司为同一集团下的母子公司，当年A公司销售100件商品给B公司，售价为100万元，成本80万元，毛利率20%，增值税税率为13%。B公司购入该产品后，其中30件没有卖出，70件以140万元卖给集团以外的C公司。

实现对外销售部分，抵销分录如下。

借：营业收入　　　　　　　　　　　　　　70

　　贷：营业成本　　　　　　　　　　　　　　70

未实现对外销售部分，抵销分录如下。

借：营业收入　　　　　　　　　　　　　　30

　　贷：营业成本　　　　　　　　　　　　　　24

　　　　存货　　　　　　　　　　　　　　　　6

（2）连续各期编制合并财务报表时未实现内部销售损益的抵销处理。

在连续各期编制合并财务报表的情况下，首先必须将上期抵销的存货价值中包含的未实现内部销售损益对本期期初未分配利润的影响予以抵销，调整本期期初未分配利润的金额；然后再对本期内部购进存货进行抵销处理，其具体抵销处理程序和方法如下。

① 将上期抵销的存货价值中包含的未实现内部销售损益对本期期初未分配利润的影响进行抵销。针对上期留存的存货存在以下3种情形。

第一种情形，在企业集团内部交易中，如果上年从集团内部购入的存货本年全部售出，按照上期内部购进存货价值中包含的未实现内部销售损益的金额，做如下抵销分录。

借：未分配利润——年初

　　贷：营业成本

第二种情形，在企业集团内部交易中，如果上年购入的存货本年未卖出，全部留存在企业集团内部时，按照上期内部购进存货价值中包含的未实现内部销售损益的金额，做如下抵销分录。

借：未分配利润——年初

　　贷：存货

第三种情形，在企业集团内部交易中，如果上年购入的存货本年仅卖出一部分，做如下抵销分录。

借：未分配利润——年初（年初存货中包含的未实现内部销售利润）

　　贷：营业成本（本年转为实现的利润）

　　　　存货（留存存货的虚增价值）

② 对于本期发生内部购销活动的，将内部销售收入、内部销售成本及内部购进存货中未实现内部销售损益予以抵销。即按照销售企业内部销售收入的金额，借记"营业收入"项目，贷记"营业成本"项目。

③ 将期末内部购进存货价值中包含的未实现内部销售损益予以抵销。对于期末内部购买形成的存货（包括上期结转形成的本期存货），应按照购买企业期末内部购入存货价值中包含的未实现内部销售损益的金额，借记"营业成本"项目，贷记"存货"项目。

（3）存货计提跌价准备的抵销处理。

① 当期计提存货跌价准备的抵销

在发生内部存货交易的当期，如果内部存货交易存在未实现销售损益的情况，对内部交易买方计提的存货跌价准备应当进行抵销处理。内部存货交易当年有关抵销分录可以分为以下 3 种情况。

第一种情况，当可变现净值小于或等于内部交易卖方卖出存货成本时，借记"存货——存货跌价准备"（按未实现利润数）项目，贷记"资产减值损失"项目。

第二种情况，当可变现净值大于内部交易卖方卖出存货成本、小于内部交易卖方卖出存货价格时，借记"存货——存货跌价准备"（按未实现利润数减去可变现净值大于内部交易卖方卖出存货成本的差额）项目，贷记"资产减值损失"项目。

第三种情况，当可变现净值大于内部交易卖方卖出存货价格时，不编制抵销分录。

【例9-15】甲公司系A公司的母公司，甲公司本期向A公司销售商品2 000万元，其销售成本为1 400万元；A公司购进的该商品当期全部未实现对外销售而形成期末存货。A公司期末对存货进行检查时，发现该商品已经部分陈旧，其可变现净值已降至1 300万元。为此，A公司期末对该存货计提存货跌价准备700万元，并在其个别财务报表中列示。期末甲公司编制的有关抵销分录如下。

① 借：营业收入   2 000

  贷：营业成本   2 000

② 借：营业成本   600

  贷：存货   600

上述抵销分录的结果是：在合并资产负债表中"存货"项目数额为700万元（2 000-600-700），"存货"项目的合并数实际上应为1 300万元（1 300万元的可变现净值低于1 400万元的成本），同时，在合并利润表中"资产减值损失"项目的数额应为100万元。因此，对子公司多计提的600万元跌价准备当予以抵销，抵销分录如下。

③ 借：存货——存货跌价准备   600

  贷：资产减值损失   600

假定A公司、B公司为同一集团下的母子公司，当年A公司销售商品给B公司，售价为100万元，成本80万元，毛利率20%，增值税税率为13%。B公司购入该产品后一直没有卖出。B公司期末该批存货的可变现净值为90万元，B公司计提了10万元的存货跌价准备。从企业集团整体来看，存货未发生减值，但B公司根据账面情况计提了10万元的存货跌价准备，该部分跌价准备应当予以抵销。应编制的抵销分录如下。

借：存货——存货跌价准备   10

  贷：资产减值损失   10

【例9-16】沿用【例9-15】的资料，假定报告期期末，A公司该批存货的可变现净值为1 600万元，A公司计提了400万元的存货跌价准备。期末母公司编制的有关抵销分录如下。

① 借：营业收入   2 000

  贷：营业成本   2 000

② 借：营业成本   600

  贷：存货   600

上述抵销分录的结果是：在合并资产负债表中"存货"项目数额为1 000（2 000-600-400），"存货"项目的合并数实际上应为1 400（1 600万元的可变现净值大于1 400万元的成本），同时，在合并利润表中"资产减值损失"项目的数额应为0。从企业集团整体来看，存货未发生减值，但子公司根据账面情况计提了400万元的存货跌价准备，该部分跌价准备应当予以抵销，因此，应编制的抵销分录如下。

③ 借：存货——存货跌价准备   400

  贷：资产减值损失   400

② 以后各期计提存货跌价准备的抵销

内部存货交易发生后的以后各期在编制合并报表时，既要对当期发生的内部存货交易进行相应的抵销和调整，还要对内部交易存货计提的跌价准备期初数予以调整，借记"存货——存货跌价准备"项目，贷记"未分配利润——年初"项目。

（4）抵销未实现内部销售损益产生的递延所得税的处理。

企业在编制合并财务报表时，应将纳入合并范围的企业之间发生的未实现内部交易损益予以抵销，因此对于所涉及的资产负债项目在合并资产负债表中列示的价值与其所属的企业个别资产负债表中的价值会产生差异，进而可能产生与有关资产、负债所属个别纳税主体计税基础的差异。

从合并财务报表作为一个完整经济主体的角度而言，应当确认该暂时性差异的所得税影响。合并数对于因抵销未实现内部销售损益导致合并资产负债表中资产、负债的账面价值与其在纳入合并范围的企业按照适用税法规定确定的计税基础之间产生暂时性差异的，在合并资产负债表中应当确认递延所得税资产或递延所得税负债，同时调整合并利润表中的所得税费用，但直接计入所有者权益的交易或事项及企业合并相关的递延所得税除外。

【例9-17】甲公司持有A公司80%的股权，是A公司的母公司。甲公司20×8年利润表列示的营业收入中有5 000万元为当年向A公司销售产品取得的销售收入，该产品销售成本为3 500万元。A公司在20×8年将该批内部购进商品的60%实现对外销售，其销售收入为3 750万元，销售成本为3 000万元，并列示于其利润表中；该批商品的另外40%则形成A公司期末存货，即期末存货为2 000万元，列示于A公司20×8年的资产负债表之中。甲公司和A公司适用的企业所得税税率均为25%。甲公司在编制合并财务报表时，其合并抵销处理如下。

① 将内部销售收入与内部销售成本及存货价值中包含的未实现内部销售利润抵销，其抵销分录如下。

借：营业收入   5 000

 贷：营业成本   5 000

借：营业成本   600

 贷：存货   600

② 抵销因编制合并财务报表导致的存货账面价值与其计税基础之间的暂时性差异产生的所得税影响。在本例中，从A公司角度来说，其持有该存货账面价值与计税基础均为2 000万元；从甲集团公司角度来说，通过上述合并抵销处理，合并资产负债表中该存货的价值为1 400万元；由于甲公司和A公司均为独立的法人实体，这一存货的计税基础应从A公司的角度来考虑，即其计税基础为2 000万元。因该内部交易抵销的未实现内部销售损益导致的暂时性差异为600（2 000-1 400）万元，实际上就是抵销的未实现内部销售损益的金额。为此，编制合并财务报表时还应当对该暂时性差异确认递延所得税资产150（600×25%）万元。进行合并抵销处理时，其抵销分录如下。

借：递延所得税资产   150

 贷：所得税费用   150

第二类，内部债权债务的抵销处理。

母公司与子公司、子公司相互之间的债权和债务项目，是指母公司与子公司、子公司相互之间因销售商品、提供劳务以及发生结算业务等原因产生的应收账款与应付账款、应收票据与应付票据、预付账款与预收账款、其他应收款与其他应付款、债权投资与应付债券等项目。发生在母公司与子公司、子公司相互之间的这些项目，企业集团内部企业的一方在其个别资产负债表中反映为资产，而另一方则反映为负债。但从企业集团整体角度来看，它只是内部资金运动，既不能增加企业集团的资产，也不能增加负债。因此，为了消除个别资产负债表直接加总中的重复计算项目，在编制合并财务报表时应当将内部债权债务项目予以抵销。

（1）应收款项与应付款项的抵销处理。

企业集团因内部商品交易、劳务供应等经济业务的发生，必然产生内部应收、应付款项。与此同时，在应收账款采用备抵法计提坏账准备的情况下，母公司和子公司对其所有的应收账款都必须计提坏账准备，并在其个别报表中予以列示。对于发生在母公司与子公司、子公司相互之间的这些业务，母、子公司各自作为独立的会计主体，依照会计准则分别应做出相关的会计处理，集团内部企业的一方在其个别资产负债表上反映为资产（应收账款和坏账准备），而另一方则在其个别资产负债表上反映为负债（应付账款）。然而，按照合并财务报表编制的一体性原则，应将母、子公司组成的企业集团作为一个会计主体看待，这样，从企业集团整体角度来看，内部应收、应付账款仅仅是内部资金运动而已，既不应该增加企业集团的资产，也不应该增加企业集团的负债。因而，在编制合并财务报表时，应当将内部应收账款、应付账款和内部应收账款计提的坏账准备予以抵销。

在编制合并资产负债表时，需要进行抵销处理的内部债权债务项目主要包括：应收账款与应付账款；应收票据与应付票据；预付账款与预收账款；债权投资（假定该项债券投资，持有方划归为债权投资，也可能作为交易性金融资产或其他债权投资等，原理相同）与应付债券；应收股利与应付股利；其他应收款与其他应付款。

① 初次编制合并财务报表时，应收票据、应收账款与应付票据、应付账款的抵销处理。

在应收账款计提坏账准备的情况下，某一会计期间坏账准备的金额是以当期应收账款为基础计提的。在编制合并财务报表时，随着内部应收账款的抵销，与此相联系，也须将内部应收账款计提的坏账准备予以抵销。内部应收账款在抵销时，其抵销分录为借记"应付票据""应付账款"项目，贷记"应收票据""应收账款"项目；内部应收账款计提的坏账准备抵销时，其抵销分录为借记"应收账款——坏账准备"项目，贷记"信用减值损失"项目。

【例9-18】甲公司为A公司的母公司，甲公司本期个别资产负债表应收账款中有580万元为应收A公司账款，该应收账款账面余额为600万元，甲公司当年计提坏账准备20万元；应收票据中有390万元为应收A公司票据，该应收票据账面余额为400万元，甲公司当年计提坏账准备10万元。A公司本期个别资产负债表中应付账款和应付票据中列示有应付甲公司账款600万元和应付甲公司票据400万元。

在编制合并财务报表时，甲公司应当将内部应收票据、应收账款与应付票据、应付账款相互抵销，同时还应将内部应收账款计提的坏账准备予以抵销，其抵销分录如下。

① 应收账款与应付账款抵销的会计分录如下。

借：应付账款　　　　　　　　　　　　　　　　　600
　　贷：应收账款　　　　　　　　　　　　　　　　　　600

② 应收票据与应付票据抵销的会计分录如下。

借：应付票据   400

    贷：应收票据   400

③ 坏账准备与信用减值损失抵销，会计分录如下。

借：应收账款   20

        应收票据   10

    贷：信用减值损失   30

② 连续编制合并财务报表时，内部应收账款、坏账准备的抵销处理。

从合并财务报表来讲，内部应收账款计提的坏账准备的抵销是与抵销当期信用减值损失相对应的，上期抵销的坏账准备的金额，即上期信用减值损失抵减的金额，最终将影响到本期合并所有者权益变动表中的期初未分配利润金额的增加。由于利润表和所有者权益变动表是反映企业一定会计期间经营成果及其分配情况的财务报表，其上期期末未分配利润就是本期所有者权益变动表期初未分配利润（假定不存在会计政策变更和前期差错更正的情况）。本期编制合并财务报表是以本期母公司和子公司当期的个别财务报表为基础编制的，随着上期编制合并财务报表时内部应收账款计提的坏账准备的抵销，以母子公司个别财务报表中期初未分配利润为基础加总得出的期初未分配利润与上一会计期间合并所有者权益变动表中的未分配利润金额之间则将产生差额。为此，在编制合并财务报表时，必须将上期因内部应收账款计提的坏账准备抵销而抵销的资产信用减值损失对本期期初未分配利润的影响予以抵销，调整本期期初未分配利润的金额。

在连续编制合并财务报表进行抵销处理时，首先，将内部应收账款与应付账款予以抵销，即按内部应收账款的金额，借记"应付账款"项目，贷记"应收账款"项目；其次，应将上期信用减值损失中抵销的内部应收账款计提的坏账准备对本期期初未分配利润的影响予以抵销，即按上期信用减值损失项目中抵销的内部应收账款计提的坏账准备的金额，借记"应收账款——坏账准备"项目，贷记"未分配利润——年初"项目；最后，对于本期个别财务报表中内部应收账款相对应的坏账准备增减变动的金额也应予以抵销，即按照本期个别资产负债表中期末内部应收账款相对应的坏账准备的增加额，借记"应收账款——坏账准备"项目，贷记"信用减值损失"项目，或者按照本期个别资产负债表中期末内部应收账款相对应的坏账准备的减少额，借记"信用减值损失"项目，贷记"应收账款——坏账准备"项目。

在第三期编制合并财务报表的情况下，必须将第二期内部应收账款期末余额相应的坏账准备予以抵销，以调整期初未分配利润的金额。然后，计算确定本期内部应收账款相对应的坏账准备增减变动的金额，并将其增减变动的金额予以抵销。其抵销分录与第二期编制的抵销分录相同。

【例9-19】A公司20×7年12月31日个别资产负债表中的内部应收账款为475万元，坏账准备余额为25万元。假定A公司20×7年为首次编制合并财务报表。

借：应付账款   500

    贷：应收账款   500

借：应收账款——坏账准备   25

    贷：信用减值损失   25

连续编制合并财务报表情况如下。

① 若A公司20×8年12月31日个别资产负债表中的内部应收账款仍为475万元,坏账准备余额仍为25万元。

借: 应付账款　　　　　　　　　　　　　500

　　贷: 应收账款　　　　　　　　　　　　　500

借: 应收账款——坏账准备　　　　　　　25

　　贷: 未分配利润——年初　　　　　　　　25

② 若A公司20×8年12月31日个别资产负债表中的内部应收账款为570万元,坏账准备余额为30万元。

借: 应付账款　　　　　　　　　　　　　600

　　贷: 应收账款　　　　　　　　　　　　　600

借: 应收账款——坏账准备　　　　　　　25

　　贷: 未分配利润——年初　　　　　　　　25

借: 应收账款——坏账准备　　　　　　　5

　　贷: 信用减值损失　　　　　　　　　　　5

③ 若A公司20×8年12月31日个别资产负债表中的内部应收账款为380万元,坏账准备余额为20万元。

借: 应付账款　　　　　　　　　　　　　400

　　贷: 应收账款　　　　　　　　　　　　　400

借: 应收账款——坏账准备　　　　　　　25

　　贷: 未分配利润——年初　　　　　　　　25

借: 信用减值损失　　　　　　　　　　　5

　　贷: 应收账款——坏账准备　　　　　　　5

（2）其他债权与债务的抵销处理。

【例9-20】A公司20×8年个别资产负债表中预收款项100万元为B公司预付账款;应收票据400万元为B公司20×8年向A公司购买商品3 500万元开具的票面金额为400万元的商业承兑汇票其余款项转账支付;B公司应付债券200万元为A公司所持有(A公司划归为债权投资)。对此,在编制合并资产负债表时, 应编制如下抵销分录。

① 将内部预收账款与内部预付账款抵销时, 应编制如下抵销分录。

借: 预收款项　　　　　　　　　　　　　100

　　贷: 预付款项　　　　　　　　　　　　　100

② 将内部应收票据与内部应付票据抵销时, 应编制如下抵销分录。

借: 应付票据　　　　　　　　　　　　　400

　　贷: 应收票据　　　　　　　　　　　　　400

③ 将债权投资中债券投资与应付债券抵销时, 应编制如下抵销分录。

借: 应付债券　　　　　　　　　　　　　200

　　贷: 债权投资　　　　　　　　　　　　　200

在某些情况下,债券投资企业持有的企业集团内部成员企业的债券并不是从发行债券的企业直接购进的,而是在证券市场上从第三方手中购进的。在这种情况下, 债权投资中的债券投资与发行债券企业的应付债券抵销时，可能会出现差额，应分别进行处理：如果债券投资的余额大于应付债券的余额，其差额应作为投资损失计入合并利润表的投资收益项目；如果债券投资的余额小于应付债券的余额，其差额应作为利息收入计入合并利润表的财务费用项目。

（3）内部投资收益（利息收入）和利息费用的抵销处理。

企业集团内部母公司与子公司、子公司之间可能发生相互提供信贷，以及相互之间持有对方债券的内部交易。在持有母公司或子公司发行的企业债券（或公司债券，下同）的情况下，发行债券的企业支付的利息费用作为财务费用处理，并在其个别利润表"财务费用"项目中列示；而持有债券的企业，将购买的债券在其个别资产负债表"债权投资"项目中列示，当期获得的利息收入则作为投资收益处理，并在其个别利润表"投资收益"项目中列示。在编制合并财务报表时，应当在抵销内部发行的应付债券和债权投资等内部债权债务的同时，将内部应付债券和债权投资相关的利息费用与投资收益（利息收入）相互抵销，即将内部债券投资收益与内部发行债券的利息费用相互抵销。

第三类，内部固定资产、无形资产交易的抵销处理。

内部固定资产交易是指企业集团内部发生的与固定资产有关的购销业务。对于企业集团内部固定资产交易，根据销售企业销售的是产品还是固定资产，可以将其划分为两种类型：第一种类型是企业集团内部企业将自身生产的产品销售给企业集团内的其他企业作为固定资产使用；第二种类型是企业集团内部企业将自身的固定资产出售给企业集团内的其他企业作为固定资产使用。此外，还有另一类型的内部固定资产交易，即企业集团内部企业将自身使用的固定资产出售给企业集团内的其他企业作为普通商品销售。这种类型的固定资产交易，在企业集团内部发生得极少，一般情况下发生的金额也不大。

（1）内部购进的商品用做固定资产交易的抵销处理。

企业集团内部的母公司或子公司将自身生产的产品销售给企业集团内部的其他企业作为固定资产使用。与存货的情况不同，固定资产的使用寿命较长，往往要跨越几个会计年度。对于内部交易形成的固定资产，不仅在该内部固定资产交易发生的当期需要进行抵销处理，而且在以后使用该固定资产的期间也需要进行抵销处理。固定资产在使用过程中是通过折旧的方式将其价值转移到产品价值之中的，由于固定资产按内部交易中买方原价计提折旧，在固定资产原价中包含未实现内部销售损益的情况下，每期计提的折旧费中也必然包含着未实现内部销售损益的金额，由此也需要对该内部交易形成的固定资产每期计提的折旧费进行相应的抵销处理。同样，如果购买企业对该项固定资产计提了固定资产减值准备，由于固定资产减值准备是以内部交易中买方的原价为基础进行计算确定的，在固定资产原价中包含未实现内部销售损益的情况下，对该项固定资产计提的减值准备中也必然包含着未实现内部销售损益的金额，由此也需要对该内部交易形成的固定资产计提的减值准备进行相应的抵销处理。

① 内部交易形成的固定资产在购入当期的抵销处理。

在这种情况下，购买企业购进的固定资产，在其个别资产负债表中以支付的价款作为该固定资产的原价列示，因此，首先就必须将该固定资产原价中包含的未实现内部销售损益予以抵销。其次，购买企业对该固定资产计提了折旧，折旧费计入相关资产的成本或当期损益。由于购买企业是以该固定资产的取得成本作为原价计提折旧，取得成本中包含未实现内部销售损益，在相同的使用寿命下，各期计提的折旧费要大于（或小于，下同）不包含未实现内部销售损益时计提的折旧费，因此，还必须将当期多计提（或少计提，下同）的折旧额从该固定资当期计提的折旧费中予以抵销。其抵销处理程序如下。

第一，将与内部交易形成的固定资产相关的销售收入、销售成本以及原价中包含的未实现内部销售损益予以抵销。

第二，将内部交易形成的固定资产当期多计提的折旧费和累计折旧予以抵销。从单个企业来说，对计提折旧进行会计处理时，一方面增加当期的费用或计入相关资产的成本，另一方面形成累计折旧。因此，对内部交易形成的固定资产当期多计提的折旧费进行抵销时，应按当期多计提的折旧额，借记"固定资产——累计折旧"项目，贷记"管理费用"等项目（为便于理解，本节有关内部交易形成的固定资产多计提的折旧费的抵销，均假定该固定资产为购买企业的管理用固定资产，通过"管理费用"项目进行抵销）。

【例9-21】A公司20×8年以300万元的价格将其生产的产品销售给B公司，其销售成本为270万元，因该内部固定资产交易实现的销售利润为30万元。B公司购买该产品作为管理用固定资产使用，按300万元入账。假设B公司对该固定资产按3年的使用寿命采用年限平均法计提折旧，预计净残值为0。该固定资产交易时间为20×8年1月1日，为简化抵销处理，假定B公司该内部交易形成的固定资产20×8年按12个月计提折旧。有关抵销处理如下。

① 与该固定资产相关的销售收入、销售成本以及原价中包含的未实现内部销售损益的抵销，会计分录如下。

借：营业收入　　　　　　　　　　　　　　　　　　300
　　贷：营业成本　　　　　　　　　　　　　　　　270
　　　　固定资产——原价　　　　　　　　　　　　30

② 该固定资产当期多计提折旧额的抵销。

对B公司而言，该固定资产折旧年限为3年，原价为300万元，预计净残值为0。20×8年计提的折旧额为100万元，而就企业集团来讲，该固定资产原价为270万元，20×8年计提的折旧额为90万元，当期多计提的折旧额为10万元。在本例中，应当按10万元分别抵销管理费用和累计折旧，会计分录如下。

借：固定资产——累计折旧　　　　　　　　　　　　10
　　贷：管理费用　　　　　　　　　　　　　　　　10

通过上述抵销分录，在合并工作底稿中，固定资产累计折旧额减少10万元，管理费用减少10万元，在合并财务报表中，该固定资产的累计折旧为90万元，该固定资产当期计提的折旧费为90万元。

② 连续各期编制合并财务报表时内部交易形成的固定资产的抵销处理。

在连续各期编制合并财务报表时，内部交易形成的固定资产仍然以原价在购买企业的个别资产负债表中列示，因此，必须将原价中包含的未实现内部销售损益的金额予以抵销；相应地，销售企业以前会计期间由于该内部交易实现销售利润，形成销售当期的净利润的一部分并结转到以后会计期间，在其个别所有者权益变动表中列示。由此，首先，必须将期初未分配利润中包含的该未实现内部销售损益予以抵销，以调整期初未分配利润的金额。即按照原价中包含的未实现内部销售损益的金额，借记"未分配利润——年初"项目，贷记"固定资产——原价"项目。

其次，对于该固定资产在以前会计期间计提折旧而形成的期初累计折旧，由于将以前会计期间以包含未实现内部销售损益的原价为依据而多计提折旧的抵销，一方面必须按照以前会计期间累计多计提的折旧额抵销期初累计折旧；另一方面由于以前会计期间累计折旧抵销而影响到期初未分配利润，因此，还必须调整期初未分配利润的金额。即按以前会计期间抵销该内部交易形成的固定资产多计提的累计折旧额，借记"固定资产——累计折旧"项目，贷记"未分配利润——年初"项目。

最后，该内部交易形成的固定资产在本期仍然计提了折旧，由于多计提折旧导致本期有关资产或费用项目增加并形成累计折旧，为此，一方面必须将本期多计提折旧而计入相关资产的成本或当期损益的金额予以抵销；另一方面将本期多计提折旧而形成的累计折旧额予以抵销。即按本期该内部交易形成的固定资产多计提的折旧额，借记"固定资产——累计折旧"项目，贷记"管理费用"等项目。

（2）将内部购进的固定资产用作固定资产交易的抵销处理。

企业集团内部企业将其自用的固定资产出售给集团内部的其他企业。对于销售企业来说，在其个别资产负债表中表现为固定资产的减少，同时在其个别利润表中表现为固定资产处置损益，当处置收入大于该固定资产账面价值时，表现为本期资产处置收益，计入"资产处置损益"的贷方；当处置收入小于固定资产账面价值时，则表现为本期资产处置损失，计入"资产处置损益"的借方。对于购买企业来说，在其个别资产负债表中则表现为固定资产的增加，其固定资产原价中既包含该固定资产在原销售企业中的账面价值，也包含销售企业因该固定资产出售所实现的损益。但从整个企业集团来看，这一交易属于集团内部固定资产调拨性质，它既不能产生收益，也不会发生损失，固定资产既不能增值也不会减值。因此，必须将销售企业因该内部交易所实现的固定资产处置损益予以抵销，同时将购买企业固定资产原价中包含的未实现内部销售损益的金额予以抵销。通过抵销后，在合并财务报表中，该固定资产原价仍然以销售企业的原账面价值反映。

① 当处置收入大于该固定资产账面价值时，抵销固定资产原价中包含的未实现利润，会计分录如下。

借：资产处置损益
　　贷：固定资产（内部交易收益）

② 当处置收入小于固定资产账面价值时，抵销固定资产原价中包含的未实现损失，会计分录如下。

借：固定资产（内部交易损失）
　　贷：资产处置损益

③ 抵销当期多计提的折旧，会计分录如下。

借：固定资产（累计折旧）
　　贷：管理费用

④ 抵销当期多计提或少计提的折旧，会计分录如下。

借：管理费用
　　贷：固定资产（累计折旧）

（3）内部交易的固定资产清理、出售期间的抵销处理。

对于销售企业来说，因该内部交易固定资产实现的利润，作为期初未分配利润的一部分结转到以后的会计期间，直到购买企业对该内部交易形成的固定资产进行清理的会计期间为止。从购买企业来说，对内部交易形成的固定资产进行清理的期间，在其个别财务报表中表现为固定资产价值的减少；该固定资产清理收入减去该固定资产账面价值以及有关清理费用后的余额，则在其个别利润表中以资产处置收益（损失以"-"号填列）项目列示。

在这种情况下，购买企业内部交易形成的固定资产实体已不复存在，包含未实现内部销售损益在内的该内部交易形成的固定资产的价值已全部转移到用其加工的产品价值或各期损益中去了，因此不存在未实现内部销售损益的抵销问题。从整个企业集团来说，随着该内部交易形成的固定资产的使用寿命届满，其包含的未实现内部销售损益也转化为已实现利润。但是，由于销售企业因该内部交易所实现的利润，作为期初未分配利润的一部分结转到购买企业持有该内部交易形成的固定资产的会计期间，为此，必须调整期初未分配利润。其次，在固定资产进行清理的会计期间，如果仍计提了折旧，本期计提的折旧费中仍然包含多计提的折旧额，因此，需要将多计提的折旧额予以抵销。

① 当内部交易形成的固定资产使用期满清理时，需要抵销多计提的折旧，会计分录如下。

借：未分配利润——年初（清理当期多提折旧）
　　贷：管理费用等

② 超期清理时，不做抵销分录。

③ 提前清理、出售时，会计分录如下。

借：未分配利润——年初（原价中包含的毛利）
　　贷：资产处置损益

借：资产处置损益（以前期间多提的折旧）
　　贷：未分配利润——年初

借：资产处置损益（清理、出售当期多计提的折旧）
　　贷：管理费用等

④ 固定资产减值准备的抵销处理。

借：固定资产——固定资产减值准备（以前多提数）
　　贷：未分配利润——年初

借：固定资产——固定资产减值准备（当期多提数）
　　贷：资产减值损失

（4）内部无形资产交易的抵销处理。

母子公司之间内部无形资产交易的抵销处理有两种情况：一是有使用期限的无形资产的抵销处理；二是无使用期限的无形资产抵销处理。

由于有使用期限的无形资产在使用过程中存在无形资产摊销问题，因此，在抵销处理时，除了要摊销因内部交易虚增或虚减的损益外，还要注意抵销无形资产摊销虚增的费用。在发生无形资产内部交易时，企业集团将虚增（或虚减）损益计入"资产处置损益"科目，并增加（或减少）无形资产价值。因此，可以将虚增（或虚减）收益的"资产处置损益"科目和虚增（或虚减）的无形资产进行抵销。抵销分录为，借记"资产处置损益"（销售方）项目，贷记"无形资产"（购买方）项目（虚减收益时，借记"无形资产"项目，贷记"资产处置损益"项目）。同时，由于购买方持有无形资产期间按买价对无形资产进行了摊销，从而多摊销了无形资产虚增的价值，要相应抵销这部分多摊销的累计摊销额。抵销分录为，借记"无形资产——累计摊销"（购买方）项目，贷记"管理费用"（购买方）项目（虚减收益时，借记"管理费用"项目，贷记"无形资产——累计摊销"项目）。

【例9-22】甲公司20×8年1月1日以25 600万元的价格取得A公司80%的股权，A公司净资产的公允价值为35 000万元。甲公司在购买A公司过程中发生审计、评估和法律服务等相关费用120万元。上述价款均以银行存款支付。甲公司与A公司均为同一控制下的企业。A公司采用的会计政策与甲公司一致。不考虑甲公司和A公司及合并资产、负债的所得税影响。

甲公司在个别资产负债表中采用成本法核算该项长期股权投资。合并日，A公司股东权益总额为32 000万元，其中股本为20 000万元，资本公积为8 000万元，盈余公积为1 200万元，未分配利润为2 800万元；合并后，甲公司在A公司股东权益中所拥有的份额为25 600万元。甲公司对A公司长期股权投资的初始投资成本为25 600万元。购买该股权过程中发生的审计、评估等相关费用直接计入当期损益，即计入当期管理费用。甲公司股本为100 000万元，资本公积为2 000万元，盈余公积为4 200万元，未分配利润为2 800万元。合并日后首期的具体资料如表9-11、表9-12所示。

表9-11　　　　　　　　　　甲公司与A公司个别资产负债表（简表）

编制单位：甲公司/A公司　　　　　　　　20×8年12月31日　　　　　　　　单位：万元

项目	甲公司	A公司
资产：		
货币资金	52 300	5 000
交易性金融资产	800	500
应收账款	2 700	5 500
其他应收款	480	
存货	21 000	14 800
其他债权投资		300
长期股权投资	25 600	
债权投资	6 000	
固定资产	54 100	18 500
无形资产	30 000	14 000
资产总计	192 980	58 600
负债及股东权益：		
应付票据	1 780	3 400
应付账款	6 400	3 500
应付职工薪酬	800	600
其他应付款		600
应付债券	30 000	8 000
长期借款	42 000	10 000
负债合计	80 980	26 100
股本	100 000	20 000
资本公积	4 000	8 000
其他综合收益		100
盈余公积	4 368	1 300
未分配利润	3 632	3 100
股东权益合计	112 000	32 500
负债及股东权益总计	192 980	58 600

表 9-12　　　　　　　　　　甲公司与 A 公司个别利润表（简表）

编制单位：甲公司/A 公司　　　　　　　　　　20×8 年　　　　　　　　　　单位：万元

项目	甲公司	A 公司
一、营业收入	7 000	5 000
二、营业成本	5 600	3 820
其中：营业成本	4 150	2 940
税金及附加	400	240
销售费用	300	180
管理费用	340	254
财务费用	210	120
资产减值损失	200	86
加：公允价值变动损益（损失以"-"号列示）	100	100
投资收益（损失以"-"号列示）	380	0
三、营业利润（亏损以"-"号填列）	1 880	1 280
加：营业外收入	500	250
减：营业外支出	200	180
四、利润总额（亏损总额以"-"号填列）	2 180	1 350
减：所得税费用	500	350
五、净利润（净亏损以"-"号填列）	1 680	1 000
六、其他综合收益的税后净额	60	75
（一）以后会计期间间不能重分类进损益的其他综合收益	0	0
其中：重新计量设定收益计划净负债或净资产导致的变动的税后净额	0	0
按照权益法核算的在被投资单位不能重分类进损益其他综合收益中所享有份额的税后净额	0	0
（二）以后会计期间在满足规定条件时将重分类进损益的其他综合收益	0	0
其中：按照权益法核算的在被投资单位可重分类进损益其他综合收益中所享有份额的税后净额	60	0
其他债权投资公允价值变动产生利得或损失的税后净额	0	75
七、综合收益总额	1 740	1 075

20×8 年 A 公司实现净利润 1 000 万元，经公司董事会提议并经股东大会批准，20×8 年提取法定公积金 100 万元，20×8 年 A 公司向股东宣告分派现金股利 600 万元。A 公司因持有的其他债权投资的公允价值变动计入当期其他综合收益的金额为 100 万元。

20×8 年 12 月 31 日，A 公司股东权益总额为 32 500 万元，其中股本为 20 000 万元，资本公积为 8 000 万元，其他综合收益 100 万元，盈余公积为 1 300 万元，未分配利润为 3 100 万元。

在本例中，甲公司与 A 公司均为同一控制下的企业。20×8 年 12 月 31 日，甲公司对 A 公司的长期股权投资的账面余额为 25 600 万元（假定未发生减值）。根据合并报表准则的规定，在合并工作底稿中将对 A 公司的长期股权投资由成本法调整为权益法。有关调整分录如下。

①　确认甲公司在 20×8 年 A 公司实现净利润 1 000 万元中所享有的份额 800（1 000×80%）万元，分录如下。

借：长期股权投资——A公司   800

  贷：投资收益——A公司   800

② 确认甲公司收到A公司20×8年分派的现金股利，同时抵销原按成本法确认的投资收益480万元，分录如下。

借：投资收益——A公司   480

  贷：长期股权投资——A公司   480

③ 确认甲公司在20×8年A公司除净损益以外所有者权益的其他变动中所享有的份额80万元（其他综合收益的增加额100万元×80%），分录如下。

借：长期股权投资——A公司   80

  贷：其他综合收益   80

④ 长期股权投资与所拥有的子公司所有者权益的份额相互抵销，其抵销分录如下。

借：股本   20 000

  资本公积   8 000

  其他综合收益   100

  盈余公积   1 300

  未分配利润   3 100

  贷：长期股权投资   26 000

    少数股东权益   6 500

⑤ 子公司的投资收益与子公司当年利润分配相抵销，其抵销分录如下。

借：投资收益   800

  少数股东损益   200

  未分配利润——年初   2 800

  贷：提取盈余公积   100

    向股东分配利润   600

    未分配利润——年末   3 100

⑥ 20×8年A公司向股东宣告分派现金股利600万元，由于股利款项尚未支付，A公司已计列入应付股利。甲公司根据A公司向股东宣告的分派现金股利的公告，按照甲公司享有的份额确认应收股利480万元，这属于母公司和子公司之间的债权债务，在编制合并财务报表时必须将其抵销，其抵销分录如下。

借：应付股利   480

  贷：应收股利   480

根据调整、抵销分录编制合并日后首期合并工作底稿如表9-13所示。

表 9-13　　　　　　　　　　　甲公司与 A 公司合并日后首期合并工作底稿

编制单位：甲公司　　　　　　　　　　　　　　20×8 年 12 月 31 日　　　　　　　　　　　　单位：万元

项目	甲公司	A 公司	合计数	调整、抵销分录 借方	调整、抵销分录 贷方	少数股东权益	合并数
资产负债表项目							
流动资产：							
货币资金	52 300	5 000	57 300				57 300
交易性金融资产	800	500	1 300				1 300
应收票据	0	0	0				0
应收账款	2 700	5 500	8 200				8 200
其他应收款	480		480		⑥ 480		0
存货	21 000	14 800	35 800				35 800
流动资产合计	77 280	25 800	<u>103 080</u>				<u>102 600</u>
非流动资产：							
其他债权投资		300	300				300
长期股权投资	25 600		25 600	① 800 ③ 80	② 480 ④ 26 000		0
债权投资	6 000		6 000				6 000
固定资产	54 100	18 500	72 600				72 600
无形资产	30 000	14 000	44 000				44 000
非流动资产合计	115 700	32 800	<u>148 500</u>				<u>122 900</u>
资产总计	192 980	58 600	<u>251 580</u>				<u>225 500</u>
流动负债：							
应付票据	1 780	3 400	5 180				5 180
应付账款	6 400	3 500	9 900				9 900
应付职工薪酬	800	600	1 400				1 400
其他应付款		600	600	⑥ 480			120
流动负债合计	8 980	8 100	<u>17 080</u>				<u>16 600</u>
非流动负债：							
应付债券	30 000	8 000	38 000				38 000
长期借款	42 000	10 000	52 000				52 000
非流动负债合计	72 000	18 000	90 000				90 000
负债合计	80 980	26 100	<u>107 080</u>				<u>106 600</u>
所有者权益（股东权益）：							
股本	100 000	20 000	120 000	④ 20 000			100 000
资本公积	4 000	8 000	12 000	④ 8 000			4 000
其他综合收益		100	100	④ 100	③ 80		80
盈余公积	4 368	1 300	5 668	④ 1 300			4 368
未分配利润	3 632	3 100	6 732	<u>7 380</u>	<u>4 600</u>		3 952
归属于母公司股东权益合计							<u>112 400</u>
少数股东权益					④ 6 500	6 500	6 500

续表

项目	甲公司	A公司	合计数	调整、抵销分录		少数股东权益	合并数
				借方	贷方		
所有者权益合计	112 000	32 500	144 500				118 900
负债及股东权益总计	192 980	58 600	251 580				225 500
利润表项目							
一、营业收入	7 000	5 000	12 000				12 000
减：营业成本	4 150	2 940	7 090				7 090
税金及附加	400	240	640				640
销售费用	300	180	480				480
管理费用	340	254	594				594
财务费用	210	120	330				330
资产减值损失	200	86	286				286
加：公允价值变动损益（损失以"-"号列示）	100	100	200				200
投资收益（损失以"-"号列示）	380	0	380	② 480 ⑤ 800	① 800		-100
二、营业利润（亏损以"-"号填列）	1 880	1 280	3 160	1 280	800		2 680
加：营业外收入	500	250	750				750
减：营业外支出	200	180	380				380
三、利润总额（亏损总额以"-"号填列）	2 180	1 350	3 530	1 280	800		3 050
减：所得税费用	500	350	850				850
四、净利润（净亏损以"-"号填列）	1 680	1 000	2 680	1 280	800		2 200
少数股东损益				⑤ 200			200
归属于母公司股东的净利润	1 680	1 000	2 680	1 480	800		2 000
五、其他综合收益的税后净额	60	75	135	75			60
（一）以后会计期间不能重分类进损益的其他综合收益	0	0					0
其中：重新计量设定收益计划净负债或净资产导致的变动的税后净额	0	0					0
按照权益法核算的在被投资单位不能重分类进损益其他综合收益中所享有份额的税后净额	0	0					0
（二）以后会计期间在满足规定条件时将重分类进损益的其他综合收益	0	0					0
其中：按照权益法核算的在被投资单位可重分类进损益其他综合收益中所享有份额的税后净额	60	0	60				

项目	甲公司	A公司	合计数	调整、抵销分录		少数股东权益	合并数
				借方	贷方		
其他债权投资公允价值变动产生利得或损失的税后净额	0	75	75				
六、综合收益总额	1 740	1 075	2 815	1 555	800		2 060
所有者权益变动表项目							
一、未分配利润——年初	2 800	2 800	5 600	⑤ 2 800			2 800
未分配利润——本期	832	300	1 132				1 132
其中：归属于母公司股东的净利润	1 680	1 000	2 680	1 480	800		2 000
提取盈余公积	−168	−100	−268		⑤ 100		−168
对所有者（或股东）的分配	−680	−600	−1 280		⑤ 600		−680
未分配利润——期末	3 632	3 100	6 732	④ 3 100 7 380	⑤ 3 100 4 600		3 952

根据合并工作底稿编制合并财务报表（略）

9.4.2　非同一控制下合并日后首期合并财务报表的编制

在每一会计期末，对非同一控制下取得的子公司编制合并报表时，母公司为进行企业合并要对子公司的资产、负债进行评估。然而子公司作为持续经营的主体，不会将因评估而产生的资产、负债公允价值的变动登记入账，其对外提供的财务报表仍然是以资产和负债原来的账面价值为基础编制的，其提供的购买日期财务报表一般也是以各资产和负债原账面价值为基础编制的。为此，母公司要编制购买日后的合并财务报表，则必须做以下调整。

1. 调整子公司资产和负债的公允价值

对于非同一控制下企业合并中取得的子公司，应当根据母公司在购买日设置的备查簿中登记的该子公司有关可辨认资产、负债的公允价值，将子公司资产和负债的评估增值和减值分别调增或调减相关资产和负债项目的金额。根据税法规定，在购买日子公司的资产和负债的计税基础还是原来的账面价值。购买日子公司资产和负债的公允价值与其计税基础之间的差异，形成暂时性差异。在符合有关原则和确认的条件下，编制购买日合并财务报表时，需要对暂时性差异确认相应的递延所得税资产或递延所得税负债。

2. 根据子公司已实现的账面净利润调整为以公允价值口径计算的当期净利润

合并财务报表要求以子公司资产负债的公允价值为基础进行确认，而子公司个别财务报表是以其资产负债的原账面价值为基础编制的，其当期计算的净利润也是以资产负债的原账面价值为基础计算的结果。因此，上述公允价值与原账面价值存在差额的资产或负债项目，在经营过程中因资产的折旧、摊销和减值等对子公司当期净利润的影响，需要在净利润计算中予以反映，在合并财务报表工作底稿中应做调整分录。

3. 递延所得税资产或递延所得税负债的暂时性差异的转回

当子公司应收账款按购买日评估确认的金额已收回，评估确认的坏账已核销，因递延所得税资产的转回应确认增加当期所得税费用；当子公司购买日发生评估增值的存货当年已全部实现对外销售，因递延所得税负债的转回应确认减少当期所得税费用；当子公司购买日发生评估减值的存货当年已全部实现对外销售，因递延所得税资产的转回应确认增加当期所得税费用；子公司购买日发生增值或减值的固定资产，本期按公允价值计提折旧与按账面价值计提折旧的差额在年末会出现应纳税暂时性差异或可抵扣暂时性差异，应确认为递延所得税负债或递延所得税资产，因递延所得税负债的转回应确认减少当期所得税费用；因递延所得税资产的转回应确认增加当期所得税费用。

4. 按权益法调整对子公司的长期股权投资

合并报表准则规定，合并财务报表应当以母公司和其子公司的财务报表为基础，根据其他有关资料，按照权益法调整对子公司的长期股权投资后，由母公司编制。合并报表准则也允许企业直接在对子公司的长期股权投资采用成本法核算的基础上编制合并财务报表，但是所生成的合并财务报表应当符合合并报表准则的相关规定。

在合并工作底稿中，按权益法调整对子公司的长期股权投资时，应按照《企业会计准则第2号——长期股权投资》所规定的权益法进行调整。在确认应享有子公司净损益的份额时，对于属于非同一控制下企业合并形成的长期股权投资，应当以在备查簿中记录的子公司各项可辨认资产、负债及或有负债等在购买日的公允价值为基础，对该子公司的净利润进行调整后确认。

在合并工作底稿中编制的调整分录为：对于当期该子公司实现的净利润，按母公司应享有的份额，借记"长期股权投资"项目，贷记"投资收益"项目；对于当期该子公司发生的净亏损，按母公司应分担的份额，借记"投资收益"项目，贷记"长期股权投资""长期应收款"等项目。对于当期收到的净利润或现金股利，借记"投资收益"项目，贷记"长期股权投资"项目。

对于子公司除净损益以外所有者权益的其他变动，按母公司应享有的份额，借记"长期股权投资"项目，贷记"其他综合收益"项目。

5. 抵销合并财务报表相关项目

从企业集团整体来看，母公司对子公司进行的长期股权投资实际上相当于母公司将资本拨付下属核算单位，并不引起整个企业集团的资产、负债和所有者权益的增减变动。因此，编制合并财务报表时，首先应当在母公司与子公司财务报表各项目合计数的基础上，将母公司对子公司长期股权投资项目与子公司所有者权益项目予以抵销。其次应当将母公司对子公司投资的投资收益与子公司对股东分配的利润相抵销；当纳入合并范围的子公司为非全资子公司时，母公司个别财务报表中的"投资收益"和属于"少数股东损益"与子公司个别财务报表中的"对所有者（或股东）的分配"抵销。

6. 企业集团内部交易的抵销

内部交易是指在母公司与其所有子公司组成的企业集团范围内，母公司与子公司、子公司相互之间发生的交易。合并财务报表是以母公司和子公司的个别财务报表为基础编制的。个别财务报表则是以单个企业为会计主体进行会计核算的结果，它从母公司本身或子公司本身的角度对自身的财务状况、经营成果等进行反映。因此，对于内部交易，从发生内部交易的企业来看，发生交易的各方都在其个别财务报表中进行了反映。集团公司的内部交易事项应从集团这一整体的角度进行考虑，将它们视为同一会计主体的内部业务处理，在母公司及子公司个别会计报表的基础上予以抵销，以消除它们对个别会计报表的影响，保证以个别会计报表为基础编制的合并会计报表能够正确反映企业集团的财务状况和经营成果。

　　【例9-23】 甲公司20×8年1月1日以28 000万元的价格取得A公司80%的股权，A公司净资产的公允价值为35 000万元。甲公司在购买A公司过程中发生审计、评估和法律服务等相关费用120万元。上述价款均以银行存款支付。甲公司与A公司均为非同一控制下的企业。A公司采用的会计政策与甲公司一致。不考虑甲公司和A公司及合并资产、负债的所得税影响。

　　甲公司在个别资产负债表中采用成本法核算该项长期股权投资。合并日，A公司股东权益总额为32 000万元，其中股本为20 000万元，资本公积为8 000万元，盈余公积为1 200万元，未分配利润为2 800万元；甲公司对A公司长期股权投资的初始投资成本为28 000万元。购买该股权过程中发生的审计、评估等相关费用直接计入当期损益，即计入当期管理费用。甲公司股本为100 000万元，资本公积为2 000万元，盈余公积为4 200万元，未分配利润为2 800万元。购买日后首期的具体资料如表9-14、表9-15和表9-16所示。

表9-14　　　　　　　　　　　甲公司与A公司个别资产负债表（简表）

编制单位：甲公司/A公司　　　　　　　　　　20×8年12月31日　　　　　　　　　　　　　　单位：万元

项目	甲公司	A公司	
		账面价值	公允价值
资产：			
货币资金	49 900	5 000	5 000
交易性金融资产	800	500	500
应收票据	0	0	0
应收账款	2 700	5 500	5 500
其他应收款	480		
存货	21 000	14 800	14 800
其他债权投资		300	300
长期股权投资	28 000		
债权投资	6 000		
固定资产	54 100	18 500	19 700
无形资产	30 000	14 000	15 800
资产总计	192 980	58 600	61 600
负债及股东权益：			
应付票据	1 780	3 400	3400
应付账款	6 400	3 500	3 500
应付职工薪酬	800	600	600
其他应付款		600	600
应付债券	30 000	8 000	8 000
长期借款	42 000	10 000	10 000
负债合计	80 980	26 100	26 100
股本	100 000	20 000	20 000
资本公积	4 000	8 000	11 000
其他综合收益		100	100
盈余公积	4 368	1 300	1 300
未分配利润	3 632	3 100	3 100
股东权益合计	112 000	32 500	35 500
负债及股东权益总计	192 980	58 600	61 600

表 9-15　　　　　　　　　　甲公司与 A 公司个别利润表（简表）

编制单位：甲公司/A 公司　　　　　　　　　　　　20×8 年　　　　　　　　　　　　单位：万元

项目	甲公司	A 公司
一、营业收入	7 000	5 000
二、营业成本	5 600	3 820
其中：营业成本	4 150	2 940
税金及附加	400	240
销售费用	300	180
管理费用	340	254
财务费用	210	120
资产减值损失	200	86
加：公允价值变动损益（损失以"-"号列示）	100	100
投资收益（损失以"-"号列示）	380	0
三、营业利润（亏损以"-"号填列）	1 880	1 280
加：营业外收入	500	250
减：营业外支出	200	180
四、利润总额（亏损总额以"-"号填列）	2 180	1 350
减：所得税费用	500	350
五、净利润（净亏损以"-"号填列）	1 680	1 000
六、其他综合收益的税后净额	60	75
（一）以后会计期间不能重分类进损益的其他综合收益	0	0
其中：重新计量设定收益计划净负债或净资产导致的变动的税后净额	0	0
按照权益法核算的在被投资单位不能重分类进损益其他综合收益中所享有份额的税后净额	0	0
（二）以后会计期间在满足规定条件时将重分类进损益的其他综合收益	0	0
其中：按照权益法核算的在被投资单位可重分类进损益其他综合收益中所享有份额的税后净额	60	0
其他债权投资公允价值变动产生利得或损失的税后净额	0	75
七、综合收益总额	1 740	1 075

　　20×8 年 A 公司实现净利润 1 000 万元，经公司董事会提议并经股东大会批准，20×8 年提取法定公积金 100 万元，20×8 年 A 公司向股东宣告分派现金股利 600 万元。A 公司因持有的其他债权投资的公允价值变动计入当期其他综合收益的金额为 100 万元。假设公司评估增值的固定资产采用平均年限法计提折旧，固定资产的使用年限为 20 年；评估增值的无形资产采用直线法进行摊销，无形资产的使用年限为 10 年。

　　20×8 年 12 月 31 日，A 公司股东权益总额为 32 500 万元，其中股本为 20 000 万元，资本公积为 8 000 万元，其他综合收益 100 万元，盈余公积为 1 300 万元，未分配利润为 3 100 万元。

　　在本例中，甲公司与 A 公司均为非同一控制下的企业。20×8 年 12 月 31 日，甲公司对 A 公司的长期股权投资的账面余额为 28 000 万元（假定未发生减值）。根据合并报表准则的规定，在合并工作底稿中要做以下调整分录。

1. 对母子公司个别财务报表的调整处理

① 调整子公司资产和负债的公允价值。

根据甲公司购买A公司设置的股权备查簿中登记的信息，将A公司资产和负债的评估增值或减值分别调增或调减相关资产和负债项目的金额。在合并工作底稿中的调整分录如下。

借：固定资产   1 200   ①

无形资产   1 800

贷：资本公积   3 000

② 根据子公司已实现的公允价值调整当期净利润。

在本例中，合并财务报表要求以子公司资产、负债的公允价值为基础进行确认，而子公司个别财务报表是以其资产、负债的原账面价值为基础编制的，其当期计算的净利润也是以其资产、负债的原账面价值为基础计算的结果。因此，上述公允价值与原账面价值存在差额的资产或负债项目，在经营过程中因资产的折旧、摊销和减值等对子公司当期净利润的影响，需要在净利润计算中予以反映。在合并财务报表工作底稿中的调整分录如下。

借：管理费用   240   ②

贷：固定资产   60

无形资产   180

因此，经公允价值调整后的A公司20×8年年度净利润=1 000-60（因固定资产公允价值增值计算的折旧而调增管理费用）-180（因无形资产公允价值增值计算的累计摊销而调增管理费用）=760（万元）。

对甲公司的长期股权投资由成本法调整为权益法。有关调整分录如下。

③ 确认甲公司在20×8年A公司实现净利润760万元中所享有的份额608（760×80%）万元，分录如下。

借：长期股权投资——A公司   608   ③

贷：投资收益——A公司   608

④ 确认甲公司收到A公司20×8年分派的现金股利，同时抵销原按成本法确认的投资收益480万元，分录如下。

借：投资收益——A公司   480   ④

贷：长期股权投资——A公司   480

⑤ 确认甲公司在20×8年A公司除净损益以外所有者权益的其他变动中所享有的份额80万元（其他综合收益的增加额100万元×80%），分录如下。

借：长期股权投资——A公司   80   ⑤

贷：其他综合收益   80

2. 合并日后首期合并抵销

在合并工作底稿中，按照上述权益法核算的要求对长期股权投资的金额进行调整，长期股权投资的金额正好反映母公司在子公司所有者权益中所拥有的份额。要编制合并财务报表，在此基础上还必须按照编制合并财务报表的要求进行合并抵销处理，将母公司与子公司之间的内部交易，对其个别财务报表的影响予以抵销。编制合并财务报表时，首先必须将母公司对子公司长期股权与子公司所有者权益中所拥有的份额予以抵销，根据母公司在子公司所有者权益中拥有份额的多少不同，可以将子公司分为全资子公司和非全资子公司。对于非全资子公司则要将长期股权投资与子公司所有者权益中母公司所拥有的金额进行抵销，不属于母公司的份额即属于子公司少数股东的权益，应将其转为少数股东权益。

⑥ 长期股权投资与所拥有的子公司所有者权益的份额相互抵销，其抵销分录如下。

借：股本	20 000	⑥
资本公积	11 000	
其他综合收益	100	
盈余公积	1 300	
未分配利润	2 860	
贷：长期股权投资	28 208	
少数股东权益	7 052	

其次，还必须将对子公司的投资收益与子公司当年利润分配相抵销，使合并财务报表反映母公司股东权益变动的情况。从单一企业来讲，当年实现的净利润加上年初未分配利润是企业利润分配的来源，企业对其进行分配，提取盈余公积，向股东分配股利以及留存以后年度的未分配利润（未分配利润可以理解为将这部分利润分配到下一个会计年度）等，则是利润分配的去向。而子公司当年实现的净利润，可以分为两部分：一部分属于母公司所有，即母公司的投资收益；另一部分则属于少数股东所有，即少数股东本期收益。为了使合并财务报表反映母公司股东权益变动的情况及财务状况，必须将母公司投资收益、少数股东收益和期初未分配利润与子公司当年利润分配以及未分配利润的金额相抵销。

⑦ 甲公司进行上述抵销处理时，其抵销分录如下。

借：投资收益	608	⑦
少数股东损益	152	
未分配利润——年初	2 800	
贷：提取盈余公积	100	
向股东分配利润	600	
未分配利润——年末	2 860	

⑧ 20×8年A公司向股东宣告分派现金股利600万元，由于股利款项尚未支付，A公司已计列入应付股利。甲公司根据A公司向股东宣告的分派现金股利的公告，按照甲公司享有的份额确认应收股利480万元，这属于母公司和子公司之间的债权债务，在编制合并财务报表时必须将其抵销，其抵销分录如下。

借：应付股利	480	⑧
贷：应收股利	480	

3. 合并日后首期合并工作底稿的编制

根据甲公司和A公司个别财务报表数据资料以及以上编制的调整、抵销分录，编制合并工作底稿如下。

表 9-16 　　　　　　　　　　甲公司与 A 公司合并日后首期合并工作底稿

编制单位：甲公司　　　　　　　　　　20×8 年 12 月 31 日　　　　　　　　　　单位：万元

项目	甲公司	A公司	合计数	调整、抵销分录 借方	调整、抵销分录 贷方	少数股东权益	合并数
资产负债表项目							
流动资产：							
货币资金	499 00	5 000	54 900				54 900
交易性金融资产	800	500	1 300				1 300
应收票据	0	0	0				0
应收账款	2 700	5 500	8 200				8 200
其他应收款	480		480		⑧ 480		0
存货	21 000	14 800	35 800				35 800
流动资产合计	74 880	25 800	100 680				100 200
非流动资产：							
其他债权投资		300	300				300
长期股权投资	28 000		28 000	③ 608 ⑤ 80	④ 480 ⑥ 28 208		0
债权投资	6 000		6 000				6 000
固定资产	54 100	18 500	72 600	①1200	②60		73 740
无形资产	30 000	14 000	44 000	①1800	②180		45 620
非流动资产合计	118 100	32 800	150 900				125 660
资产总计	192 980	58 600	251 580				225 860
流动负债：							
应付票据	1 780	3 400	5 180				5 180
应付账款	6 400	3 500	9 900				9 900
应付职工薪酬	800	600	1 400				1 400
其他应付款		600	600	⑧480			120
流动负债合计	8 980	8 100	17 080	480			16 600
非流动负债：							
应付债券	30 000	8 000	38 000				38 000
长期借款	42 000	10 000	52 000				52 000
非流动负债合计	72 000	18 000	90 000				90 000
负债合计	80 980	26 100	107 080	480			106 600
所有者权益（股东权益）：							
股本	100 000	20 000	120 000	⑥ 20 000			100 000
资本公积	4 000	8 000	12 000	⑥ 11 000	① 3000		4 000
其他综合收益		100	100	⑥ 100	⑤ 80		80
盈余公积	4 368	1 300	5 668	⑥ 1 300			4 368
未分配利润	3 632	3 100	6 732	7 140	4 168		3 760
归属于母公司股东权益合计							112 208
少数股东权益					⑥ 7 052	7 052	7 052

项目	甲公司	A公司	合计数	调整、抵销分录 借方	调整、抵销分录 贷方	少数股东权益	合并数
所有者权益合计	112 000	32 500	144 500	39 540	14 300		119 260
负债及股东权益总计	192 980	58 600	251 580	40 020	14 300		225 860
利润表项目							
一、营业收入	7 000	5 000	12 000				12 000
减：营业成本	4 150	2 940	7 090				7 090
税金及附加	400	240	640				640
销售费用	300	180	480				480
管理费用	340	254	594	② 240			834
财务费用	210	120	330				330
资产减值损失	200	86	286				286
加：公允价值变动损益（损失以"-"号列示）	100	100	200				200
投资收益（损失以"-"号列示）	380	0	380	④ 480 ⑦ 608	③ 608		-100
二、营业利润（亏损以"-"号填列）	1 880	1 280	3 160	1 328	608		2 440
加：营业外收入	500	250	750				750
减：营业外支出	200	180	380				380
三、利润总额（亏损总额以"-"号填列）	2 180	1 350	3 530	1 328	608		2 810
减：所得税费用	500	350	850				850
四、净利润（净亏损以"-"号填列）	1 680	1 000	2 680	1 328	608		1 960
少数股东损益				⑦ 152			152
归属于母公司股东的净利润	1 680	1 000	2 680	1 480	608		1 808
五、其他综合收益的税后净额	60	75	135	75			60
（一）以后会计期间不能重分类进损益的其他综合收益	0	0					0
其中：重新计量设定收益计划净负债或净资产导致的变动的税后净额	0	0					0
按照权益法核算的在被投资单位不能重分类进损益其他综合收益中所享有份额的税后净额	0	0					0
（二）以后会计期间在满足规定条件时将重分类进损益的其他综合收益	0	0					0
其中：按照权益法核算的在被投资单位可重分类进损益其他综合收益中所享有份额的税后净额	60	0	60				60

续表

项目	甲公司	A 公司	合计数	调整、抵销分录 借方	调整、抵销分录 贷方	少数股东权益	合并数
其他债权投资公允价值变动产生利得或损失的税后净额	0	75	75				75
六、综合收益总额	1 740	1 075	2 815	1 555	608		1868
所有者权益变动表项目							
一、未分配利润——年初	2 800	2 800	5 600	⑦ 2 800			2 800
未分配利润——本期	832	300	1 132				1 132
其中：归属于母公司股东的净利润	1 680	1 000	2 680	1 480	608		1808
提取盈余公积	−168	−100	−268		⑦ 100		−168
对所有者（或股东）的分配	−680	−600	−1 280		⑦ 600		−680
未分配利润——期末	3 632	3 100	6 732	⑥ 2 860 7140	⑦ 2 860 4 168		3760

4. 根据合并工作底稿编制合并财务报表（略）

9.5 连续各期合并财务报表的编制

在首期编制合并财务报表时，已经将集团内部母公司长期股权投资与子公司所有者权益进行了抵销，但是这种抵销仅仅是在合并工作底稿中进行的，并没有相应计入母公司及子公司的个别账簿之中，因此这些母、子公司在以后年度仍然是以账簿记录为依据编制个别财务报表。连续各期合并财务报表仍然是以这些个别财务报表为基础编制的，所以在第二期以及以后各期连续编制财务报表时，需处理两个问题：一是对以前年度交易或事项的抵销；二是对当期交易或事项的抵销。即首先将以前年度事项对年初未分配利润的影响抵销；然后对当期内部交易事项进行抵销。

9.5.1 同一控制下连续各期合并财务报表的编制

对于上期编制调整和抵销分录时涉及利润表中的项目及所有者权益变动表"未分配利润"栏目的项目，在本期编制合并财务报表调整分录和抵销分录时均应用"未分配利润——年初"项目代替。

1. 按权益法调整对子公司的长期股权投资

在合并工作底稿中编制的调整分录为：对于当期该子公司实现净利润，按母公司应享有的份额，借记"长期股权投资"项目，贷记"投资收益"项目；对于当期该子公司发生的净亏损，按母公司应分担的份额，借记"投资收益"项目，贷记"长期股权投资""长期应收款"等项目；对于当期收到的净利润或现金股利，借记"投资收益"项目，贷记"长期股权投资"项目。

对于子公司除净损益以外所有者权益的其他变动，按母公司应享有的份额，借记"长期股权投资"项目，贷记"其他综合收益"项目。

（1）调整以前年度被投资单位盈利，会计分录如下。

借：长期股权投资

　　贷：未分配利润——年初

（2）调整被投资单位本年盈利，会计分录如下。

借：长期股权投资

　　贷：投资收益

（3）调整被投资单位以前年度亏损，会计分录如下。

借：未分配利润——年初

　　贷：长期股权投资

（4）调整被投资单位本年亏损，会计分录如下。

借：投资收益

　　贷：长期股权投资

（5）调整被投资单位以前年度分派现金股利，会计分录如下。

借：未分配利润——年初

　　贷：长期股权投资

（6）调整被投资单位当年分派现金股利，会计分录如下。

借：投资收益

　　贷：长期股权投资

（7）调整子公司以前年度除净损益以外所有者权益的其他变动，会计分录如下。

借：长期股权投资

　　贷：其他综合收益——年初

（8）调整子公司除净损益以外所有者权益的其他变动，会计分录如下。

借：长期股权投资

　　贷：其他综合收益——本年

2．合并抵销的处理

在合并工作底稿中，按照上述权益法核算的要求对长期股权投资的账面价值进行调整，长期股权投资的账面价值正好反映母公司在子公司所有者权益中所拥有的份额。编制合并财务报表时，在此基础上还必须按照编制合并财务报表的要求进行合并抵销处理，将母公司与子公司之间的内部交易，对其个别财务报表的影响予以抵销。编制合并财务报表时，首先必须将母公司对子公司长期股权投资与子公司所有者权益中所拥有的份额予以抵销，根据母公司在子公司所有者权益中拥有份额的多少不同，可以将子公司分为全资子公司和非全资子公司。对于非全资子公司，要将长期股权投资与子公司所有者权益中母公司所拥有的金额进行抵销，不属于母公司的份额即属于子公司少数股东的权益，应将其转为少数股东权益。

（1）长期股权投资与所拥有的子公司所有者权益的份额相互抵销，其抵销分录如下。

借：股本

　　资本公积

　　其他综合收益

　　盈余公积

未分配利润

　　贷：长期股权投资

　　　　少数股东权益（子公司所有者权益×少数股东投资持股比例）

（2）母公司对子公司、子公司相互之间持有对方长期股权投资的投资收益的抵销，会计分录如下。

借：投资收益

　　少数股东损益

　　未分配利润——年初

　　贷：提取盈余公积

　　　　对所有者（或股东）的分配

　　　　未分配利润——年末

（3）形成子公司之间的债权的抵销债权债务，会计分录如下。

借：应付股利

　　贷：应收股利

3．内部商品交易的合并处理

连续各期编制合并财务报表时，首先必须将上期抵销的存货价值中包含的未实现内部销售损益对本期期初未分配利润的影响予以抵销，调整本期期初未分配利润的金额；然后再对本期内部购进存货进行抵销处理，其具体抵销处理程序和方法如下。

（1）将上期抵销的存货价值中包含的未实现内部销售损益对本期期初未分配利润的影响进行抵销。针对上期留存的存货存在以下 3 种情形。

① 在企业集团内部交易中，如果上年从集团内部购入的存货，本年全部售出，按照上期内部购进存货价值中包含的未实现内部销售损益的金额，做以下抵销分录。

借：未分配利润——年初

　　贷：营业成本

② 在企业集团内部交易中，如果上年购入的存货，本年未卖出全部留存在企业集团内部时，按照上期内部购进存货价值中包含的未实现内部销售损益的金额，做以下抵销分录。

借：未分配利润——年初

　　贷：存货

③ 在企业集团内部交易中，如果上年购入的存货，本年仅卖出一部分时，做以下抵销分录。

借：未分配利润——年初（年初存货中包含的未实现内部销售利润）

　　贷：营业成本

　　　　存货（留存存货的虚增）

（2）对于本期发生内部购销活动的，将内部销售收入、内部销售成本及内部购进存货中未实现内部销售损益予以抵销。即，按照销售企业内部销售收入的金额，借记"营业收入"项目，贷记"营业成本"项目。

（3）将期末内部购进存货价值中包含的未实现内部销售损益予以抵销。对于期末内部购买形成的存货（包括上期结转形成的本期存货），应按照购买企业期末内部购入存货价值中包含的未实现内部销售损益的金额，借记"营业成本"项目，贷记"存货"项目。

4. 内部债权债务的合并处理

由于利润表和所有者权益变动表是反映企业一定会计期间经营成果及其所有者权益变动情况的财务报表，其上期期末未分配利润就是本期所有者权益变动表期初未分配利润（假定不存在会计政策变更和前期差错更正的情况）。本期编制合并财务报表是以本期母公司和子公司当期的个别财务报表为基础编制的，随着上期编制合并财务报表时内部应收账款计提的坏账准备的抵销，以母子公司个别财务报表中期初未分配利润为基础加总得出的期初未分配利润，与上一会计期间合并所有者权益变动表中的未分配利润金额之间将产生差额。为此，在编制合并财务报表时，必须将上期因内部应收账款计提的坏账准备抵销而抵销的信用减值损失对本期期初未分配利润的影响予以抵销，调整本期期初未分配利润的金额。

在连续编制合并财务报表进行抵销处理时，首先，将内部应收账款与应付账款予以抵销，即按内部应收账款的金额，借记"应付账款"项目，贷记"应收账款"项目；其次，应将上期信用减值损失中抵销的内部应收账款计提的坏账准备对本期期初未分配利润的影响予以抵销，即按上期信用减值损失项目中抵销的内部应收账款计提的坏账准备的金额，借记"应收账款——坏账准备"项目，贷记"未分配利润——年初"项目；最后，对于本期个别财务报表中内部应收账款相对应的坏账准备增减变动的金额也应予以抵销，即按照本期个别资产负债表中期末内部应收账款相对应的坏账准备的增加额，借记"应收账款——坏账准备"项目，贷记"信用减值损失"项目，或者按照本期个别资产负债表中期末内部应收账款相对应的坏账准备的减少额，借记"信用减值损失"项目，贷记"应收账款——坏账准备"项目。

在第三期编制合并财务报表的情况下，必须将第二期内部应收账款期末余额相应的坏账准备予以抵销，以调整期初未分配利润的金额。然后，计算确定本期内部应收账款相对应的坏账准备增减变动的金额，并将其增减变动的金额予以抵销。其抵销分录与第二期编制的抵销分录相同。

5. 内部固定资产交易的合并处理

在连续各期编制合并财务报表时，内部交易形成的固定资产仍然以原价在购买企业的个别资产负债表中列示，相应地，销售企业以前会计期间由于该内部交易形成的未实现利润，已结转到销售企业的所有者权益变动表中列示，因此，必须将内部交易中包含的未实现内部销售损益的金额予以抵销。

首先，必须将期初未分配利润中包含的该未实现内部销售损益予以抵销，以调整期初未分配利润的金额。即按照原价中包含的未实现内部销售损益的金额，借记"未分配利润——年初"项目，贷记"固定资产——原价"项目。

其次，对于该固定资产在以前会计期间计提折旧而形成的期初累计折旧，由于将以前会计期间以包含未实现内部销售损益的原价为依据而多计提折旧的抵销时，一方面按照以前会计期间累计多计提的折旧额抵销期初累计折旧；另一方面由于以前会计期间累计折旧抵销而影响到期初未分配利润，因此，还必须调整期初未分配利润的金额。即按以前会计期间抵销该内部交易形成的固定资产多计提的累计折旧额，借记"固定资产——累计折旧"项目，贷记"未分配利润——年初"项目。

最后，该内部交易形成的固定资产在本期仍然计提了折旧。由于多计提折旧导致本期有关资产或费用项目增加并形成累计折旧。为此，一方面，必须将本期多计提折旧而计入相关资产的成本或当期损益的金额予以抵销；另一方面，将本期多计提折旧而形成的累计折旧额予以抵销。即按本期该内部交易形成的固定资产多计提的折旧额，借记"固定资产——累计折旧"项目，贷记"管理费用"等项目。

9.5.2 非同一控制下连续各期合并财务报表的编制

在每一会计期末，在对非同一控制下取得的子公司编制合并报表时，母公司为进行企业合并要对子公司的资产、负债进行评估。然而子公司作为持续经营的主体，不会将因评估而产生的资产、负债公允价值的变动登记入账，其对外提供的财务报表仍然是以资产和负债原来的账面价值为基础编制的。其提供的购买日期财务报表一般也是以各资产和负债原账面价值为基础编制的，对于上期编制调整和抵销分录时涉及利润表中的项目及所有者权益变动表"未分配利润"栏目的项目，在本期编制合并财务报表调整分录和抵销分录时均应用"未分配利润——年初"项目代替。首期编制的合并抵销分录会影响首期合并报表的期末未分配利润，但这些抵销分录不会影响个别报表数据。在编制第二期（以后各期）的合并报表时，依据的个别报表中的数据仍然是未调整或抵销的，为了使第二期合并报表的期初数和首期合并报表的期末数一致，所以要将首期事项对年初未分配利润的影响抵销。

1. 调整子公司资产和负债的公允价值

对于非同一控制下企业合并中取得的子公司，应当根据母公司在购买日设置的备查簿中登记的该子公司有关可辨认资产、负债的公允价值，将子公司资产和负债的评估增值和减值分别调增或调减相关资产和负债项目的金额。和首期的调整分录一样。

2. 根据子公司已实现的账面净利润调整为以公允价值口径计算的当期净利润

合并财务报表要求以子公司资产负债的公允价值为基础进行确认，而子公司个别财务报表是以其资产负债的原账面价值为基础编制的，其当期计算的净利润也是以资产负债的原账面价值为基础计算的结果。因此上述公允价值与原账面价值存在差额的资产或负债项目，在经营过程中因资产的折旧摊销和减值等对子公司当期净利润的影响，需要在净利润计算中予以反映，在合并财务报表工作底稿中应做调整分录。

因子公司资产负债的公允价值的增减变动对子公司前期净利润的影响调整"未分配利润——年初"项目。

3. 递延所得税资产或递延所得税负债的暂时性差异的转回

当子公司应收账款按购买日评估确认的金额已收回，评估确认的坏账已核销，因递延所得税资产的转回应确认增加当期所得税费用；当子公司购买日发生评估增值的存货当年已全部实现对外销售，因递延所得税负债的转回应确认减少当期所得税费用；当子公司购买日发生评估减值的存货当年已全部实现对外销售，因递延所得税资产的转回应确认增加当期所得税费用；子公司购买日发生增值或减值的固定资产，本期按公允价值计提折旧与按账面价值计提折旧的差额在年末会出现应纳税暂时性差异或可抵扣暂时性差异，应确认为递延所得税负债或递延所得税资产，因递延所得税负债的转回应确认减少当期所得税费用；因递延所得税资产的转回应确认增加当期所得税费用。

首先，确认期初坏账准备对递延所得税的影响，会计分录如下。

借：未分配利润——年初（期初坏账准备余额×所得税税率）

　　贷：递延所得税资产

然后，确认递延所得税资产期初期末余额的差额，递延所得税资产的期末余额=期末坏账准备余额×所得税税率。

若坏账准备期末余额大于期初余额，会计分录如下。

借：所得税费用（坏账准备增加额×所得税税率）

　　贷：递延所得税资产

若坏账准备期末余额小于期初余额，会计分录如下。

借：递延所得税资产

　　贷：所得税费用（坏账准备增加额×所得税税率）

4. 按权益法调整对子公司的长期股权投资

虽然在合并日及合并日后首期期间编制合并财务报表时，已经按权益法对子公司的长期股权投资的核算进行了调整，但这些调整仅在合并工作底稿上进行，并不影响个别财务报表上的数据。因此后续编制合并财务报表时，仍要重新对子公司的长期股权投资按权益法进行调整。

在合并工作底稿中，按权益法调整对子公司的长期股权投资时，应按照《企业会计准则第2号——长期股权投资》所规定的权益法进行调整。在确认应享有子公司净损益的份额时，对于属于非同一控制下企业合并形成的长期股权投资，应当以在备查簿中记录的子公司各项可辨认资产、负债及或有负债等在购买日的公允价值为基础，对该子公司的净利润进行调整后确认。

需要注意的是，调整分录中涉及损益类项目时，需要用"年初未分配利润"替代。

5. 抵销合并财务报表相关项目

从企业集团整体来看，母公司对子公司进行的长期股权投资实际上相当于母公司将资本拨付下属核算单位，并不引起整个企业集团的资产、负债和所有者权益的增减变动。因此，在编制合并财务报表时，首先应当在母公司与子公司财务报表各项目合计数的基础上，将母公司对子公司长期股权投资项目与子公司所有者权益项目予以抵销。其次应当将母公司对子公司投资的投资收益与子公司对股东分配的利润相抵销；当纳入合并范围的子公司为非全资子公司时，母公司个别财务报表中的"投资收益"和属于"少数股东损益"与子公司个别财务报表中的"对所有者（或股东）的分配"抵销。

6. 企业集团内部交易的抵销

非同一控制下取得子公司连续各期编制合并财务报表时，企业集团内部交易的抵销与同一控制下取得子公司连续各期编制合并财务报表时的内部交易的抵销相同。

9.6 综合案例

【例9-24】20×8年1月1日A公司以定向增发普通股股票的方式，从非关联方处购买取得了B股份有限公司（以下简称"B公司"）70%的股权，于同日通过产权交易所完成了该项股权转让程序，并完成了工商变更登记。A公司定向增发普通股股票5 000万股，每股面值为1元，每股市场价格为2.95元。A公司与B公司属于非同一控制下的企业。

（1）B公司20×8年1月1日（购买日）资产负债表有关项目信息列示如下。

① 股东权益总额为16 000万元。其中：股本为10 000万元，资本公积为4 000万元，盈余公积为600万元，未分配利润为1 400万元。

② 应收账款账面价值为1 960万元，经评估的公允价值为1 560万元；存货的账面价值为10 000万元，经评估的公允价值为11 000万元；固定资产账面价值为9 000万元，经评估的公允价值为12 000万元，固定资产评估增值为公司办公楼增值，该办公楼采用年限平均法计提折旧，该办公楼的剩余折旧年限为15年。

（2）B公司20×8年12月31日资产负债表有关项目信息列示如下。

① 股东权益总额为19 150万元。其中：股本为10 000万元，资本公积为4 000万元，其他综合收益150万元（其他债权投资公允价值变动的利得），盈余公积为1 125万元，未分配利润为3 875万元。

② 20×8年全年实现净利润5 250万元，当年提取盈余公积525万元，年末向股东宣告分配现金股利2 250万元，现金股利款项尚未支付。

③ 截至20×8年12月31日，应收账款按购买日评估确认的金额收回，评估确认的坏账已核销；购买日发生评估增值的存货当年已全部实现对外销售。

（3）20×8年，A公司和B公司内部交易和往来事项列示如下。

① 截至20×8年12月31日，A公司个别资产负债表应收账款中有480万元为应收B公司账款，该应收账款账面余额为500万元，A公司当年计提坏账准备20万元。B公司个别资产负债表中应付账款中列示有应付A公司账款500万元。

② 20×8年5月1日，A公司向B公司销售商品1 000万元，商品销售成本为700万元，B公司以支票支付商品价款500万元，其余价款待商品售出后支付。B公司购进的该商品本期全部未实现对外销售而形成年末存货。20×8年年末，B公司对存货进行检查时，发现该商品已经部分陈旧，其可变现净值已降至980万元。为此，B公司20×8年年末对该存货计提存货跌价准备20万元，并在其个别财务报表中列示。

20×8年6月1日，B公司向A公司销售商品1 200万元，商品销售成本为800万元，A公司以支票支付全款。A公司购进该商品本期40%未实现对外销售。年末，A公司对剩余存货进行检查，并未发生存货跌价损失。

③ 20×8年6月20日，A公司将其资产原值为1 000万元，账面价值为600万元的某厂房，以1 200万元的价格变卖给B公司作为厂房使用，B公司以支票支付全款。该厂房预计剩余使用年限为15年，A公司和B公司均采用直线法对其计提折旧。

A公司取得B公司可辨认资产、负债和所有者权益在购买日的公允价值备查簿如表9-17所示；20×8年1月1日A公司、B公司资产负债表如表9-18所示；20×8年12月31日，A公司、B公司资产负债表如表9-20所示；20×8年，A公司、B公司当年利润表、现金流量表和所有者权益变动表分别如表9-21、表9-22和表9-23所示。

假定A公司、B公司均是中国境内公司，A公司计划长期持有对B公司的股权，不考虑上述合并事项中所发生的审计、评估、股票发行以及法律服务等相关费用，B公司的会计政策和会计期间与A公司一致，购买日，B公司资产和负债的公允价值与其计税基础之间形成的暂时性差异均符合确认递延所得税资产或递延所得税负债的条件，不考虑A公司、B公司除企业合并和编制合并财务报表之外的其他税费，两家公司适用的所得税税率均为25%。除非有特别说明，本案例中的资产和负债的账面价值与计税基础相同（本案例的会计分录以万元表示）。

1. 合并范围的确定

本例中，A公司持有B公司70%表决权股份，能够主导B公司的经营、财务等相关活动，表明A公司对B公司拥有权力，且A公司可通过参与B公司的经营、财务等相关活动而影响并享有可变回报（如，A公司可以决定B公司股利分配决策并取得B公司分配的股利等），因此，A公司对B的财务决策和经营决策等均具有实质性权利，即A公司有能力运用对B公司的权力影响其回报金额。因此，A公司编制合并财务报表时，应当将B公司纳入合并范围。

2. 购买日合并资产负债表的编制

在本例中，A公司购买B公司股权形成了非同一控制下的企业合并，按照企业合并准则的规定，非同一控制下的企业合并，母公司应当编制购买日的合并资产负债表，因企业合并取得的被购买方各项可辨认资产、负债应当以公允价值列示，母公司应当设置备查簿，记录企业合并中取得的子公司各项可辨认资产、负债在购买日的公允价值。A公司取得B公司可辨认资产、负债和所有者权益在购买日的公允价值备查簿如表9-17所示。

表9-17　　　　　　　　　　　　A公司购买股权备查簿——B公司

购买日：20×8年1月1日　　　　　　　　　购买价：14 750万元　　　　　　　　本次交易后累计持股：70%

项目	购买日账面价值（万元）	购买日公允价值（万元）	公允价值与账面价值的差额（万元）	剩余使用年限（年）	公允价值变动调整折旧或摊销额（年）	公允价值变动调整后余额（万元）	备注
流动资产	17 500	18 100	600				
其中：应收账款	1 960	1 560	-400				
存货	10 000	11 000	1 000				
非流动资产	11 500	14 500	3 000				
其中：固定资产——B公司办公楼	1 000	4 000	3 000	15	200	2 800	年限平均法计提折旧
资产总计	29 000	32 600	3 600				
流动负债	10 500	10 500	0				
非流动负债	2 500	2 500	0				
负债合计	13 000	13 000	0				
实收资本（或股本）	10 000	10 000	0				
资本公积	4 000						
盈余公积	600	600	0				
未分配利润	1 400	1 400	0				
所有者权益合计	16 000	19 600	3 600				
负债和所有者权益总计	29 000	32 600	3 600				

20×8年1月1日，A公司资产负债表和B公司资产负债表及评估确认的资产负债公允价值如表9-18所示。

表 9-18   A 公司与 B 公司个别资产负债表（简表）   会企 01 表

编制单位：A 公司与 B 公司   20×8 年 1 月 1 日   单位：万元

| 资产 | A 公司 | B 公司 | | 负债和所有者权益（或股东权益） | A 公司 | B 公司 | |
		账面价值	公允价值			账面价值	公允价值
流动资产：				流动负债：			
货币资金	4 500	2 100	2 100	短期借款	6 000	2 500	2 500
交易性金融资产	2 000	900	900	交易性金融负债	1 900	0	0
应收票据	2350	1 500	1 500	应付票据	5 000	1 500	1 500
应收账款	2900	1 960	1 560	应付账款	9 000	2 100	2 100
预付款项	1 000	440	440	预收款项	1 500	650	650
其他应收款	2 100	0	0	应付职工薪酬	3 000	800	800
存货	15 500	10 000	11 000	应交税费	1 000	600	600
其他流动资产	650	600	600	其他应付款	2 000	2 000	2 000
流动资产合计	31 000	17 500	18 100	其他流动负债	600	350	350
非流动资产：				流动负债合计	30 000	10 500	10 500
其他债权投资	3 000	700	700	非流动负债：			
债权投资	5 500	0	0	长期借款	2 000	1 500	1 500
长期应收款	0	0	0	应付债券	10 000	1 000	1 000
长期股权投资	16 000	0	0	长期应付款	1 000	0	0
固定资产	10 500	9 000	12 000	递延所得税负债	0	0	0
在建工程	10 000	1 000	1 000	其他非流动负债	0	0	0
无形资产	2 000	800	800	非流动负债合计	13 000	2 500	2 500
商誉	0	0	0	负债合计	43 000	13 000	13 000
长期待摊费用	0	0	0	所有者权益（或股东权益）：			
递延所得税资产	0	0	0	实收资本（或股本）	20 000	10 000	10 000
其他流动资产	0	0	0	资本公积	5 000	4 000	7 600
非流动资产合计	47 000	11 500	14 500	减：库存股	0	0	0
				其他综合收益	0	0	0
				盈余公积	5 500	600	600
				未分配利润	4 500	1 400	1 400
				所有者权益合计	35 000	16 000	19 600
资产总计	78 000	29 000	32 600	负债和所有者权益总计	78 000	29 000	32 600

（1）A 公司将购买取得 B 公司 70%的股权作为长期股权投资入账的会计处理如下。

借：长期股权投资——B 公司（2.95×5 000）   14 750   ①

　　贷：股本   5 000

　　　　资本公积   9 750

本分录属于母公司——A 公司需要记入账簿的业务，并记入 A 公司的个别财务报表。

（2）调整子公司资产和负债的公允价值。

在编制购买日的合并资产负债表时，根据 A 公司购买 B 公司设置的股权备查簿中登记的信息，将 B 公司资产和负债的评估增值或减值分别调增或调减相关资产和负债项目的金额。

根据税法规定，在购买日子公司 B 公司的资产和负债的计税基础还是其原来的账面价值。购买日子公司资产和负债的公允价值与其计税基础之间的差异，形成暂时性差异。在符合有关原则和确认条件的情况下，在编制购买日合并财务报表时，需要对该暂时性差异确认相应的递延所得税资产或递延所得税负债。

在本例中，B 公司应收账款的公允价值低于其计税基础的金额为 400（1 960-1 560）万元，形成可抵扣暂时性差异，应当对其确认递延所得税资产 100（400×25%）万元；存货的公允价值高于其计税基础的金额为 1 000（11 000-10 000）万元，形成应纳税暂时性差异，应当对其确认递延所得税负债 250（1 000×25%）万元；固定资产中的办公楼的公允价值高于其计税基础的金额为 3 000（4 000-1 000）万元，形成应纳税暂时性差异，应当对其确认递延所得税负债 750（3 000×25%）万元。

在合并工作底稿中的调整分录如下。

借：存货　　　　　　　　　　　　　　　　1 000　　　　　②
　　固定资产　　　　　　　　　　　　　　3 000
　　递延所得税资产　　　　　　　　　　　100
　　贷：应收账款　　　　　　　　　　　　　　400
　　　　递延所得税负债（250+750）　　　　　1 000
　　　　资本公积　　　　　　　　　　　　　　2 700

（3）母公司长期股权投资与子公司所有者权益的抵销处理。

经过对 B 公司资产和负债的公允价值调整后，B 公司所有者权益总额=16 000+2 700=18 700（万元），A 公司对 B 公司所有者权益中拥有的份额为 13 090（18 700×70%）万元，A 公司对 B 公司长期股权投资的金额为 14 750 万元，因此合并商誉为 1 660（14 750-13 090）万元。A 公司购买 B 公司股权所形成的商誉，在 A 公司个别财务报表中体现在对 B 公司长期股权投资成本中，在编制合并财务报表时，将长期股权投资与在子公司所有者权益中所拥有的份额相抵销，其抵销差额在合并资产负债表中则表现为商誉。

A 公司长期股权投资与其在 B 公司所有者权益中拥有份额的抵销分录如下。

借：股本　　　　　　　　　　　　　　　　10 000　　　　③
　　资本公积　　　　　　　　　　　　　　6 700
　　盈余公积　　　　　　　　　　　　　　600
　　未分配利润　　　　　　　　　　　　　1 400
　　商誉　　　　　　　　　　　　　　　　1 660
　　贷：长期股权投资——B 公司　　　　　　14 750
　　　　少数股东权益　　　　　　　　　　　5 610

> 　　母、子公司有交互持股情形的，在编制合并财务报表时，对于母公司持有的子公司股权，与通常情况下母公司长期股权投资与子公司所有者权益的合并抵销处理相同；对于子公司持有的母公司股权，应当按照子公司取得母公司股权日所确认的长期股权投资的初始投资成本，将其转为合并财务报表中的库存股；对于子公司持有母公司股权所确认的投资收益（如利润分配或现金股利），应当进行抵销处理。子公司将所持有的母公司股权分类为其他权益工具投资的，按照公允价值计量的，同时冲销子公司累计确认的公允价值变动。

（4）编制购买日合并资产负债表工作底稿及合并资产负债表。

根据上述调整分录和抵销分录，A 公司编制购买日合并资产负债表工作底稿如表 9-19 所示。

表 9-19 合并资产负债表工作底稿

编制单位：A公司　　　　　　　　　　　　20×8年1月1日　　　　　　　　　　　　单位：万元

项目	A公司	B公司	合计数	调整分录 借方	调整分录 贷方	抵销分录 借方	抵销分录 贷方	合并数
流动资产：								
货币资金	4 500	2 100	6 600					6 600
交易性金融资产	2 000	900	2 900					2 900
应收票据	2 350	1 500	3 850					3 850
应收账款	2 900	1 960	4 860		② 400			4 460
预付款项	1 000	440	1 440					1 440
其他应收款	2 100	0	2 100					2 100
存货	15 500	10 000	25 500	② 1 000				26 500
其他流动资产	650	600	1 250					1 250
流动资产合计	31 000	17 500	48 500	1 000	400	0	0	49 100
非流动资产：			0					0
其他债权投资	3 000	700	3 700					3 700
债权投资	5 500	0	5 500					5 500
长期应收款	0	0	0					0
长期股权投资	16 000	0	16 000	① 14 750			③ 14 750	16 000
固定资产	10 500	9 000	19 500	② 3 000				22 500
在建工程	10 000	1 000	11 000					11 000
无形资产	2 000	800	2 800					2 800
商誉	0	0	0			③ 1 660		1 660
递延所得税资产	0	0	0	② 100				100
其他非流动资产	0	0	0					0
非流动资产合计	47 000	11 500	58 500	17 850	0	1 660	14 750	63 260
资产总计	78 000	29 000	107 000	18 850	400	1 660	14 750	112 360
流动负债：			0					
短期借款	6 000	2 500	8 500					8 500
交易性金融负债	1 900	0	1 900					1 900
应付票据	5 000	1 500	6 500					6 500
应付账款	9 000	2 100	11 100					11 100
预收款项	1 500	650	2 150					2 150
应付职工薪酬	3 000	800	3 800					3 800
应交税费	1 000	600	1 600					1 600
其他应付款	2 000	2 000	4 000					4 000
其他流动负债	600	350	950					950
流动负债合计	30 000	10 500	40 500					40 500
非流动负债：								0

续表

项目	A公司	B公司	合计数	调整分录借方	调整分录贷方	抵销分录借方	抵销分录贷方	合并数
长期借款	2 000	1 500	3 500					3 500
应付债券	10 000	1 000	11 000					11 000
长期应付款	1 000	0	1 000					1 000
递延所得税负债	0	0	0		② 1 000			1 000
其他非流动负债	0	0	0					0
非流动负债合计	13 000	2 500	15 500		1 000			16 500
负债合计	43 000	13 000	56 000		1 000			57 000
所有者权益（或股东权益）								
实收资本（或股本）	20 000	10 000	30 000	① 5 000		③ 10 000		25 000
资本公积	5 000	4 000	9 000	① 9 750 ② 2 700		③ 6 700		14 750
其他综合收益	0	0	0					0
盈余公积	5 500	600	6 100			③ 600		5 500
未分配利润	4 500	1 400	5 900			③ 1 400		4 500
归属于母公司所有者权益合计	35 000	16 000	51 000	0	17 450	18 700	0	49 750
少数股东权益						③ 5 610		5 610
所有者权益合计	35 000	16 000	51 000	17 450		18 700	5 610	55 360
负债和所有者权益总计	78 000	29 000	107 000	0	18 450	18 700	5 610	112 360

根据上述合并资产负债表工作底稿中各项目的合并金额，编制购买日的合并资产负债表（略）。

3. 购买日后合并财务报表的编制

根据本准则规定，母公司应当以自身和其子公司的财务报表为基础，根据其他有关资料，编制合并财务报表。

A公司和B公司20×8年12月31日资产负债表（简表）如表9-20所示。

表9-20　　　　　　　　　　　　资产负债表（简表）　　　　　　　　　　会企 01 表

编制单位：A公司/B公司　　　　　　　　　20×8年12月31日　　　　　　　　　单位：万元

资产	A公司	B公司	负债和所有者权益（或股东权益）	A公司	B公司
流动资产：			流动负债：		
货币资金	2 850	3 250	短期借款	5 000	2 400
交易性金融资产	1 500	2 500	交易性金融负债	2 000	1 200
应收票据	3 600	1 800	应付票据	6 500	1 800
应收账款	4 250	2 550	应付账款	9 000	2 600
预付款项	750	1 250	预收款项	2 000	1 950
其他应收款	2 650	650	应付职工薪酬	2 500	800
存货	18 500	9 000	应交税费	1 350	700
其他流动资产	900	500	其他应付款	2 650	2 450
流动资产合计	35 000	21 500	其他流动负债	1 000	450
非流动资产：			流动负债合计	32 000	14 350
其他债权投资	4 500	900	非流动负债：		

续表

资产	A 公司	B 公司	负债和所有者权益（或股东权益）	A 公司	B 公司
债权投资	7 000	2 000	长期借款	2 000	2 400
长期应收款	0	0	应付债券	10 000	3 500
长期股权投资	34 750	0	长期应付款	3 000	0
固定资产	14 000	13 000	递延所得税负债	0	100
在建工程	6 500	1 200	其他非流动负债	0	0
无形资产	3 000	900	非流动负债合计	15 000	6 000
商誉	0	0	负债合计	47 000	20 350
长期待摊费用	0	0	所有者权益（或股东权益）：		
递延所得税资产	0	0	实收资本（或股本）	25 000	10 000
其他流动资产	0	0	资本公积	14 750	4 000
非流动资产合计	69 750	18 000	其他综合收益	0	150
			盈余公积	7 300	1 125
			未分配利润	10 700	3 875
			所有者权益合计	57 750	19 150
资产总计	104 750	39 500	负债和所有者权益总计	104 750	39 500

A 公司和 B 公司 20×8 年年度利润表（简表）如表 9-21 所示。

表 9-21 　　　　　　　　　　　　　　利润表（简表）　　　　　　　　　　　　　　会企 02 表
编制单位：A 公司/B 公司　　　　　　　　　　　　　　20×8 年度　　　　　　　　　　　　　　单位：万元

项目	A 公司	B 公司
一、营业收入	75 000	47 400
二、营业成本		
其中：营业成本	48 000	36 500
税金及附加	900	500
销售费用	2 600	1 700
管理费用	3 000	1 950
财务费用	600	400
资产减值损失	300	150
加：公允价值变动损益（损失以"-"号列示）	0	0
投资收益（损失以"-"号列示）	4 900	100
三、营业利润（亏损以"-"号填列）	24 500	6 300
加：营业外收入	800	1 200
减：营业外支出	1 300	500
四、利润总额（亏损总额以"-"号填列）	24 000	7 000
减：所得税费用	6 000	1 750
五、净利润（净亏损以"-"号填列）	18 000	5 250
六、其他综合收益的税后净额	0	150
（一）以后会计期间不能重分类进损益的其他综合收益	0	0
（二）以后会计期间在满足规定条件时将重分类进损益的其他综合收益	0	150
其他债权投资公允价值变动产生利得或损失的税后净额	0	150
七、综合收益总额	18 000	5 400

A 公司和 B 公司 20×8 年年度现金流量表（简表）如表 9-22 所示。

表 9-22 　　　　　　　　　　　　现金流量表（简表）　　　　　　　　　　会企 03 表

编制单位：A 公司／B 公司　　　　　　　　　　20×8 年度　　　　　　　　　　　单位：万元

项目	A 公司	B 公司
一、经营活动产生的现金流量：		
销售商品、提供劳务收到的现金	53 000	45 000
收到的税费返还		
收到的其他与经营活动有关的现金		
经营活动现金流入小计	53 000	45 000
购买商品、接受劳务支付的现金	42 400	36 600
支付给职工以及为职工支付的现金	6 000	4 500
支付的各项税费	4 495	1 775
支付其他与经营活动有关的现金	0	0
经营活动现金流出小计	52 895	42 875
经营活动产生的现金流量净额	105	2 125
二、投资活动产生的现金流量：		
收回投资所收到的现金		
其中：出售子公司所收到的现金		
取得投资收益所收到的现金	125	0
处置固定资产、无形资产和其他长期资产所收回的现金净额	100	0
收到的其他与投资活动有关的现金	0	0
投资活动现金流入小计	225	0
购建固定资产、无形资产和其他长期资产所支付的现金	1 030	225
投资所支付的现金	0	0
其中：购买子公司所支付的现金	0	0
支付的其他与投资活动有关的现金	0	0
投资活动现金流出小计	1 030	225
投资活动产生的现金流量净额	−805	−225
三、筹资活动产生的现金流量：		
吸收投资所收到的现金	0	0
借款所收到的现金	0	0
收到的其他与筹资活动有关的现金	0	0
筹资活动现金流入小计	0	0
偿还债务所支付的现金	950	750
分配股利、利润或偿付利息所支付现金	0	0
支付的其他与筹资活动有关的现金	0	0
筹资活动现金流出小计	950	750
筹资活动产生的现金流量净额	−950	−750
四、汇率变动对现金的影响：	0	0
五、现金及现金等价物净增加额：	−1 650	1 150
加：期初现金及现金等价物余额	4 500	2 100
六、期末现金及现金等价物余额	2 850	3 250

A 公司和 B 公司 20×8 年年度所有者权益变动表如表 9-23 所示。

表 9-23

编制单位：A公司/B公司

所有者权益变动表（简表）

20×8 年度

会企 04 表

单位：万元

| 项目 | A公司 | | | | | | | B公司 | | | | | | |
	实收资本（或股本）	资本公积	减:库存股	其他综合收益	盈余公积	未分配利润	所有者权益合计	实收资本（或股本）	资本公积	减:库存股	其他综合收益	盈余公积	未分配利润	所有者权益合计
一、上年年末余额	20 000	5 000		0	5 500	4 500	35 000	10 000	4 000		0	600	1 400	16 000
加：会计政策变更														
前期差错更正														
二、本年年初余额	20 000	5 000			5 500	4 500	35 000	10 000	4 000			600	1 400	16 000
三、本年增减变动金额（减少以"-"号填列）														
（一）综合收益总额						18 000	18 000				150		5 250	5 400
（二）所有者投入和减少资本														
1. 所有者投入的资本	5 000	9 750					14 750							
2. 股份支付计入所有者权益的金额														
3. 其他														
（三）利润分配														
1. 提取盈余公积					1 800	-1 800	0					525	-525	0
2. 对所有者（或股东）的分配						-10 000	-10 000						-2 250	-2 250
3. 其他														
（四）所有者权益内部结转														
1. 资本公积转增资本（或股本）														
2. 盈余公积转增资本（或股本）														
3. 盈余公积弥补亏损														
4. 其他														
四、本年年末余额	25 000	14 750			7 300	10 700	57 750	10 000	4 000		150	1 125	3 875	19 150

（1）对母子公司个别财务报表的调整处理。

① 调整子公司资产和负债的公允价值。

根据 A 公司购买 B 公司设置的股权备查簿中登记的信息，将 B 公司资产和负债的评估增值或减值分别调增或调减相关资产和负债项目的金额。在合并工作底稿中的调整分录如下。

借：存货   1 000   ①

  固定资产   3 000

  递延所得税资产   100

  贷：应收账款   400

    递延所得税负债   1 000（250+750）

    资本公积   2 700

② 根据子公司已实现的公允价值调整当期净利润。

在本例中，合并财务报表要求以子公司资产、负债的公允价值为基础进行确认，而子公司个别财务报表是以其资产、负债的原账面价值为基础编制的，其当期计算的净利润也是以其资产、负债的原账面价值为基础计算的结果。

因此，上述公允价值与原账面价值存在差额的资产或负债项目，根据在经营过程中因资产的折旧、摊销和减值等对子公司当期净利润的影响，对 B 公司的净利润予以调整。在合并财务报表工作底稿中的调整分录如下。

借：营业成本   1 000   ②

  管理费用   200

  应收账款   400

  贷：存货   1 000

    固定资产   200

    信用减值损失   400

因此，经已实现公允价值调整后的 B 公司 20×8 年年度净利润=5 250+400（因购买日应收账款公允价值减值的既成事实而调减信用减值损失）-1 000（因购买日存货公允价值增值的实现而调增营业成本）-200（因固定资产公允价值增值计算的折旧而调增管理费用）=4 450（万元）。

③ 递延所得税资产或递延所得税负债的暂时性差异的转回。

由于 B 公司应收账款按购买日评估的确认的金额已收回，评估确认的坏账已核销，因递延所得税资产的转回而增加当期所得税费用为 100（400×25%）万元；由于 B 公司购买日发生评估增值的存货当年已全部实现对外销售，因递延所得税负债的转回而减少当期所得税费用为 250（1 000×25%）万元；由于 B 公司购买日发生增值的办公楼 20×8 年年末应纳税暂时性差异为 2 800（3 000-200）万元应确认的递延所得税负债为 700（2 800×25%）万元，因递延所得税负债的转回而减少当期所得税费用为 50（750-700）万元。在合并财务报表工作底稿中的调整分录如下。

借：递延所得税负债   （250+50）300   ③

  贷：递延所得税资产   100

    所得税费用   200

因此，考虑递延所得税后 B 公司当年净利润为 4 650（4 450+200）万元。

④ 按照权益法调整母公司财务报表项目。

在编制合并财务报表时，按照权益法对母公司个别财务报表进行调整。在本例中，应当调整 A 公司 20×8 年投资 B 公司取得的投资收益 3 255（4 650×70%）万元，已确认取得的 B 公司已宣告分派的现金股利 1 575（2 250×70%）万元以及 B 公司本期其他综合收益 150 万元中归属于 A 公司的份额 105（150×70%）万元。

在合并财务报表工作底稿中的调整分录如下。

借：长期股权投资	3 360（3 255+105）	④
投资收益	1 575	
贷：投资收益	3 255	
长期股权投资	1 575	
其他综合收益	105	

（2）抵销合并财务报表相关项目。

① 抵销长期股权投资与所有者权益项目。

将 A 公司对 B 公司的长期股权投资与其在 B 公司股东权益中拥有的份额予以抵销。B 公司 20×8 年年末经调整后的未分配利润＝1 400（年初）+4 650（经已实现公允价值和递延所得税调整后的本年净利润）-525（提取盈余公积）-2 250（分派股利）=3 275（万元）；B 公司本期由于其他债权投资公允价值变动增加其他综合收益 150 万元，其中归属于 A 公司的份额为 105（150×70%）万元，归属于少数股东的份额为 45（150-105）万元；A 公司 20×8 年年末对 B 公司长期股权投资为 16 535（14 750+3 255-2 250×70%+105）万元；少数股东权益为 6 375 [5 610（20×8 年 1 月 1 日少数股东投入资本）+1 395（4 650×30%，本年少数股东损益）+45（归属于少数股东的其他综合收益）-675（2 250×30%，本年对少数股东的利润分配）]万元。在合并财务报表工作底稿中的抵销分录如下。

借：股本	10 000	⑤
资本公积	6 700	
其他综合收益	150	
盈余公积	1 125	
未分配利润——年末	3 275	
商誉	1 660	
贷：长期股权投资	16 535	
少数股东权益	6 375	

② 抵销投资收益与子公司利润分配等项目。

将 A 公司对 B 公司的投资收益与 B 公司本年利润分配有关项目的金额予以抵销。B 公司年末向股东宣告分配现金股利 2 250 万元，其中，归属于少数股东的现金股利为 675（2 250-1 575）万元。在合并财务报表工作底稿中的抵销分录如下。

借：投资收益（4 650×70%）	3 255	⑥
少数股东损益（4 650×30%）	1 395	
未分配利润——年初	1 400	
贷：未分配利润——本年提取盈余公积	525	

——本年利润分配	2 250	
——年末	3 275	

③ 抵销应收账款与应付账款项目。

在合并财务报表工作底稿中的抵销分录如下。

借：应付账款　　　　　　　　　　　　　　　500　　　　　　⑦
　　贷：应收账款　　　　　　　　　　　　　　　　500

④ 抵销坏账准备与信用减值损失项目。

A 公司将与 B 公司往来的内部应收账款与应付账款相互抵销的同时，还应将内部应收账款计提的坏账准备予以抵销。在合并财务报表工作底稿中的抵销分录如下。

借：应收账款　　　　　　　　　　　　　　　　20　　　　　　⑧
　　贷：信用减值损失　　　　　　　　　　　　　　20

注意　　　在连续编制合并财务报表时，对于内部应收款项及其坏账准备，应当按照如下程序进行合并处理：首先，将内部应收款项与应付款项予以抵销，按照内部应付款项的数额，借记"应付账款"等项目，贷记"应收账款"等项目；其次，应将上期信用减值损失中抵销的各内部应收款项计提的相应坏账准备对本期期初未分配利润的影响予以抵销，按照上期信用减值损失项目中抵销的各内部应收款项计提的相应坏账准备的数额，借记"应收账款"等项目，贷记"未分配利润——期初"项目；最后，对于本期各内部应收款项在个别财务报表中补提或者冲销的相应坏账准备的数额也应予以抵销，按照本期期末内部应收款项在个别资产负债表中补提（或冲销）的坏账准备的数额，借记（或贷记）"应收账款"等项目，贷记（或借记）"信用减值损失"项目。

⑤ 抵销因抵销坏账准备与信用减值损失产生的所得税影响。

在合并财务报表工作底稿中的抵销分录如下。

借：所得税费用（20×25%）　　　　　　　　　5　　　　　　⑨
　　贷：递延所得税资产　　　　　　　　　　　　　5

⑥ 抵销应收股利与应付股利项目。

A 公司根据 B 公司宣告分派现金股利的公告，按照其所享有的金额已确认应收股利，并在其资产负债表中计列应收股利 1 575 万元。在合并财务报表工作底稿中的抵销分录如下。

借：应付股利　　　　　　　　　　　　　　1 575　　　　　　⑩
　　贷：应收股利　　　　　　　　　　　　　　　1 575

（3）抵销内部顺流交易的存货。

① 抵销内部销售收入、成本和内部销售形成的存货价值中包含的未实现内部销售损益，在合并财务报表工作底稿中的抵销分录如下。

借：营业收入　　　　　　　　　　　　　　1 000　　　　　　⑪
　　贷：营业成本　　　　　　　　　　　　　　　700
　　　　存货　　　　　　　　　　　　　　　　300

在连续编制合并财务报表时，对于内部销售存货，应当按照以下程序进行合并处理：首先，将上期抵销的存货价值中包含的未实现内部损益对本期期初未分配利润的影响进行抵销，按照上期内部购入存货价值中包含的未实现内部销售损益的数额，借记"未分配利润——期初"项目，贷记"营业成本"项目；其次，对于本期发生的内部销售存货，将内部销售收入、内部销售成本及内部购入存货中未实现内部销售损益予以抵销，按照销售企业内部销售收入的数额，借记"营业收入"项目，贷记"营业成本"项目；最后，将期末内部购入存货价值中包含的未实现内部销售损益予以抵销，对于期末内部销售形成的存货（包括上期结转形成的本期存货），应当按照购买企业期末内部购入存货价值中包含的未实现内部销售损益的数额，借记"营业成本"项目，贷记"存货"项目。

② 抵销 B 公司本期计提的存货跌价准备。

在合并财务报表工作底稿中的抵销分录如下。

借：存货　　　　　　　　　　　　　　　　　　　　20　　　　　　　　　　⑫

　　贷：资产减值损失　　　　　　　　　　　　　　　　20

在连续编制合并财务报表时，对于内部销售存货的存货跌价准备，应当按照以下程序进行合并处理：首先，将上期资产减值损失中抵销的存货跌价准备对本期期初未分配利润的影响予以抵销，按照上期资产减值损失项目中抵销的存货跌价准备的数额，借记"存货"项目，贷记"未分配利润——期初"项目；其次，对于本期对内部购入存货在个别财务报表中补提（或冲销）的存货跌价准备的数额也应予以抵销，按照本期对内部购入存货在个别财务报表中补提（或冲销）的存货跌价准备的数额，借记（或贷记）"存货"项目，贷记（或借记）"资产减值损失"项目。

对于抵销存货跌价准备的数额，应当分别下列不同情况进行处理：当本期内部购入存货的可变现净值低于持有该存货企业的取得成本但高于抵销未实现内部销售损益后的取得成本（即销售企业对该存货的取得成本）时，其抵销的存货跌价准备的金额为本期存货跌价准备的增加额；当本期内部购入存货的可变现净值低于抵销未实现内部销售损益后的取得成本（即销售企业对该存货的取得成本）时，其抵销的存货跌价准备的金额为相对于购买企业该存货的取得成本高于销售企业取得成本的差额部分计提的跌价准备的数额扣除期初内部购入存货计提的存货跌价准备的金额后的余额，即本期期末存货中包含的未实现内部销售损益的金额减去期初内部购入存货计提的存货跌价准备的金额后的余额。

③ 抵销内部顺流存货交易的所得税影响。

在合并财务报表工作底稿中的抵销分录如下。

借：递延所得税资产[（300-20）×25%]　　　　　　70　　　　　　　　　⑬

　　贷：所得税费用　　　　　　　　　　　　　　　　70

④ 抵销顺流存货交易中内部存货交易的现金流量。

在合并财务报表工作底稿中的抵销分录如下。

借：购买商品、接受劳务支付的现金　　　　　　1 000　　　　　⑭
　　贷：销售商品、提供劳务收到的现金　　　　　1 000

（4）抵销内部逆流交易的存货。

① 抵销内部销售收入、成本和内部销售形成的存货中包含的未实现内部销售损益存货中包含的未实现内部销售损益为160[（1 200-800）×40%]万元。

在合并财务报表工作底稿中的抵销分录如下。

借：营业收入　　　　　　　　　　　　　　　　1 200　　　　　⑮
　　贷：营业成本　　　　　　　　　　　　　　　1 040
　　　　存货　　　　　　　　　　　　　　　　　 160

② 将内部销售形成的存货中包含的未实现内部销售损益进行分摊。

在存货中包含的未实现内部销售损益中，归属于少数股东的未实现内部销售损益分摊金额为48万元（160×30%）。在合并财务报表工作底稿中的抵销分录如下。

借：少数股东权益　　　　　　　　　　　　　　 48　　　　　　⑯
　　贷：少数股东损益　　　　　　　　　　　　　 48

③ 抵销因逆流存货交易的所得税影响。

在合并财务报表工作底稿中的抵销分录如下。

借：递延所得税资产（160×25%）　　　　　　　40　　　　　　⑰
　　贷：所得税费用　　　　　　　　　　　　　　 40

④ 抵销因抵销逆流存货交易发生的递延所得税对少数股东权益的份额。

在合并财务报表工作底稿中的抵销分录如下。

借：少数股东损益（40×30%）　　　　　　　　 12　　　　　　⑱
　　贷：少数股东权益　　　　　　　　　　　　　 12

⑤ 抵销逆流存货交易中内部存货交易的现金流量。

在合并财务报表工作底稿中的抵销分录如下。

借：购买商品、接受劳务支付的现金　　　　　　1 200　　　　　⑲
　　贷：销售商品、提供劳务收到的现金　　　　　1 200

（5）抵销内部固定资产购销交易。

① 抵销内部固定资产购销交易。在合并财务报表工作底稿中的抵销分录如下。

借：资产处置损益（1 200-600）　　　　　　　 600　　　　　　⑳
　　贷：固定资产——从A公司购入×厂房　　　　600

② 抵销内部固定资产交易计提折旧中包含的未实现内部销售损益。

在合并财务报表工作底稿中的抵销分录如下。

借：固定资产——从A公司购入×厂房　　　　　20（600÷15×6÷12）　㉑
　　贷：管理费用　　　　　　　　　　　　　　　 20

在连续编制合并财务报表时，对于内部销售固定资产，应当按照以下程序进行合并处理：首先，将内部交易固定资产中包含的未实现内部销售损益抵销，并调整期初未分配利润，按照内部交易固定资产中包含的未实现内部销售损益数额，借记"未分配利润——期初"项目，贷记"固定资产"项目；其次，将以前会计期间内部交易固定资产多计提的累计折旧抵销，并调整期初未分配利润，按照以前会计期间抵销该内部交易固定资产因包含未实现内部销售损益而多计提（或少计提）的累计折旧额，借记（或贷记）"固定资产"项目，贷记（或借记）"未分配利润——期初"；最后，将当期由于该内部交易固定资产因包含未实现内部销售损益而多计提的折旧费用予以抵销，并调整本期计提的累计折旧额，按照本期该内部交易的固定资产多计提的折旧额，借记"固定资产"项目，贷记"管理费用"等费用项目。

③ 抵销内部固定资产交易对所得税的影响。

在合并财务报表工作底稿中的抵销分录如下。

借：递延所得税资产[（600-20）×25%]　　　　　　　　　　145　　　⑫

　　贷：所得税费用　　　　　　　　　　　　　　　　　　　　145

④ 抵销内部固定资产交易的现金流量。

在合并财务报表工作底稿中的抵销分录如下。

借：购建固定资产、无形资产和其他长期资产支付的现金　　1 200　　⑬

　　贷：处置固定资产、无形资产和其他长期资产收到的现金净额　1 200

根据上述资料及有关调整、抵销分录编制合并工作底稿如表 9-24 所示。

表 9-24　　　　　　　　　　　　　合并财务报表工作底稿

编制单位：A 公司　　　　　　　　　20×8 年 12 月 31 日　　　　　　　　　单位：万元

项目	A公司	B公司	合计数	调整、抵销分录		少数股东权益	合并数
				借方	贷方		
利润表项目							
一、营业收入	75 000	47 400	122 400	⑪ 1 000 ⑮ 1 200			120 200
减：营业成本	48 000	36 500	84 500	② 1 000	⑪ 700 ⑮ 1 040		83 760
税金及附加	900	500	1 400				1 400
销售费用	2 600	1 700	4 300				4 300
管理费用	3 000	1 950	4 950	② 200	㉑ 20		5 130
财务费用	600	400	1 000				1 000
资产减值损失	300	150	450		② 400 ⑧ 20 ⑫ 20		10
投资收益（损失以"-"号列示）	4 900	100	5 000	④ 1 575 ⑥ 3 255	④ 3 255		3 425
资产处置损益（损失以"-"号列示）				⑳ 600			-600
二、营业利润（亏损以"-"号填列）	24 500	6 300	30 800	8 830	5 455		27 425
加：营业外收入	800	1 200	2 000				2 000

续表

项目	A公司	B公司	合计数	调整、抵销分录 借方	调整、抵销分录 贷方	少数股东权益	合并数
减：营业外支出	1 300	500	1 800				1 800
三、利润总额（亏损总额以"-"号填列）	24 000	7 000	31 000	8 830	5 455		27 625
减：所得税费用	6 000	1 750	7 750	⑨ 5	③ 200 ⑬ 70 ⑰ 40 ㉒ 145		7 300
四、净利润（净亏损以"-"号填列）	18 000	5 250	23 250	8 835	5 910		20 325
少数股东损益				⑥ 1 395 ⑱ 12	⑯ 48	1 359	1 359
归属于母公司股东的净利润	18 000	5 250	23 250	10 242	5 958		18 966
五、其他综合收益税后净额	0	150	150	150	105	45	150
（一）以后会计期间不能重分类进损益的其他综合收益	0	0	0	0	0	0	0
（二）以后会计期间在满足规定条件时将重分类进损益的其他综合收益	0	150	150	150	105		105
其中：按照权益法核算的在被投资单位可重分类进损益其他综合收益中所享有份额的税后净额	0	0	0		④ 105		105
其他债权投资公允价值变动产生利得或损失的税后净额	0	150	150	⑤ 150		⑤ 45	45
六、综合收益总额	18 000	5 400	23 400	8 985	6 015	45	20 475
归属于母公司所有者的综合收益总额							19 071
归属于少数股东的综合收益总额						1 404	1 404
所有者权益变动表项目							
一、未分配利润——年初	4 500	1 400	5 900	⑥ 1 400			4 500
未分配利润——本期	6 200	2 475	8 675				7 166
其中：归属于母公司股东的净利润	18 000	5 250	23 250	10 242	5 958		18 966
提取盈余公积	-1 800	-525	-2 325		⑥ 525		-1 800
对所有者（或股东）的分配	-10 000	-2 250	-12 250		⑥ 2 250		-10 000
未分配利润——期末	10 700	3 875	14 575	⑤ 3 275 14 917	⑥ 3 275 12 483		11 666
资产负债表项目							
流动资产：							
货币资金	2 850	3 250	6 100				6 100
交易性金融资产	1 500	2 500	4 000				4 000
应收票据	3 600	1 800	5 400				5 400
应收账款	4 250	2 550	6 800	② 400 ⑧ 20	① 400 ⑦ 500		6 320
预付款项	750	1 250	2 000				2 000

项目	A 公司	B 公司	合计数	调整、抵销分录 借方	调整、抵销分录 贷方	少数股东权益	合并数
其他应收款	2 650	650	3 300		⑩ 1 575		1 725
存货	18 500	9 000	27 500	① 1 000 ⑫ 20	② 1 000 ⑪ 300 ⑮ 160		27 060
其他流动资产	900	500	1 400				1 400
流动资产合计	35 000	21 500	56 500	1 440	3 935		54 005
非流动资产:							
其他债权投资	4 500	900	5 400				5 400
债权投资	7 000	2 000	9 000				9 000
长期股权投资	34 750	0	34 750	④ 3 360	④ 1 575 ⑤ 16 535		20 000
固定资产	14 000	13 000	27 000	① 3 000 ㉑ 20	② 200 ⑳ 600		29 220
在建工程	6 500	1 200	7 700				7 700
无形资产	3 000	900	3 900				3 900
商誉	0			⑤ 1 660			1 660
递延所得税资产	0			① 100 ⑬ 70 ⑰ 40 ㉒ 145	③ 100 ⑨ 5		250
其他非流动资产							
非流动资产合计	69 750	18 000	87 750	8 395	19 015		77 130
资产总计	104 750	39 500	144 250	9 835	22 950		131 135
流动负债:							
短期借款	5 000	2 400	7 400				7 400
交易性金融负债	2 000	1 200	3 200				3 200
应付票据	6 500	1 800	8 300				8 300
应付账款	9 000	2 600	11 600	⑦ 500			11 100
预收款项	2 000	1 950	3 950				3 950
应付职工薪酬	2 500	800	3 300				3 300
应交税费	1 350	700	2 050				2 050
其他应付款	2 650	2 450	5 100	⑩ 1 575			3 525
其他流动负债	1 000	450	1 450				1 450
流动负债合计	32 000	14 350	46 350	2 075	0		44 275
非流动负债:							
长期借款	2 000	2 400	4 400				4 400
应付债券	10 000	3 500	13 500				13 500
长期应付款	3 000	0	3 000				3 000
递延所得税负债	0	100	100	③ 300	① 1 000		800

续表

项目	A公司	B公司	合计数	调整、抵销分录 借方	调整、抵销分录 贷方	少数股东权益	合并数
其他非流动负债	0	0					
非流动负债合计	15 000	6 000	21 000	300	1 000		21 700
负债合计	47 000	20 350	67 350	2 375	1 000		65 975
所有者权益（或股东权益）：							
实收资本（或股本）	25 000	10 000	35 000	⑤ 10 000			25 000
资本公积	14 750	4 000	18 750	⑤ 6 700	① 2 700		14 750
减：库存股	0	0	0				0
其他综合收益	0	150	150	⑤ 150		⑤ 45	105
盈余公积	7 300	1 125	8 425	⑤ 1 125			7 300
未分配利润	10 700	3 875	14 575	14 917	12 483		11 666
归属于母公司所有者权益合计							58 821
少数股东权益			0	⑯ 48	⑤ 6 330 ⑱ 12	45	6 339
所有者权益合计	57 750	19 150	76 900	32 940	21 200		65 160
负债和所有者权益总计	104 750	39 500	144 250	35 315	22 200		131 135
现金流量表项目							
一、经营活动产生的现金流量：							
销售商品、提供劳务收到的现金	53 000	45 000	98 000		⑭ 1 000 ⑲ 1 200		95 800
收到的其他与经营活动有关的现金							
经营活动现金流入小计	53 000	45 000	98 000		2 200		95 800
购买商品、接受劳务支付的现金	42 400	36 600	79 000	⑭ 1 000 ⑲ 1 200			76 800
支付给职工以及为职工支付的现金	6 000	4 500	10 500				10 500
支付的各项税费	4 495	1 775	6 270				6 270
经营活动现金流出小计	52 895	42 875	95 770	2 200			93 570
经营活动产生的现金流量净额	105	2 125	2 230	2 200	2 200		2 230
二、投资活动产生的现金流量：							
取得投资收益所收到的现金	125	0	125				125
处置固定资产、无形资产和其他长期资产所收回的现金净额	100	0	100		㉓ 1200		−1 100
投资活动现金流入小计	225	0	225	0	1 200		−975
购建固定资产、无形资产和其他长期资产所支付的现金	1 030	225	1 255	㉓ 1200			55
投资活动现金流出小计	1 030	225	1 255	1 200	0		55
投资活动产生的现金流量净额	−805	−225	−1 030	1 200	1 200		−1 030
三、筹资活动产生的现金流量：							
吸收投资所收到的现金	0	0	0				0
借款所收到的现金	0	0	0				0

项目	A公司	B公司	合计数	调整、抵销分录		少数股东权益	合并数
				借方	贷方		
筹资活动现金流入小计	0	0	0		.		0
分配股利、利润或偿付利息所支付现金	950	750	1 700				1 700
筹资活动现金流出小计	950	750	1 700				1 700
筹资活动产生的现金流量净额	−950	−750	−1 700				−1 700
四、现金及现金等价物净增加额：	−1 650	1 150	−500				−500
加：期初现金及现金等价物余额	4 500	2 100	6 600				6 600
五、期末现金及现金等价物余额	2 850	3 250	6 100				6 100

根据合并工作底稿，编制该集团20×8年合并资产负债表、合并利润表、合并现金流量表及合并所有者权益变动表，如表9-25～表9-28所示。

表9-25 　　　　　　　　　　　　合并资产负债表 　　　　　　　　　会合 01 表

编制单位：A公司 　　　　　　　　　　20×8年12月31日 　　　　　　　　　　单位：万元

资产	期末余额	年初余额	负债和所有者权益（或股东权益）	期末余额	年初余额
流动资产：			流动负债：		
货币资金	6 100		短期借款	7 400	
交易性金融资产	4 000		交易性金融负债	3 200	
应收票据	5 400		应付票据	8 300	
应收账款	6 320		应付账款	11 100	
预付款项	2 000		预收款项	3 950	
其他应收款	1 725		应付职工薪酬	3 300	
存货	27 060		应交税费	2 050	
其他流动资产	1 400		其他应付款	3 525	
流动资产合计	54 005		其他流动负债	1 450	
非流动资产：			流动负债合计	44 275	
其他债权投资	5 400		非流动负债：		
债权投资	9 000		长期借款	4 400	
长期股权投资	20 000		应付债券	13 500	
固定资产	29 220		长期应付款	3 000	
在建工程	7 700		递延所得税负债	800	
无形资产	3 900		非流动负债合计	21 700	
商誉	1 660		负债合计	65 975	
递延所得税资产	250		所有者权益（或股东权益）：		
非流动资产合计	77 130		实收资本（或股本）	25 000	
			资本公积	14 750	
			其他综合收益	105	
			盈余公积	7 300	

续表

资产	期末余额	年初余额	负债和所有者权益（或股东权益）	期末余额	年初余额
			未分配利润	11 666	
			归属于母公司所有者权益合计	58 821	
			少数股东权益	6 339	
			所有者权益合计	65 160	
资产总计	131 135		负债和所有者权益总计	131 135	

表 9-26 　　　　　　　　　合并利润表（简表）　　　　　　　　　会合 02 表

编制单位：A 公司　　　　　　　　　　20×8 年度　　　　　　　　　　单位：万元

项目	本期金额	上期金额
一、营业收入	120 200	
减：营业成本	83 760	
税金及附加	1 400	
销售费用	4 300	
管理费用	5 130	
财务费用	1 000	
资产减值损失	10	
加：投资收益（损失以"-"号列示）	3 425	
资产处置损益（损失以"-"号列示）	-600	
二、营业利润（亏损以"-"号填列）	27 425	
加：营业外收入	2 000	
减：营业外支出	1 800	
三、利润总额（亏损总额以"-"号填列）	27 625	
减：所得税费用	7 300	
四、净利润（净亏损以"-"号填列）	20 325	
少数股东损益	1 359	
归属于母公司股东的净利润	18 966	
五、其他综合收益的税后净额	150	
归属于母公司所有者的其他综合收益的税后净额	105	
以后将重分类进损益的其他综合收益	105	
其中：权益法核算的在被投资单位以后将重分类进损益的其他综合收益中所享有的份额	105	
归属于少数股东的其他综合收益的税后净额	45	
六、综合收益总额	20 475	
归属于母公司所有者的综合收益总额	19 071	
归属于少数股东的综合收益总额	1 404	

表 9-27   合并现金流量表   会合 03 表

编制单位：A 公司   20×8 年度   单位：万元

项目	本期金额	上期金额
一、经营活动产生的现金流量：		
销售商品、提供劳务收到的现金	95 800	
收到的其他与经营活动有关的现金	0	
经营活动现金流入小计	95 800	
购买商品、接受劳务支付的现金	76 800	
支付给职工以及为职工支付的现金	10 500	
支付的各项税费	6 270	
支付其他与经营活动有关的现金	0	
经营活动现金流出小计	93 570	
经营活动产生的现金流量净额	2 230	
二、投资活动产生的现金流量：		
收回投资所收到的现金	0	
取得投资收益所收到的现金	125	
处置固定资产、无形资产和其他长期资产所收回的现金净额	−1 100	
收到的其他与投资活动有关的现金	0	
投资活动现金流入小计	−975	
购建固定资产、无形资产和其他长期资产所支付的现金	55	
支付的其他与投资活动有关的现金	0	
投资活动现金流出小计	55	
投资活动产生的现金流量净额	−1 030	
三、筹资活动产生的现金流量：		
吸收投资所收到的现金	0	
收到的其他与筹资活动有关的现金	0	
筹资活动现金流入小计	0	
偿还债务所支付的现金	1 700	
支付的其他与筹资活动有关的现金	0	
筹资活动现金流出小计	1 700	
筹资活动产生的现金流量净额	−1 700	
四、现金及现金等价物净增加额：	−500	
加：期初现金及现金等价物余额	6 600	
五、期末现金及现金等价物余额	6 100	

　　根据上述合并资产负债表和合并利润表编制集团的合并所有者权益变动表如表 9-28 所示。

表 9-28

合并所有者权益变动表（简表）

20×8 年度

编制单位：A 公司

会合 04 表

单位：万元

项目	本期金额								上年金额							
	归属于母公司所有者权益						少数股东权益	所有者权益合计	归属于母公司所有者权益						少数股东权益	所有者权益合计
	实收资本（或股本）	资本公积	其他综合收益	盈余公积	未分配利润	小计			实收资本（或股本）	资本公积	其他综合收益	盈余公积	未分配利润	小计		
一、上年年末余额	20 000	5 000	0	5 500	4 500	35 000	0	35 000								
加：会计政策变更																
前期差错更正																
二、本年初余额	20 000	5 000	0	5 500	4 500	35 000	0	35 000								
三、本年增减变动金额（减少以"—"号填列）																
（一）综合收益总额			105		18 966	19 071	1 404	20 475								
（二）所有者投入和减少资本	5 000	9 750				14 750	5 610	20 360								
1. 所有者投入资本	5 000	9 750				14 750										
2. 股份支付计入所有者权益的金额																
3. 其他																
（三）利润分配																
1. 提取盈余公积				1 800	−1 800											
2. 对所有者（或股东）的分配					−10 000	−10 000	−675	−10 675								
3. 其他																
（四）所有者权益内部结转																
1. 资本公积转增资本（或股本）																
2. 盈余公积转增资本（或股本）																
3. 盈余公积弥补亏损																
4. 其他																
四、本年年末余额	25 000	14 750	105	7 300	11 666	58 821	6 339	65 160								

思考题

1. 什么是合并财务报表?
2. 如何确定合并财务报表的合并范围?
3. 述合并财务报表的编制程序。
4. 合并日编制合并报表时有关的抵销分录有哪些?
5. 编制合并利润表时的抵销分录有哪些?
6. 编制合并报表时如何抵销内部债权债务?
7. 编制合并报表时如何抵销内部存货交易?
8. 如何对内部固定资产交易编制相应的抵销分录?

练习题

第 9 章

参考文献

[1] 中华人民共和国财政部. 企业会计准则（2014 年修订）. 2014.

[2] 中华人民共和国财政部.《企业会计准则第 21 号——租赁》. 2019.

[3] 中华人民共和国财政部.《企业会计准则第 7 号——非货币性资产交换》. 2019.

[4] 中华人民共和国财政部.《企业会计准则第 12 号——债务重组》. 2019.

[5] 企业会计准则编审委员会. 企业会计准则详解与实务. 北京：人民邮电出版社.2021.

[6] 中国注册会计师协会. 会计. 北京：中国财政经济出版社，2023.

[7] 傅荣. 高级会计学. 北京：中国人民大学出版社，2022.

[8] 耿建新，戴德明. 高级会计学. 北京：中国人民大学出版社，2019.